中国景区发展的综合带动模式研究

——论白洋淀发展模式

戴学锋 张金山 等●著

中国旅游出版社

序：一个值得推广的景区发展模式

戴学锋

2015 年 5 月，安新白洋淀作为 5A 级景区被国家旅游局警告后，河北省旅游局邀请我去帮助白洋淀"诊脉"，通过对白洋淀考察，我发现按照国家 5A 级景区标准，白洋淀的确有需要改进的方面；但经过更详细的调研，发现其面临的难题尽管与大多数 5A 级景区类似，其解决方案却非常有创意，迥异于当前大多数 5A 级景区，且更适合我国社会经济的发展情况。

作为华北最大生态湿地的白洋淀，总面积约 366 平方公里，覆盖安新县、任丘和雄县，其中安新县境内水域面积 312 平方公里，约占白洋淀总面积的 85%，但是作为 A 级景区的白洋淀景区面积只有 20 平方公里，仅占白洋淀总面积的 5.5%，占安新白洋淀总面积的 6.4%。由于景区完全在安新县境内，因此白洋淀景区一般也被称为"安新白洋淀景区"。但是，这 20 平方公里景区却无法从白洋淀湿地中切割出来，而是与 366 平方公里的区域，三个县汪洋一片地联系在一起的。因此，如何处理好景区内外，三县关系，是安新白洋淀景区管理上的第一大难点。

白洋淀湿地上星罗分布着白洋淀、马棚淀、烧车淀等 143 个大小不等的淀泊，其中百亩以上的就有 99 个，3700 多条沟壕，在这广阔的区域内，共有 45 个村庄，39 个小岛渔村，水区人口 8.2 万人。这是多年历史形成的，很多原住民都是祖祖辈辈生活在水上的渔民。在景区开发的过程中如何处理好 8.2 万人的生活，让他们安居乐业的同时发展白洋淀旅游，这是安新白洋淀景区管理的第二大难点。

安新白洋淀景区最大的看点是万顷水面、荷菱蒲苇，而欣赏萍天苇地、杨柳芙蓉最好的途径就是乘一叶扁舟，荡漾在波光上，游弋在沟壕里。因此，为适应旅游者的需求，白洋淀景区拥有 700 多条船，近千名船工，这些船工大都是个体经营。如何把开放区域内数量众多的个体船工组织起来，既符合 5A 级景区的需要，又满足旅游者的需求，是安新白洋淀景区管理的第三大难点。

由于历史原因，白洋淀景区是从鸳鸯岛、荷花大观园等 7 个小岛发轫的，这些岛大都是在 2000 年前后由私人承包的，当初这些私人投资开发的小岛，对白洋淀景区的起步发展起到了关键的作用。但是，随着旅游业的发展，这些岛之间的无序竞争，各种乱象逐步显现，而各个景区单独售票也明显有悖于 A 级景区标准。如何处理好独立承包景点与整个白洋淀景区的关系，特别是在景点相互间竞争激烈的情况下，保护旅游者的权益，这是安新白洋淀景区管理的第四大难点。

由于上游修建水库以及气候变化，白洋淀自然来水逐年减少，这使得周边污染对白洋淀水体影响更加明显，且难以清除，因此，对白洋淀水体自净能力要求越来越高。同时，白洋淀旅游者逐年增加，2015 年达到 158 万人次，再加上常住的 8.2 万居民，白洋淀的生态环境维护成为安新白洋淀景区管理的第五大难点。

上述难点也是我国大部分景区面临的共同难点。目前，我国大部分景区解决上述问题的方式是基本是花巨额经费，搬迁安置所有原住民，回购景点，封闭经营；如果水质不好，则花钱买水，替换原水体，用一段时间再换水。这种解决办法看似一劳永逸，然而，一是搬迁安置的原住民后续麻烦极多，由于原住民失去了原有谋生手段，景区还必须回雇原住民，管理难度不减反增；二是由于原住民的消失，使得与原住民不可分离的无形文化遗产成为了没有生活之源的标本，旅游者满意度大大下降，景区经济效益也难以提升；三是花费极高，动辄上百亿，很多景区因此背负上沉重的贷款负担，甚至无力进行旅游公共服务建设；四是生态效益较差，景区发展造成外部生态负效益。而在当前，国家旅游局提倡 5A 级景区发展要与原住民脱贫结合，在国家提出协调、绿色等五大发展理念背景下,景区如何有效地解决上述问题,成为当前景区发展普遍性的难题。从这个意义上看,白洋淀独辟蹊径的解决模式更有现实意义:

首先,安新白洋淀景区没有摒弃原住民,而是带着居住在景区内的 8.2 万水乡居民一同发展。从历史上看,正是白洋淀有大批原住民,才形成了特有的荷花淀文化,才诞生了以孙犁为代表的荷花淀派文学,才有了《小兵张嘎》这部电影。因此,白洋淀景区发展旅游一方面难以切割原住民;另一方面,切割原住民必然使得鲜活的荷花淀文化成为博物馆中的木乃伊。白洋淀景区内原住民参与旅游的形式多种多样,有划船、农家乐、传统手工艺制作、景区服务等,目前大约共有 3 万余人参与旅游服务,最大限度地带动了原住民就业。

其次,在强力的管理下,逐步内生出一套行之有效的自组织体系。白洋淀景区对原住民的参与并非放任不管,而是采取了很多行之有效的管理方法,其中最值得称道的就是对最难于管理的船工的管理。2007 年创 5A 成功后,白洋淀景区制定了《码头船员规章制度》,规定船工在工作期间不能上岸私拉游客,只能在码头等待景区管委会和船队队长的统一调度;同时,规定船工与游客发生纠纷一次查实即下岗,清除出旅游接待队伍,起到了有力地震慑作用。有效的管理催生出一套船工的自组织体系:不同的船型组成了人数不等的船工自组织小组,每个小组由船工自选出小队长,由于小队长对基层情况非常了解,实现了对每个船工全程控制,每个船工的所有收入都必须向队长透明,队长根据船队的总收入给大家平均分配。如此,尽管景点之间的竞争,给船工的回扣等没有百分之百地杜绝,但是由于有了船工自组织体系的存在,使得所有这些都在可控范围之内,游客的投诉大大降低。笔者在调研期间,曾自费租游船泛舟淀面,由于船工服务好,我主动给船工小费,船工坚决拒绝。事实上,船工的自组织体系形成了更加符合中国乡村治理的、有人情味的管理模式,船工的服务意识迅速提高。这里特别要说明的是,这种自组织体系并非完全自发形成的,而是与船工管理制度,以及强力的监督管理分不开的。换句话说,正是强力的管理催生出了有效的自组织体系。目前,这种自组织体系已经开始在乡村旅游、农家乐等业态扩展。

再次，安新白洋淀景区旅游大发展的同时，形成了巨大的外部生态正效应。近年入淀的九条河流中除唐河、潴龙河水质略好外，孝义河、府河、漕河、萍河、杨村河、瀑河及白沟引河入淀水质均较差。并且来水逐年减少，流出白洋淀到津门的水量可忽略不计，白洋淀几乎形成了只进不出的湿地。白洋淀的净化越来越依靠淀内生长的芦苇、蒲草等水生植物和微生物的天然净化，这些水生植物和微生物通过聚集作用、淤积作用、脱氮作用，吸收、固定、转化和降解水中营养物质和有毒污染物，净化水体，改善水质，降低水体富营养化程度，从而保证白洋淀湿地良好的生态环境。但是，这种净化是有一定限度的，一旦水体污染、富营养化超过水体的自净能力，白洋淀水质将迅速恶化。为此，安新县这些年做了大量的工作。一是旅游业的发展使得安新县找到了新的经济增长点，2015 年旅游业总收入接近 8 亿元，相当于当地 GDP 的 14%，成为名副其实的支柱产业，有效地带动了地方经济的发展，抑制了高污染高能耗企业的发展。二是旅游业的发展转变了原住民的生产生活方式，旅游业替代了养鱼等产业，同时安新县花大力气清理网箱养鱼，并给予每亩鱼塘补贴 3000 元，养鱼户纷纷弃养，目前已经彻底清理了网箱养鱼，杜绝了饵料污染。三是安新县组织了专门清理垃圾的队伍，把淀内的生活垃圾全部清理到淀外。组织了人员随时清理淀内的漂浮垃圾。四是利用新农村建设相关基金，为淀内各村安装了污水处理设备，实现了生活污水统一处理，达标排放，把淀内人员对白洋淀的生活影响降低到最低。五是从 2011 年开始，安新县就对传统洗毛行业进行综合整治，要求全部配齐污水处理设备。旅游业的发展，形成了产业替代，居民生产生活方式的改变和垃圾清运、生活污水处理，使得污染降到了最低。因此，尽管这些年白洋淀来水逐步降低，外部污染并未杜绝，但是 COD 等指标并未明显增加，水自净能力基本能够实现对外来污染的消化，初步恢复了淀清水美的景观。

最后，安新白洋淀景区逐步探索，形成了与周边地区协同发展的共生模式。针对白洋淀景区是开放的空间，并与任丘、雄县毗连的现实，河北省政府成立了白洋淀旅游协调小组，统一协调两市三县的景区开发，对白洋淀景区的管理不是简单采取"堵"的方式，而是与周边市县联合开发，采取分成让利的办法，40元的大淀观光票，如果从雄县和任丘进入，安新白洋淀景区只分到9元，31元让利给任丘、雄县。这一方面方便了游客从任丘和雄县一样可以乘船进入白洋淀景区，在旺季降低了安新白洋淀景区大堤的人流；同时化解了三地无序竞争的矛盾。此外，安新县没有限制外地船工等人员在景区就业，白洋淀景区的发展惠及了周边地区的居民。

在相对开放的景区，实现原住民的全面参与，并且催生出有效的自组织体系；旅游业发展形成巨大的外部生态正效应；与周边地区建立和谐发展的制度安排。这就是安新白洋淀景区发展的独特模式。

安新白洋淀并未止步于此。2015年以来安新县委、县政府进一步确立了"以人为本、生态优先、文化引领、产城融合、绿色崛起"的指导思想，提出了"天蓝水清、苇绿荷红、村美人幸福"的总体目标，明确了"治污、美容、拆网、除埝、清淤、兴游、惠民"的工作路径，紧紧扭住白洋淀生态环境保护这个根本，与白洋淀旅游产业发展相结合，努力将白洋淀片区建设成美丽乡村的示范区、"第六产业"的示范区、农村改革的示范区、乡村治理的示范区、文化道德建设示范区、生态环境保护样板区、经济社会发展先行区。安新白洋淀景区独特的模式正在发挥越来越积极的作用，与地区社会经济发展越来越密切地形成互相促进共同发展的和谐局面。

按照5A级景区的标准看，安新白洋淀景区也许不是全国最好的，但是安新白洋淀景区用最低的成本、最有效的管理手段，实现了最大的经济目标、社会目标和环境目标，从这个意义上看，安新白洋淀景区的发展模式值得很多景区借鉴。这便是我们为什么要花大精力研究白洋淀模式的原因。

2016年9月5日

目 录

第二部分　研究报告

第三部分 重点建设方案

重点建设方案一：美丽蜕变，华丽转身

第一部分　总报告

白洋淀景区发展模式研究总报告

一、白洋淀地区旅游业发展现状

（一）白洋淀旅游发展脉络及沿革

白洋淀地区的旅游发展起步于 20 世纪 80 年代末。在 1983 ～ 1988 年，白洋淀处于前所未有的枯水期，淀区处于干淀状态，因此不具备发展旅游业的基础条件。可以说白洋淀的旅游业起步发展始于 1988 年上游水库的放水，白洋淀得以重新蓄水以及自然生态环境开始恢复之后，总体来看，安新白洋淀旅游业的发展大致可以划分为 1988 ～ 2000 年的自然粗放发展阶段、2001 ～ 2007 年的 A 级景区化建设阶段和 2007 年以来的 5A 级景区经营管理的固化三大阶段。

第一阶段：1988 ～ 2000 年的自然粗放发展阶段

1988 年白洋淀重新蓄水之后生态环境迅速恢复，县城附近几个村的村民在县城东关码头用自家的渔船开始接待零散游客，标志着白洋淀旅游的兴起。

在该阶段，从旅游行政发展管理情况来看，1989 年安新县成立了旅游局，代县政府负责白洋淀旅游业开发及管理，办公地点也设在东关码头，成立之初只有十几个人。主要工作包括收取部分管理费；旅游局成立之初还投资建设了鸳鸯岛，直到 2000 年，白洋淀景点的数量一直没有进一步增加，在 20 世纪 90 年代中期旅游局又扩充了少量人员，并成立了下属公司及白洋淀旅行社，总计人数不超过 60 人。受当时全国的总体宏观旅游经济发展形势所限，旅游行业管理粗放，缺乏总体发展思路和定位，缺乏对旅游行业发展的引导和规范。

从船工发展管理情况来看，白洋淀蓄水之后县城附近几个村庄的渔民用自家渔船（木船）接待游客，个别村民开设了水上餐厅，这标志着白洋淀旅游业开始起步发展。到了 20 世纪 90 年代中期，前来白洋淀旅游的游客出现明显的增长，部分渔民开始纷纷购置 12 座快艇及 5 座小游艇等燃油船，甚至还有铁质大型柴油船参与旅游接待，船工数量突破 300 多人。在该段时间，由于缺乏对船工的统一有效管理，船工经常聚集在东关码头及入口处争抢游客，船工之间、船工与游客、船工与旅游局之间经常发生纠纷，甚至斗殴，旅游市场秩序混乱无序。

第二阶段：2001 ～ 2007 年的 A 级景区化建设阶段

2000 年，安新县委、县政府立足白洋淀优势，实施"旅游兴县"战略，把旅游业作为全县的主导产业来抓，不断完善白洋淀旅游经营管理职能，特别是加大了 A 级景区的创建力度。

在该阶段，从旅游行政发展管理情况来看，成立了协调机构——白洋淀景区开发管理委员会（简称景区管委会）和旅游局合署办公。将涉旅部门及有关乡镇部分职能纳入管委会。新建了大张庄旅游新码头，设立了游客服务中心，原东关码头不再接待游客，旅游局和新成立的景区管委会一并在新码头地区办公。加强景点建设的招商引资工作，除了原来的鸳鸯岛，又陆续建设了荷花大观园、白洋淀文化苑等 6 个景点。旅游管理职能以及人员不断增加，大中专毕业生、转业军人开始大量进入旅游系统，旅游局设置有 5 个股室，下属 1 家公司——白洋淀景区开发有限公司，整个旅游系统的工作人员达到 204 名。积极开展了 A 级景区创建工作，在 2001 年被评为国家 4A 级景区；在 2002 年被河北省列为湿地自然保护区；在 2005 年，被列为全国十大红色旅游景区之一。在 2007 年又被评为国家首批 5A 级旅游景区。

第三阶段：2007 年以来 5A 级景区经营管理的固化阶段

伴随着 5A 级景区的创建以及创建的成功，安新县加强了对游船船工以及各景点的经营管理。比如对游船以及船工的管理方面，对游船实行准入制度；船工要从事游船运营，除获得海事部门的船舶证书以外，还必须获得景区管委会颁发的接待许可证。目前游船数量维持在 700 多艘，原则上不再增加。制定了《码头船员规章制度》，规定船工在工作期间不能上岸私拉游客，只能在码头等待景区管委会和船队队长的统一调度；同时，规定船工与游客发生任何纠纷一次查实下岗，清除出旅游接待队伍，有力地震慑了船工队伍。以前曾经出现的私拉游客、欺客宰客现象在安新县得到有效的治理。

从景区管委会、船队和景点的相互关系来看，确定了各个景点在景区管委会售票大厅分别开设窗口售票（这也成为一开始就没有实行一票制的根源），游客根据购买的游船的类型到指定的码头乘坐对应的游船，船工驾驶游船到游客购买的景点游览完成之后，还可以推荐游客到其他相关景点游览，这样船工使游客前往其他景点具有一定的左右能力，致使各景点为了争取船工劝导游客前往，纷纷给予船工回扣的现象。当前的经营管理模式已经相对固化，不能很好地适应美丽乡村建设以及使游客游览空间进一步拓展的发展新需求。

（二）白洋淀旅游业发展现状

1. 旅游经济总体现状

自 2000 年以来，白洋淀景区旅游接待人次和旅游业总收入呈快速增长的趋势，在 2015 年，游客接待人次达到 158 万人次，旅游业总收入达到 7.92 亿元，分别是 2004 年水平的 4 倍和 4.6 倍（旅游经济总体增长情况如表 1、图 1、图 2 所示）。

目前已经建设有荷花大观园、白洋淀文化苑等7家景点，旅行社最多时达到40余家，现在为32家。现在直接从事旅游行业的人数达到1.2万人，从事旅游相关行业的人员将近8.5万人。

表1　安新县旅游经济发展情况一览表

年份	接待人数（万人次）	旅游业总收入（亿元）
2004	39	1.7
2005	47	2.1
2006	48	2.2
2007	54	2.4
2008	57	2.5
2009	94	4.7
2010	110	5.6
2011	135	6.8
2012	125	6.1
2013	122	5.9
2014	135	6.2
2015	158	7.92

数据来源：安新县旅游局。

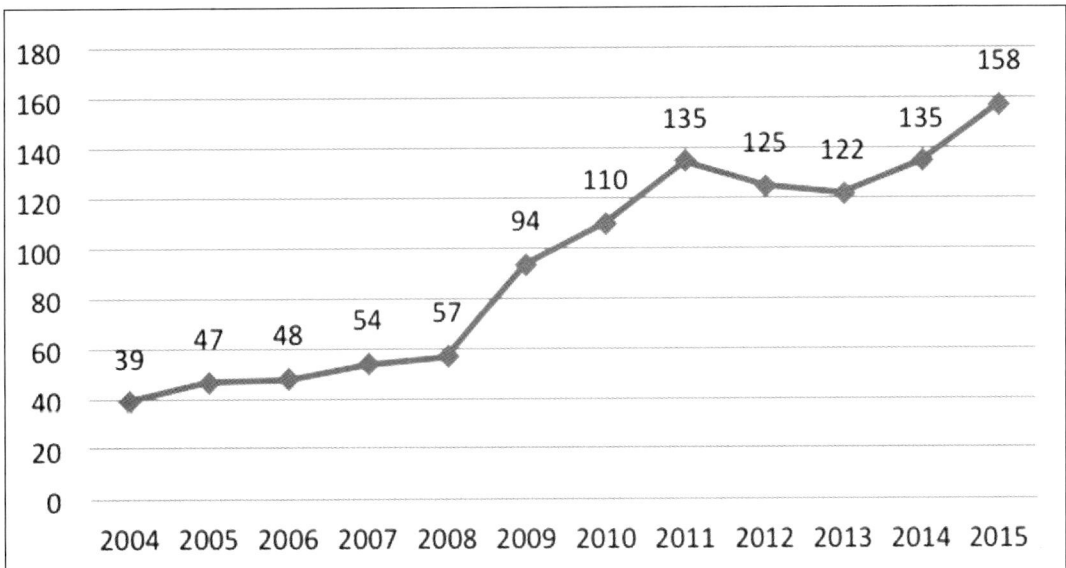

图1　2004～2015年白洋淀景区接待游客人次变化折线图

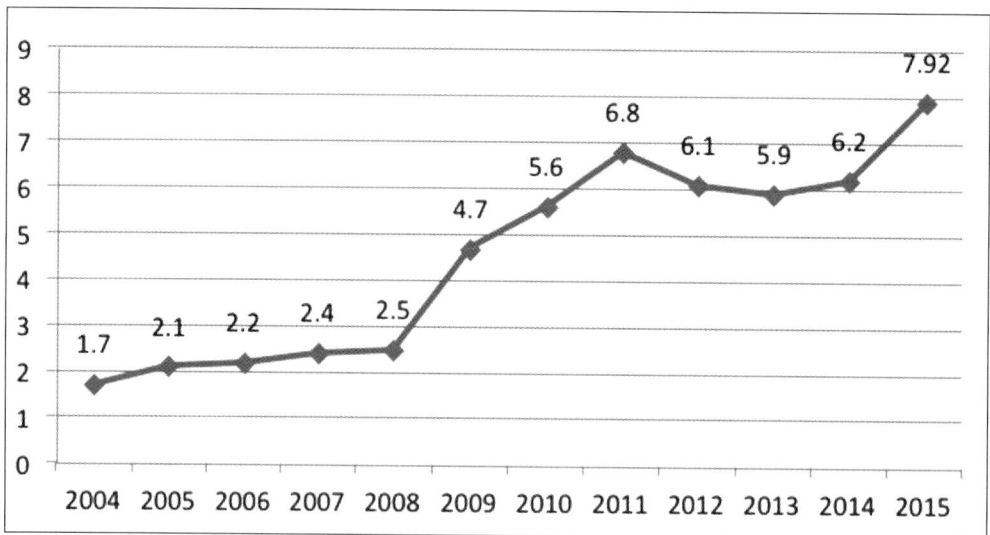

图2　2004～2015年白洋淀景区实现旅游总收入变动折线图

2. 景点发展现状

2000年以来，安新县加大了景点的建设力度，在原先旅游局直接投资建设鸳鸯岛的基础上，招商引资陆续建设了休闲岛（2001年营业）、元妃荷园（2001年营业）、荷花大观园（2002年营业）、白洋淀文化苑（2003年营业）、欢乐岛（原异国风情园和嘎子印象）（2004年营业）、水上游乐园（2008年营业），原鸳鸯岛也为私人所承包经营，并更名为鸳鸯岛·白洋淀之窗。目前各景点的基本情况如表2所示。

表2　白洋淀各景区基本情况一览表

景点名称	鸳鸯岛·白洋淀之窗	休闲岛	元妃荷园	荷花大观园	白洋淀文化苑	欢乐岛	水上游乐园
营业时间	1989	2001	2001	2002	2003	2004	2008
经营主体	杨献	赵三毛等	—	河北卓正实业集团	河北源兴电力安装公司	赵三毛等	杨献
累计投资	—	4000万元	3000万元	2.6亿元	3.8亿元	6300万元	8000万元
占地面积	48亩	100亩	800亩	2000亩	2000亩	33亩	52亩
土地租期	2031年	2033年	2032年	2050年	2045年	2020年	2037年
门票价格	40元	40元	20元	50元	50元	40元	40元
年接待人次	10万人次	15万人次	15万人次	80万人次	60万人次	40万人次	20万人次
年总收入	300多万元	500万元	300万元	2800万元	1900万元	1500万元	500万元

资料来源：安新县旅游局。

目前已经建设形成的 7 个景点分属于 6 个不同的法人主体和 5 个不同的经营者主体，由于景点只能通过水路以及船工将游客送达，使得各景点之间的竞争异常激烈，纷纷通过给船工回扣的形式争抢游客。与此同时，总体来看，景点建设粗糙、存在违规建筑、文化内涵不足，2014 年遭环保警告主要因为景点的违规建设问题。针对景点的经营管理，相继出台了《白洋淀景区个体承包经营户文明诚信经营管理暂行办法（试行）》《关于规范白洋淀旅游秩序提升 5A 级景区品质的实施方案》《国家 5A 级旅游景区安新白洋淀旅游景点动态管理办法》等，不过这些办法并不能从根本上解决景点发展与国家有关生态环境保护的要求。

3. 游船发展现状

2000 年来，随着大张庄白洋淀旅游新码头的建成启用，游船及船工得到了进一步的发展，由于对游船拍照以及游客接待试行准入制，目前各类游船的数量稳定在 700 多艘，船队 26 个，游船均为私人所有。其中快艇 181 条、小游艇 168 条、大游艇 22 条、小画舫 4 条、大画舫 3 条、环保船 68 条、单人划木船 230 条、双人划木船 32 条、三人划木船 6 条。雄县方面有快艇 221 条、小游艇 84 条；任丘方面有快艇 318 条，以上县市的游船也为个人所有。安新县目前的各类游船基本情况如表 3 所示。

从 2000 年以来安新县有关游船以及船工的管理情况来看，安新县船工在 20 世纪 90 年代曾经出现的私拉游客、欺客宰客，甚至因为争抢游客而出现的船工与船工之间、船工与游客之间、船工与旅游行政管理部门之间矛盾激化的现象已经得到有效根治。从调研的情况来看，主要是景点由于争抢游客很不情愿地给船工回扣而对船工一再抱怨，在此需要看到的是，景点给船工回扣的行为是因为景点与景点相互之间的恶性竞争，从景区未来整体的改革方向来看，跳出现有景点，逐步淘汰粗放型经营和不符合环保新要求的旅游项目，扩展新的游览空间是改革的主要任务。同时还需要看到，现有船工的经营并没有损害游客的利益，游客之所以还存在对船工的投诉，主要是从雄县和任丘上船游客，这是由于雄县和任丘对游船和船工的管理不力而导致的。因此，因为景点不情愿给予船工回扣而心生抱怨不应该成为现有游船和船工管理改革的理由，未来游船和船工的运营管理改革应该以有利于引导游船在更广阔的空间经营，有利于激活乡村旅游节点，同时维护船工的现有权益至少不变的方向而努力。

4. 乡村旅游发展现状

为贯彻落实中央精神，从 2013 年开始在全省广大农村开展了农村面貌改造提升行动，将利用 3 年的时间建成 5 万个美丽乡村，彻底改变农村落后面貌，让农民过上更加幸福的小康生活。为贯彻落实省委决策部署，省委副书记赵勇自 2014 年 7

表3   安新县各类游船基本情况一览表

船型	乘坐人数（人）	船票（元）	船只数（只）	船工数（人）	船队数（支）	
单人划小木船	6	100	230	230	7	
双人划小木船	8	130	32	64	1	
三人划小木船	14	210	6	18	1	
快艇	11	260	181	181	7	
小游艇	5	170	168	168	8	
大游艇	20	380	22	22	1	
小画舫	35	600	4	4		
大画舫	50	800	3	3		
小环保	22	400	5	5	共为一队	
小环保	33	600	5	5		
中环保	48	700	7	7		
中环保	52	800	7	7		
大环保	80	980	35	35		
总计	9056	—	705	749	—	

资料来源：安新县旅游局。

月至今，多次到安新调研、召开专题会议，明确提出"要高质量推进环白洋淀连片美丽乡村示范区建设"，要求将白洋淀打造成"天蓝水清、苇绿荷红、村美人幸福的秀美大景区"，打造成河北省第一个国家生态公园和环京津冀生态涵养区。

为了推动白洋淀连片美丽乡村建设，安新县制定了《白洋淀生态环境保护及环境提升三年行动方案》，制定了《关于抓好美丽乡村建设，推进农村面貌改造提升行动实施方案》和25个专项工作方案，明确了"治污、美容、拆网、除埝、清淤、兴游、惠民"的工作路径，以"九点两线"（九点，即王家寨、大淀头、东淀头、赵庄子、邵庄子、寨南、光淀、大田庄、东田庄九个点；两线，即旅游码头至赵庄子、旅游码头至大淀头两条重要航道）为突破口，强化示范引领，抓点、连线、带面，统筹部署美丽乡村建设各项工作。

目前白洋淀已经建设了王家寨民俗村，还制定了《白洋淀农家乐管理规定》，乡村旅游正处于起步发展阶段。伴随美丽乡村建设的推进，伴随村容村貌的整治，乡村旅游将有望成为白洋淀未来旅游的最大增长点。

船只造价（元）	船只寿命（年）	船只年维修费（元）	船只牌照费（元）	游线成本费用（元）	年收入（万元）	备注
25000	10	1000	315		25000	
15000	10	1100	375		40000	
18000	10	1600	470		20000	均为大张庄村民
37000	10	5000	2300		30000	
20000	10	3000	1200	50	50000	
70000	10	5000	2300	100	50000	
20000	10-15	10000	3500	120	50000	
30000	10-15	10000	3500	120	70000	
170000	10-15	10000	3500	120	50000	
180000	10-15	10000	3500	120	55000	接受统一调度
270000	10-15	10000	3500	120	70000	
280000	10-15	10000	3500	120	70000	
350000	10-15	10000	3500	160	90000	
—	—	—	—	—	—	

二、白洋淀景区未来发展潜力分析

（一）白洋淀是华北地区最大的湿地，还有着巨大的发展空间

白洋淀位于河北省中部，京津石腹地。白洋淀东西长 39.5 公里、南北宽 28.5 公里，在最大水位为 10.5 米时，总面积约 366 平方公里，蓄水 4.4 亿立方米，可调蓄的库容为 2.9 亿立方米，平均水深 2～4 米。白洋淀覆盖安新县、任丘市和雄县，是华北地区最大的生态湿地，是我国北方极具稀缺性和典型性的自然湿地，也是华北平原最大的淡水湖泊。其中安新县境内水域面积 312 平方公里，约占白洋淀总面积的 85%，因此白洋淀一般也与安新县并称"安新白洋淀"。白洋淀湿地分布着白洋淀、马棚淀、烧车淀等大小不等的 143 个淀泊（如表 4 所示，其中百亩以上的 99 个）、3700 条沟壕、39 个小岛渔村和 8.2 万人的水区人口、12 万亩芦苇和近 10 万亩荷花，被誉为"华北明珠"和"华北之肾"。

白洋淀景区（也就是现在的白洋淀国家 5A 级景区）位于安新县境内，景区总

表4　白洋淀地区的重要淀泊情况一览表

主要淀泊	基本情况
白洋淀	白洋淀是在20世纪前淀区最大的淀泊，20世纪后成了全淀区的统称，故白洋淀有广义和狭义之分。狭义的白洋淀处于县城南10公里，在关城、端村南侧，周围30公里，面积19899亩
烧车淀	烧车淀，原名北大淀，在县东5公里，在小张庄正北侧，面积16701.5亩，周围20公里，后人为纪念宋代名将杨六郎火烧辽兵而更名烧车淀
涝王淀	涝王淀古称洛汪淀，在县南9公里，圈头西北侧，面积1699.9亩。明成祖靖难经过此地，令军士筑台曰"乐驾"，故名"洛汪淀"
马棚淀	马棚淀在县正南的白洋淀南侧，韩堡正西，面积16410亩。宋时为"监马棚牧地"，以后随白洋淀成泽域而成淀泊，得名马棚淀
金龙淀	金龙淀又名聚龙淀。此淀在县城东南采蒲台东南侧，面积3813.7亩
莲花淀	莲花淀在县城东王庄子村正北侧，面积1733.9亩

面积约20平方公里，在2007年被评为国家首批5A级景区。白洋淀景区经过多年的建设，包括旅游码头经大张庄至小张庄、宋庄、泥李庄连王家寨、郭里口环线所包括的航线、苇田和淀泊。白洋淀景区仅占白洋淀总面积的5.5%，占安新白洋淀总面积的6.4%，绝大部分的湿地生态资源还没有为旅游发展所利用，已经建设的景点总体来看较为粗放，文化内涵不深，旅游体验性差。当前游客的游览空间主要集中在主航道观光以及景点游览，游客的游览活动空间非常有限。

（二）白洋淀历史文化资源丰富，尚未向旅游产品有效转化

白洋淀地区历史悠久，自古即为群雄逐鹿、兵家必争之地。战国时代为"燕南陲，赵北际"，是燕赵分界线，赵北口这个地名便来源于此。赵国筑有葛城（今安州镇政府所在地），燕国筑有三台、浑埿城（今安新镇政府所在地），县内三城对峙，说明了安新的重要地理位置。现境西南部于东汉末年始有建县记载，时称依政县，随着改朝换代，县名时有更替，宋建顺安军，金改安州；东北部自金设渥城县，元代改名新安县，明、清因之，清道光十二年（1832年）省新安县入安州，明合实分。民国三年（1914年）取安州、新安两地地名首字合称安新县。据史志记载，宋太宗时，开塘泊之利，兴筑水田，引种江东早稻成功，宋杨延昭在这里屯兵御辽。明成祖朱棣曾在这里带兵马至留通淀、莲花淀修建台田；清康熙、乾隆皇帝都御驾亲临，并在端村、圈头、郭里口、赵北口修筑行宫；清雍正三年（1725年）在大屋（王）淀"疏渠、泻水、营田"，乾隆二十七年（1762年）在白洋淀广开苇塾。悠久的历史孕育众多名胜古迹，如"濡阳八景""十二联桥"和清康熙、乾隆四处行宫遗址等。

白洋淀地区有着深厚的红色文化。活动在白洋淀的抗日武装"雁翎队"，在中国共产党的领导下，利用淀区芦荡遍布、沟河交错的有利地形，开展机动灵活的游击战，以弱胜强，痛击日本侵略军。白洋淀还是风靡一时的红色电影、当代著名作家徐光耀代表作《小兵张嘎》原型的诞生地，小说和电影中的"张嘎"，因其"英气"与"嘎气"，已成为新中国几代人童年记忆中最灿烂的一部分。还有白洋淀孕育出的《荷花淀》《新儿女英雄传》等广为传诵的文学作品充分地展现了白洋淀地区人民英勇抗击日寇的光辉形象。

白洋淀地区还是荷花淀派当代文学流派的发祥地。荷花淀派是以孙犁为代表的当代文学的流派。主要作家还有刘绍棠、丛维熙、韩映山等。荷花淀即白洋淀，这一流派得名，不但源于白洋淀这个地方，也源于孙犁的短篇小说《荷花淀》。《荷花淀》以白洋淀明媚如画的风当作背景，具有朴素、明丽、清新、柔美的风格，洋溢着诗情，带有浓郁的浪漫主义色彩。这一派作家的共同特色是着力追求诗情画意之美，早期作品都吐露出华北的泥土和水乡的清新气息。

白洋淀地区历史文化资源深厚，特别是红色文化特色浓厚，是孕育荷花淀派等文化创意作品的发祥地，丰厚的历史文化资源以及文化创作传统有着向旅游文化创意产品转化的广阔空间。

（三）白洋淀与村落共生共存，乡村旅游还没有全面激活

安新县总面积738.6平方公里，其中白洋淀的水域面积就占到全县面积的1/2，全县下设3乡9镇，下辖173个自然村，共207个行政村，全县人口42万。其中环白洋淀地区有45个村庄，涉及安新镇、端村镇、赵北口镇、圈头乡、大王镇和刘李庄镇6个乡镇（表5），水区人口8.2万。环白洋淀的45个重点村中，有水区村庄24个、半水区村庄13个、陆区村庄8个（表6）。其中，水区村庄是指村庄四面环水，不与陆地接壤；半水区村庄是指村庄位于淀区沿岸，有一到三面临水；陆区村庄指村庄完全身处内陆，与水体有一定的距离。白洋淀湿地与大量村落村民的日常生产生活相互交织，相互共生共存，正是共生的村落和村民创造了白洋淀地区

表5 环白洋淀重点村落情况一览表（一）

乡镇	总面积	重点村	合计
安新镇	7137.8公顷	郭里口村、王家寨村、大张庄村、小张庄村、小田庄村、宋庄村、漾堤口村、北刘庄村、南刘庄村、泥李庄村	10
端村镇	7206.1公顷	寨南村、东淀头村、大淀头村、西淀头村、东李庄村、西李庄村	6
赵北口镇	2166.6公顷	赵庄子村、王庄子村、季庄子村、下张庄村、刘庄子村	5
圈头乡	4485.0公顷	邵庄子村、光淀村、东田庄村、桥东村、桥西村、桥南村、采蒲台村、大田庄村、北田庄村、东街村、西街村	11

（续表）

乡镇	总面积	重点村	合计
大王镇	7278.8 公顷	北六村、南六村、中六村、张六村、南河村	5
刘李庄镇	6272.8 公顷	邸庄村、梁庄村、杨刘庄村、辛庄村、刘李庄村、大马庄村、北马庄村、郝庄村	8
总计	34547.1 公顷	—	45

表6　环白洋淀重点村落情况一览表（二）

乡镇	重点村	合计
水区村庄	郭里口村、王家寨村、漾堤口村、北刘庄村、东李庄村、西李庄村、赵庄子村、王庄子村、季庄子村、下张庄村、刘庄子村、邸庄子村、光淀村、东田庄村、桥东村、桥西村、桥南村、采蒲台村、大田庄村、北田庄村、东街村、西街村、邸庄村、梁庄村	24
半水区村庄	大张庄村、小张庄村、小田庄村、宋庄村、南刘庄村、泥李庄村、寨南村、东淀头村、大淀头村、西淀头村、杨刘庄村、大马庄村、北马庄村	13
陆区村庄	北六村、南六村、中六村、张六村、南河村、辛庄村、刘李庄村、郝庄村	8
总计	—	45

鲜活的红色文化和民俗文化。

由于长期以来安新白洋淀的旅游发展限定在白洋淀现有的 20 平方公里景区范围之内，开展的主要旅游形式为乘坐游船以及游览现有的 7 个景点，旅游发展空间局限在很小的范围之内，旅游发展对周边以及淀区的村落带动作用有限。同时也与相关村落特色化不足，不具有旅游接待能力有关，不过近些年安新县在白洋淀美丽乡村建设方面已经取得很大成效，这为乡村旅游的发展创造出良好的基础条件，同时"天蓝水清、苇绿荷红、村美人幸福的秀美大景区"也提出了湿地生态旅游与乡村旅游共同发展，充分发挥旅游业富民效应的任务。下一阶段淀区乡村旅游的成功激活将有望成为白洋淀旅游新的增长极。

（四）白洋淀还拥有大量潜在资源，尚没有为旅游发展所利用

白洋淀地区物产丰富。植物资源主要有芦苇、荷花、香蒲、白花菜等。白洋淀的芦苇是一大特产，品种多达 10 余种，芦苇面积 11.6 万亩，年产量 4447.5 万千克。荷花是白洋淀地区的亮点性景观，每值夏日，苇绿荷红，水草丰美，鱼鸟成群，是中国北方最典型和最具有代表性的湖泊和草本沼泽型湿地景观。相伴生的白洋淀莲藕素以洁美、质细、脆甜、入口无渣滓而久负盛名。而莲子又有红、白莲子之分，质脆味香，晒干后熬的羹，过去一直是宫廷营养用品。

白洋淀水产资源丰富，是有名的淡水鱼场，盛产鲑鱼、鲤鱼、青鱼、虾、河蟹等40多种鱼虾，鱼、虾、蟹、鸭蛋类销往长江以南的各省市。白洋淀还是候鸟迁徙内陆通道途中的重要食物与能量补充栖息地。区内有鸟类197种，其中国家一级保护鸟类4种（大鸨、白鹤、丹顶鹤、东方白鹳），国家二级保护鸟类26种（灰鹤、大天鹅等），有重要科研、经济和社会价值的158种，河北省有重要科研、经济和社会价值的52种，有野生两栖爬行动物3种，哺乳类14种，鱼类54种。白洋淀还是中国重要的淡水水产品基地之一。

白洋淀地区还拥有丰富多彩的民俗文化，围绕白洋淀的水面和芦苇等资源，水区村和附近村民经年累月，形成以捕鱼为生的民俗文化。围绕特色物产，安新县还发展有芦苇工艺画、白洋淀精品席（花席）、制船工艺、荷叶茶、苇编制品、菱角米、芡实米、咸鸭蛋等白洋淀特色产业。还将圈头村音乐会、白洋淀苇编、面塑、造船、芦苇画等11项内容成功申报为国家及省级非物质文化遗产。

目前，还以安新县天阳苇制品专业合作社（端村供销社）为龙头加快形成端村镇、三台镇崔公堤、刘李庄、圈头四大苇箔生产基地。丰富的物产以及围绕丰富物产的深加工、家庭手工艺的物品，具有不断向旅游文化创意、旅游商品转化，丰富旅游吸引力和提高经济附加值与效益的作用，还有着广阔的发展空间。

三、景区发展面临的新形势、新任务

（一）经济改革步入以供给侧改革为主的阶段

当前，宏观经济发展或调控的任务已经步入供给侧改革的新阶段。在2016年1月召开的中央财经领导小组第十二次会议上，习近平总书记强调要在适度扩大总需求的同时，去产能、去库存、去杠杆、降成本、补短板，从生产领域加强优质供给，减少无效供给，扩大有效供给，提高供给结构适应性和灵活性，提高全要素生产率，使供给体系更好地适应需求结构变化。供给侧改革，就是从提高供给质量出发，用改革的办法推进结构调整，矫正要素配置扭曲，扩大有效供给，提高供给结构对需求变化的适应性和灵活性，更好地满足广大人民群众的需要。

（二）旅游资源整合是提高竞争力的有效手段

近些年从旅游业发展的情况来看，面对经济新常态，旅游休闲经济出现明显的逆势增长态势，旅游需求进一步高涨，当前旅游业存在的主要矛盾是供给结构不能很好地满足不断高涨的旅游需求之间的矛盾，旅游领域供给侧改革的任务表现得更加迫切。旅游业供给侧结构性改革，就是要将存量旅游资源进行有效的开发利用，形成增量的旅游产品，不断增强旅游吸引力，而旅游资源整合以及理顺体制机制是旅游发展供给侧结构性改革的基本内容。与此同时，老牌旅游目的地的旅游发展，面对不断升级变化的旅游需求和生态环保的要求，也存在淘汰落后产能的问题，那些产品老化，建设粗糙，不适应环保新要求的旅游产品形式需要逐渐地进行淘汰。

（三）河北提出加大景区管理体制改革的要求

2015 年，河北省旅游局起草《当前和"十三五"时期全省旅游业改革发展的总体思路和重点任务》，提出未来的旅游发展需要以休闲度假旅游为重点，把旅游业发展与美丽乡村建设、扶贫攻坚、现代农业相结合，切实提高旅游业发展的质量和效益，加快把旅游业打造成河北省新的经济增长点和重要支柱产业。为此需要全面深化旅游业体制机制改革，重点推进旅游行政管理体制、旅游景区管理体制、旅游投融资体制、旅游综合执法体制、旅游统计制度、旅游考核体制六项改革。景区管理体制改革成为未来旅游业体制机构改革的六大改革任务之一。

（四）保定成为国家旅游改革创新先行区第一批试点

旅游综合改革试点工作是新时期旅游业改革开放的重要抓手，也是旅游业改革开放的先行军和试验田。国家旅游局决定开展"旅游业改革创新先行区"工作，这是对综合改革试点工作的深化升级，"旅游业改革创新先行区"的主要任务是解决当前制约旅游业发展的普遍性和突出性问题，是国家旅游局第一次全面铺开的区域改革工作，希望未来这些先行区能够成为全国旅游改革总框架的有力支点。2015 年年底，国家旅游局公布了"首批国家级旅游业改革创新先行区"名单，此次获批的首批国家级旅游业改革创新先行区共有 20 个，其中副省级和地级先行区 15 个，县级先行区 5 个。保定市位列其中，而保定市国家旅游综合改革创新又以白洋淀的景区管理体制改革表现最为突出。

（五）安新县被评为首批国家全域旅游示范区创建单位

为进一步发挥旅游业在转方式、调结构、惠民生中的作用，实现旅游业与其他行业产业的深度融合，在 2015 年 9 月，国家旅游局下发了《关于开展"国家全域旅游示范区"创建工作的通知》（以下简称《通知》）。《通知》指出，全域旅游是指在一定行政区域内，以旅游业为优势主导产业，实现区域资源有机整合、产业深度融合发展和社会共同参与，通过旅游业带动乃至于统领经济社会全面发展的一种新的区域旅游发展理念和模式。白洋淀在安新县境内的水域面积占到 85%，全县 50% 的面积为水域所覆盖，白洋淀的旅游发展对全县经济社会发展有着全局性的带动作用，2016 年 2 月，经申报、省级旅游部门推荐、国家旅游局组织专家审核，安新县被评为首批国家全域旅游示范区创建单位。

四、景区发展面临问题及机遇

（一）面临的问题分析

第一类问题：景区资源本身的问题

1.景区资源同质性强，区域竞争力不断下降

白洋淀作为华北地区最大的湿地，从游客体验的游览观赏的角度来看，主要的景观表现为由河道、水面、沟壕、芦苇以及荷花等构成的较为均质化的景观，整个白洋淀地区的资源同质性强，景区内部缺乏差异化，这为打造不同性质的旅游产品造成难度。与此同时，从国内同类景区的发展情况来看，以千岛湖为例，水域面积580平方公里，在2001年被评为国家4A级景区，在2010年才被评为国家5A级景区，当前每年的游客接待人次达到500多万人次，旅游知名度、游客游览的范围都明显高于白洋淀。占地面积283平方公里的衡水湖，旅游发展从2005年才开始起步，不过近些年来旅游发展增长迅猛，年游客接待人次也已经超过100多万人次。

从图3中百度指数的搜索关注度情况来看，千岛湖的知名度要明显高于白洋淀和衡水湖，而从白洋淀与衡水湖的比较情况来看，曾经名不见经传的衡水湖的知名度提升迅速。在此需要看到，千岛湖的旅游发展实际上也是要大大滞后白洋淀的，最初成名时间也是滞后于白洋淀的。由此可见近些年来，新兴旅游目的地和景区不断发展，白洋淀面临的市场竞争格局更趋激烈，固守原有的旅游发展模式将面临不进则退的困境。

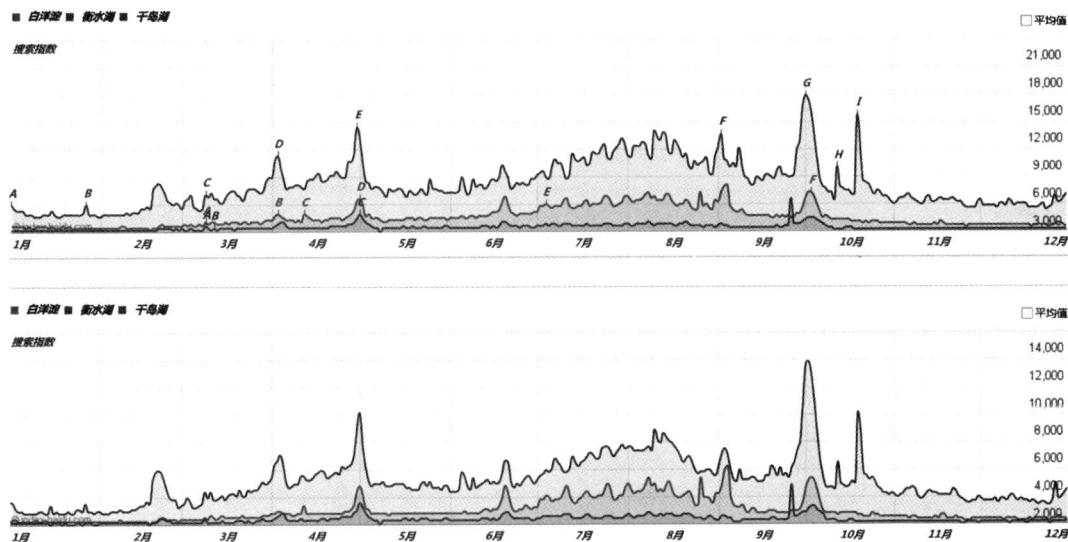

图3　百度指数的搜索关注度

2. 景区生态环境脆弱，高强度开发多方受限

白洋淀湿地自然保护区是国家重点生态湿地，是华北平原上最大的淡水湿地。由于所处地理位置独特，白洋淀在涵养水源、缓洪滞沥、调节区域间小气候、维护生物多样性方面起着重要作用，被誉为"华北之肾"。白洋淀省级湿地自然保护区建立于 2002 年 11 月（冀办字 [2002]92 号），分为四个核心区：烧车淀核心区、大麦淀核心区、藻乍淀核心区、小白洋淀核心区，核心区总面积 9740 公顷。2004 年，安新县成立白洋淀湿地保护区管理处，负责保护区的保护、管理和科研工作。白洋淀湿地的生态环境非常脆弱，特别容易受高强度旅游开发的破坏。近些年，不论是国家还是安新县都不断加强白洋淀生态环境的保护和治理力度，除了村基地的宅基地之外，白洋淀湿地范围内已经不能新批建设用地，现有景点的大量建筑景观也需要逐步进行清理，高强度旅游开发已经变得不可能。

3. 季节性问题很突出，典型旅游开展半年闲

安新县地处亚欧大陆东部季风区温暖带半干旱地区，大陆性气候特点显著，春季干燥多风、降水稀少，夏季炎热多雨、降水集中，秋季晴朗微风、昼暖夜凉、天高气爽，冬季寒冷干燥、雨雪稀少。四季分明，寒旱同期，雨热同季。白洋淀地处华北，四季分明，同时又作为湿地景观，旅游发展的季节性问题表现得特别明显。白洋淀一般从 11 月份将会进入冰期（图 4），次年 5 月份天气明显转暖，等河道结冰完全消融之后才能开展旅游接待（图 5）。每年的适游期在 5～10 月，一般为 6个月。从每年的"五一"开始有游客陆续进入，7、8 月份是旅游最旺季，"十一"过后，游客人数迅速减少。

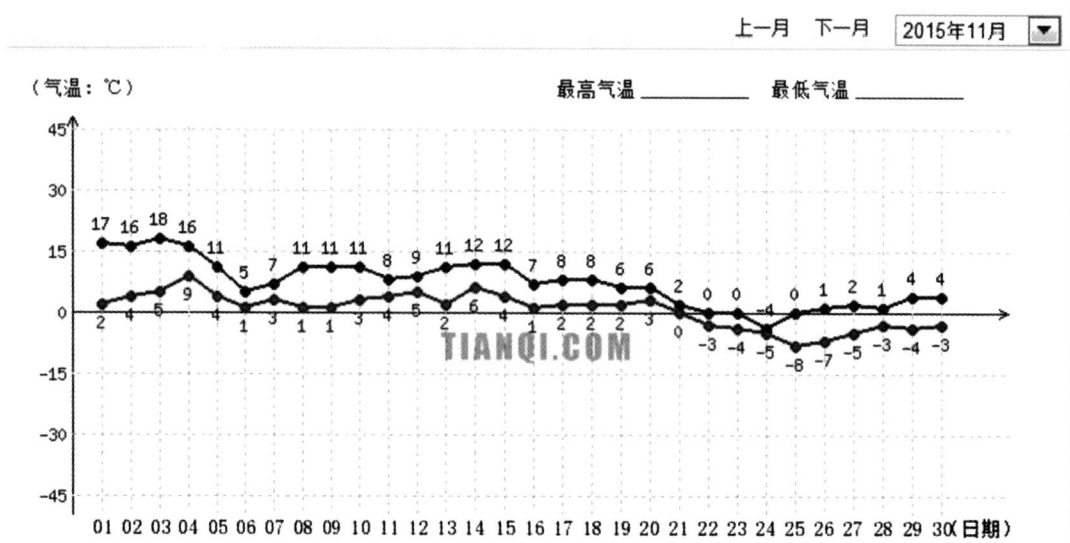

图 4　安新 2015 年 11 月份气温走势图

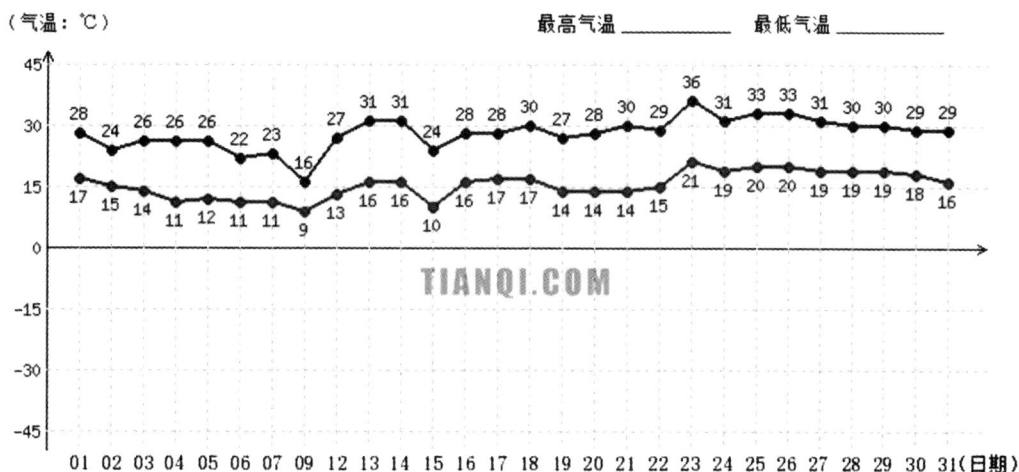

图5 安新2015年5月份气温走势图

　　每当进入冬季，水面结冰，游船难以进入，芦苇、荷花等景观冬季凋零，景观价值有限，而只有在夏季才能达到最好的旅游景观效果。白洋淀旅游的季节性问题是客观性问题，典型的旅游开展半年闲，旅游开展的半年闲对游船、餐饮、住宿等游客接待单位的有序和连续经营往往会造成不利的影响。与此同时，通过调研发现，白洋淀在最适宜游览的夏季，却存在蚊虫叮咬非常严重的问题，这在一定程度上影响游客的较长时间停留，对休闲度假类旅游发展不利，因此休闲度假类旅游项目的发展需要有着更高的设计施工要求。

　　第二类问题：经营管理方面的问题

　　从经营管理的角度来看，当前安新白洋淀景区的经营管理面积较小，旅游业发展局限于现有的水面和景点，对周边特别是美丽乡村旅游发展的带动作用薄弱，现有的体制机制局限于5A级景区以及安新县范围内的管理，还没有构建起自身资源统筹协调（特别是统筹乡村旅游发展）以及与雄县、任丘统筹发展的体制机制，旅游业发展距离全域旅游发展的目标，能够充分发挥综合带动作用，特别是带动乡村旅游发展，成为经济社会发展战略性支柱产业和富民产业的目标还有很大距离。

　　1.景区门票管理不统一，未达5A级景区要求

　　当前安新白洋淀景区的票制实行"入淀费+景点门票+船票"的较为复杂的票制形式，游客要进入景区内的某个景点游览，需要在游客服务大厅购买40元的入淀费，景点的门票以及包船的船票。景点内各个景点分别确定各自门票的做法不符合国家5A级景区有关"一票制"的规定，这也成为2014年受国家旅游局警告的主要原因。与此同时，白洋淀游客售票大厅根据景点的不同，分别开设不同的窗口进行

售票，在旅游旺季，往往排队游客较多，游客如果需要同时购买多个景点的门票，就存在不断重复排队购票的问题，这使得游客购票环节烦琐以及等待时间过长，影响了游客的满意度。与此同时，各景点分开售票的方式也使得"一票制"的问题表现得更加扎眼和突出。

2. 旅游活动空间有限，对乡村发展带动作用弱

白洋淀景区面积只有 20 平方公里，仅占 312 平方公里，仅占白洋淀总面积的 5.5%，占安新白洋淀总面积的 6.4%。白洋淀当前旅游发展的空间非常有限。当前旅游的发展模式主要表现在游客从码头乘船，在主航道游览之后再前往各景点游览，随后再返回码头，游览时间一般在 4 ~ 6 小时，现有的游览模式设计的游览形式以一日游为主。现有景区的发展面积以及现有游览模式的设计使得更广阔的水域面积，特别是与白洋淀共生共存的大量村落被排除在旅游发展之外，旅游业发展在引导更多村民参与方面作用有效，旅游富民效应没有得到有效的释放。

3. 系列景点建设粗放，相互之间恶性竞争严重

目前白洋淀景区开展运营的有 7 大景点，分别为鸳鸯岛·白洋淀之窗、休闲岛、元妃荷园、荷花大观园、白洋淀文化苑、欢乐岛（原异国风情园和嘎子印象）、水上游乐园，这些景点除了荷花大观园的规划设计较为科学合理之外，其他的系列景点普遍存在规划设计不合理、旅游项目建设粗糙、文化内涵表现不突出，还存在系列旅游项目违规用地等问题。游客游览景点之后往往表现出失望的情绪。与此同时，各景点为了争夺更多的游客，纷纷采取给予船工回扣以争夺更多的游客，回扣额一般要达到票价的 70% ~ 80%，高额的回扣使得景点对船工心生抱怨但又无可奈何，最终将不满情绪发泄在整个景区管理方面，同时降低了景点的收入，使得更新改造资金不足，个别景点近些年的经营还出现亏损的情况，更是难以进一步整治和升级提档。

4. 与生产生活相交织，农民参与管理难度大

白洋淀景区总体来看是开放型的景区，白洋淀水域生态与村落村民有机地结合在一起。进入现代社会，村落村民的传统生产和生活方式发生了很大的改变，村民倾倒污水、白色塑料垃圾的行为对湿地生态环境的影响变得日益突出。白洋淀在未来旅游的发展过程中，既需要承担引导村民参与旅游发展的义务，也存在对村民的旅游参与进行有效管理的责任。与村落村民的共生性以及村落生态环境的整治、村民参与旅游项目经营的有序都使得未来的旅游管理存在很大难度，这对创新景区管理体制，引导各方面有序参与，实现共赢和谐发展提出了很高的要求。

5. 两市三县各自为战，景区统一管理受掣肘

虽然 85% 的水面位于安新县，但是雄县和任丘方面只要有建设码头就能方便地

引导游客进入整个淀区。白洋淀景区管理涉及两县一市，目前各个县市各自为战，至今雄县和任丘还没有实现对船工的有效管理，私拉游客、欺客宰客的事情时有发生，而直接影响和损失的却是安新白洋淀的声誉。还有针对票制复杂的问题，在2007年，安新县旅游局推出了白洋淀景区"一票制"及班船制实施方案。由于该方案截断了雄县、任丘船工的"财路"，任丘（以及少许雄县）的船工组织了人马到省信访局上访，使得"一票制"的方案实行不到两周就废止了。目前，景区的统一管理主要受到其他县市的掣肘，需要谋划三地统筹管理的有效方案和思路。

（二）面临的压力或机遇

1.2015年连遭环保旅游两方面警告

针对白洋淀由于非法围淀造景，在白洋淀湿地核心保护区内的烧车淀，大型抽水机在往外排水等问题，2015年4月2日，在河北省石家庄市召开的白洋淀环境整治约谈会上，环保部、河北省政府要求保定市政府在2015年6月底前对白洋淀环境整改到位。针对白洋淀景区管理协调机制过于松散，条块分割，各自为政，不利于白洋淀整体开发、经营、管理等重大问题的及时协调解决，景区游览门票经营管理存在诸多弊端，没有实行"一票制"的管理以及随意破坏苇田改种稻田农田、乱搭乱建行为屡禁不止，淀内水村生产生活"三废"处理不到位，水体污染严重等问题，2015年4月2日，国家旅游局在京召开新闻发布会，对安新白洋淀景区进行了警告。环保部和国家旅游局的通报和警告也正是安新县在旅游发展过程中亟须解决的问题，这对安新县既是压力，更是机遇。

2.环境压力迫使产品结构进行调整

针对白洋淀地区出现的环境破坏问题，环保部要求一是对白洋淀自然保护区范围内19个建设项目采取疏堵结合的方法进行分类整治。二是严厉打击淀区环境违法行为，开展一次摸底排查，严禁工业企业排水入淀，发现环境违法行为要依法从严查处；限期解决淀区群众生活垃圾、污水污染问题。三是加强淀区环境监管，清理非法养殖，加大对违反环保法规的旅游项目的打击力度，严防关停取缔项目反弹。除了当前亟须解决的环境问题，随着生态文明和美丽中国战略的实施，环境问题将会变得越来越突出，不断对生态环境进行整治，不断对旅游产品结构进行调整，及时淘汰那些与环保要求不相符合的项目，发展生态类旅游项目是基本的工作主线。

3.北方湿地生态旅游需求不断高涨

当前，随着城镇化的不断推进，城市居民对自然生态旅游的需求不断高涨。白洋淀的湿地生态环境在整个北方地区具有典型性和唯一性，同时地处京津冀优异的区位条件使得对其旅游需求将会进一步地增长。从百度地域搜索的情况来看，北京、天津、保定、石家庄等京津冀地区的核心城市对白洋淀旅游最为关注，对白洋淀的生态旅游需求呈不断上涨态势（图6）。伴随京津冀一体化的推动，北京、天津等城市居民前来旅游还会变得更加便利。

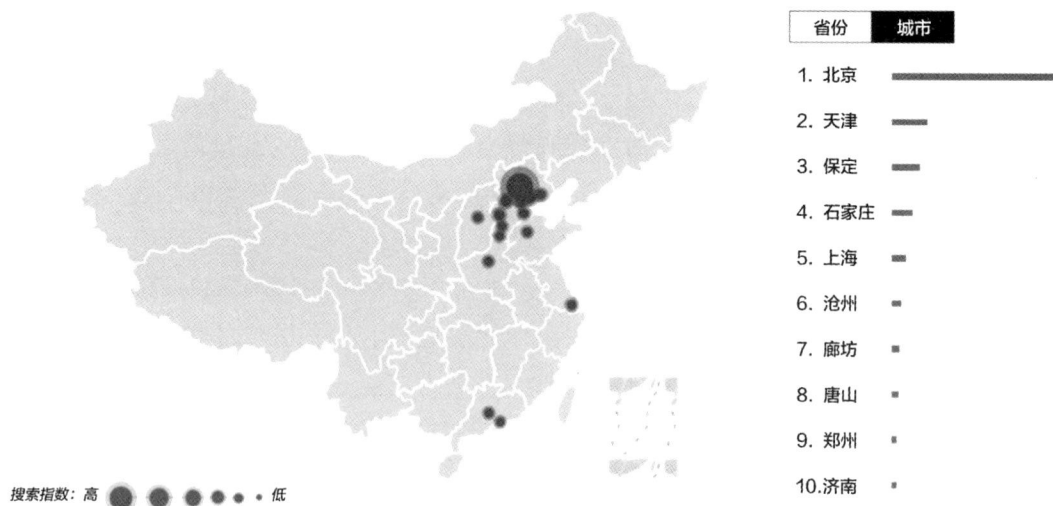

省份	城市
1. 北京	
2. 天津	
3. 保定	
4. 石家庄	
5. 上海	
6. 沧州	
7. 廊坊	
8. 唐山	
9. 郑州	
10.济南	

搜索指数：高　●　●　●　●　●　低

图6　百度地域搜索指数

4. 美丽乡村建设使得发展乡村旅游成为可能

从2014年7月开始，河北省吹响了美丽乡村建设的号角，白洋淀美丽乡村示范区共辖51个村，其中安新县涉及6个乡镇45个村，人口8.2万，区域面积314平方公里。主要任务是抓好45个村的垃圾处理、污水处理、民宿改造、村庄绿化、环境美化等15件实事，努力将白洋淀打造成"天蓝水清、苇绿荷红、村美人幸福的秀美大景区"。安新县还编制了白洋淀地区特色风貌、历史文化保护与利用、园林绿化、驳岸改造和综合交通等系列专项规划。目前，诸多淀区乡村风貌已经得到有效改观，具有开展旅游游览和接待的基础条件，伴随着美丽乡村建设的持续推进，还将具有更优异的接待游览条件。

五、白洋淀景区发展模式的内涵

从白洋淀地区旅游业发展自身的角度来说，需要解决带动周边乡村共同发展的任务，从白洋淀景区自身发展的角度来说，需要跳出现有景区发展的框架，局限于景区景点发展旅游业的传统模式已经不能够适应美丽乡村建设和全域旅游发展的要求，在未来旅游业的发展过程中，同时需要解决生态环境维护，带领周边村落共同致富的任务。

白洋淀景区未来的旅游发展模式，简称为"白洋淀模式"，应该走出一条"共生、共建、共享"的发展之路。"共生"是白洋淀模式的基础，"共建"是白洋淀模式的需要，"共享"是白洋淀模式的目的。共生是白洋淀模式的基础，长期以来白洋淀的自然生态与周边的村落是共生共存的关系，周围的村落和村民是白洋淀民俗风情和红色文化的创造者，在未来的旅游发展过程中，村落和村民应该成为重要的主体。关键是指白洋淀景区未来的旅游发展需要充分发挥政府、管委会、景点、外来投资商，特别是村落村民等各方面的积极性，提高村民参与旅游发展的自组织化程度，共同建设大白洋淀景区。共享是指白洋淀未来的旅游发展需要根据各方面共享、参与的程度，共同获益，而不能因为照顾某方面的利益而把其他利益相关方排除在外。

要实现"共生、共建、共享"的发展理念，未来的旅游发展重点需要实现以下五大转变：

（一）从依托景区景点谋发展向依托大白洋淀生态谋发展转变

长期以来白洋淀的旅游发展，局限于现有的白洋淀景区范围之内，现有的经营模式局限于"门票＋游船＋景点"，一方面，旅游经营的范围非常有限，现有的旅游经营活动主要集中在景区和景点之内；另一方面，传统的景点建设模式越来越不适应环保建设的要求；再次，从游客游览的满意度评价来看，白洋淀"天蓝水清、苇绿荷红"的自然生态才是对旅游者的最大吸引力所在。因此，未来的旅游发展，需要跳出现有的景点经营范围和经营模式，拓展白洋淀景区的发展空间，从整个白洋淀地区的角度将其他的淀泊，特别是乡村纳入旅游发展的框架之中，全面优化白洋淀地区的生态环境，依托大白洋淀生态塑造旅游吸引力。

（二）从村落未能有效参与旅游发展向带动村落村民共同发展转变

需要明确，白洋淀地区的水区村落是白洋淀旅游吸引力的重要组成部分，一方面，白洋淀地区的村落村民创造了白洋淀地区鲜活的文化内涵；另一方面，白洋淀地区的村落村民与白洋淀生态共生共存，45个重点村，8.2万人口规模，所谓的生态搬迁是难以实现的任务。因此，需要坚持与村落村民共同发展旅游业的思路，避免走很多景区简单将原住民搬迁的发展思路，通过开通能够将各村落串联，形成新的旅游环线的大淀观光游，拓展白洋淀景区的发展空间，提高白洋淀旅游的吸引力和接待能力。虽然村镇建设和发展存在对淀区生态环境造成冲击的问题，但这也正是白洋淀模式需要重点解决的问题。

（三）从船工的自组织参与向积极培育自组织化的参与主体转变

通过梳理白洋淀地区旅游业的发展历程，可以看出，白洋淀地区的旅游发展曾经经历一段无序发展的阶段，政府和管委会介入旅游业发展的管理之后，船工曾经的抢夺游客、欺客宰客等问题得到了有效解决。在此过程中也可看到，现有的船队和船工的日常经营管理，已经形成非常高效的发展模式，武断的重组和公司化的运作模式未必更加高效。应坚持政府主导、管委会负责统筹经营管理的思路，同时，尊重自组织化经营主体在微观运营方面的高效率，在通过大淀观光游将周边村落纳入旅游发展的过程中，积极培育乡村旅游合作社等自组织体系，提高村民参与旅游的组织化程度，最大化地发挥旅游业的富民效应。

（四）从粗放被动化的管理向全面统筹管理转变

目前，景区管委会入淀费加游船费以及各景点单独开设窗口的售票模式，不符合5A级景区的管理要求。与此同时，需要看到的是，长期以来，白洋淀景区的旅游发展为强势的开发商所左右，这是白洋淀长期以来不能很好地实施"一票制"管理的深层次原因。白洋淀未来的旅游发展，首先需要打造能够有效管理大白洋淀地区旅游发展的主体，需要通过创新体制机制，提高能够统筹管委会、游船、景点以及乡村旅游各类经营主体共同协调发展的能力。同时，需要构建开放型的管理框架，努力构建能够实现与雄县、任丘相关县市共同发展的体制机制，做好区域协调工作，共同致力于白洋淀旅游业的繁荣发展。

（五）从侧重重点环节生态建设向综合生态管理转变

白洋淀地区生态环境脆弱，原先粗放型的旅游发展模式越来越不能适应新时期生态文明建设的要求。近些年来，伴随生态文明和美丽乡村建设，白洋淀地区加强了对生态环境的整治工作，村庄的污水处理设施、垃圾处理设施纷纷上马，网箱养鱼得到清理，生态环境得到明显的改善。实际上，发展旅游业成为促进淀区生态环境优化美化的主要推动力。不过，需要看到，当前的生态环境建设尚没有构建长效化的机制，特别是，伴随游客的持续进入和旅游项目的建设，需要构建能够实现旅游发展与生态建设之间动态化调整的机制，以综合化的生态管理为目标和工作导向，消除生态建设的薄弱环节，努力践行生态旅游的发展理念，努力实现旅游业的可持续发展。

六、白洋淀景区发展模式的重点建设

（一）加强美丽乡村的规划建设，不断提高村落的旅游吸引力

随着美丽乡村建设与全域旅游时代的来临，村庄建设与景区建设逐渐融为一体，这在白洋淀景区近年的发展过程中体现得尤为明显。自2013年的农村面貌改造提升开始，白洋淀地区的乡村建设取得了骄人的成绩，农村面貌焕然一新，农民收入得到了显著提升。一系列成功的村庄建设与旅游产业策划、规划与建设，使得大淀头、

东淀头、王家寨等白洋淀地区的村庄声名远播，成为河北省在村庄建设中的耀眼明星，而这些村庄的"美丽蜕变"也为下一步景区的"华丽转身"打下了坚实的基础。核心吸引物从传统景点转向淀区村庄的发展理念，既符合体验旅游发展的大势，也符合白洋淀景区旅游发展的实际。在未来白洋淀地区全域旅游的持续推进过程中，环白洋淀的美丽乡村群必将成为大白洋淀景区越来越重要的组成部分。

1. 白洋淀地区美丽乡村建设背景

习近平总书记在"四个全面"论述中，明确提出到 2020 年要实现全面建成小康社会的宏伟目标。党的十八大专章论述生态文明，首次提出"推进绿色发展、循环发展、低碳发展"和"建设美丽中国"。这既是中央的一个重大工作部署，又是关系人民福祉的大事。建设美丽乡村，是建设美丽中国的重要内容和组成部分，没有美丽的乡村，就没有美丽的中国。2016 年 2 月 26 日召开的京津冀协同发展座谈会上，习近平总书记两次提到白洋淀，体现了对白洋淀发展的高度关注与厚爱。

为贯彻落实中央精神，从 2013 年开始在全省广大农村开展了农村面貌改造提升行动，将利用 3 年的时间建成 5 万个美丽乡村，彻底改变农村落后面貌，让农民过上更加幸福的小康生活。2014 年 4 月 1 日河北省委、省政府主要领导就白洋淀生态环境保护治理工作到安新县做专题调研。就加强白洋淀保护治理，建设美丽河北，打造"首都环境护城河"，提出了"引、控、管"三项具体要求。

为贯彻落实省委决策部署，省委副书记赵勇自 2014 年 7 月至今，多次到安新调研、召开专题会议，明确提出"要高质量推进环白洋淀连片美丽乡村示范区建设"，要求将白洋淀打造成"天蓝水清、苇绿荷红、村美人幸福的秀美大景区"，打造成河北省第一个国家生态公园和环京津冀生态涵养区。在 2016 年河北省农村面貌改造提升行动重点片区建设动员会上，省委、省政府提出集中力量打造 9 个美丽乡村重点片区。

2. 白洋淀地区美丽乡村建设总体思路

2015 年以来，安新县上下认真贯彻落实河北省、保定市领导系列讲话精神，坚持将白洋淀连片美丽乡村建设作为全县一号工程来抓，县委、县政府多次召开指挥部（扩大）会、常委会、党政联席会、现场办公会，举全县之力，集全民之智，按照"八抓"思路（即强化宣传抓认识、提高站位抓规划、全面动员抓发动、面向市场抓资金、科学安排抓统筹、示范引导抓推进、点面结合抓提升、强化督导抓考核），科学谋划，统筹协调，强力推进，在水区村庄基础设施建设、淀区综合环境整治、淀区景观打造、完善配套基础设施、做好陆地板块建设、产业发展、机制建设等方面取得了显著成效，美好蓝图正在成为现实。

（1）搞好科学谋划

制定了《白洋淀生态环境保护及环境提升三年行动方案》，谋划了淀区清障、村庄改造、船只整治、淀区清网等十大系列工程，深入开展了白洋淀环境卫生整治攻坚月行动和水区村环境整治大会战活动。

（2）明确工作目标

在深入调研论证基础上，县委、县政府确立了"以人为本、生态优先、文化引领、产城融合、绿色崛起"的指导思想，提出了"天蓝水清、苇绿荷红、村美人幸福"的总体目标，明确了"治污、美容、拆网、除埝、清淤、兴游、惠民"的工作路径，紧紧抓住白洋淀生态环境保护这个根本，与白洋淀旅游产业发展相结合，努力将白洋淀片区建设成美丽乡村的示范区、"第六产业"的示范区、农村改革的示范区、乡村治理的示范区、文化道德建设示范区、生态环境保护样板区、经济社会发展先行区。

（3）强化示范带动

2016年以来，围绕白洋淀连片美丽乡村示范区建设，安新县委、县政府制定了《关于抓好美丽乡村建设，推进农村面貌改造提升行动实施方案》和25个专项工作方案，以"九点两线"（九点，即王家寨、大淀头、东淀头、赵庄子、邵庄子、寨南、光淀、大田庄、东田庄；两线，即旅游码头至赵庄子、旅游码头至大淀头两条重要航道）为突破口，强化示范引领，抓点、连线、带面，统筹部署美丽乡村建设各项工作。

（4）坚持规划引领

在美丽乡村建设上，坚持做到"无规划不设计、无设计不施工"，在完成《环白洋淀地区乡村建设总体规划》《建设指引》及45个水区村规划的基础上，编制了白洋淀地区特色风貌、历史文化保护与利用、园林绿化、驳岸改造和综合交通等系列专项规划。为打造亮点、创建精品，通过依法招标方式确定了浙江桐庐卓创旅游规划设计有限公司等三家单位为安新县第一批9个重点村进行详细设计和重要节点景观设计。同时，为保证规划落实，各乡镇均成立了规划建设管理办公室，以此为依托，组织规划部门并邀请省住建厅专家对各乡镇及村干部、村民代表、施工人员等开展了多层次的规划培训活动，为工程施工夯实了基础。

3.白洋淀地区美丽乡村规划愿景

（1）规划目标

※ 城市战略定位

城市总体定位——京津冀都市圈重要生态旅游休闲中心，保定市城市东部重要组团，以旅游服务及科技创新产业为支撑的生态宜居城市。

水区定位——宜居、宜业、宜游的生态涵养旅游休闲片区。

※ 特色资源

水乡泽国——白洋淀作为保存完好的原生态水乡泽国、超大型浅沼湿地湖泊，是华北地区最大的淡水湖，生息繁衍着众多鸟类、鱼类，更哺育着 8.2 万人口。

苇海荷风——纵横交错的芦苇荡、一望无际的接天莲叶，四季景致交错，各有韵味，是有别于国内多数湖泊景区的罕见组合。

渔村水镇——不仅拥有浩瀚的水面，还有分散在淀区的几十个村庄岛屿，加上舟楫代车马、耕苇牧渔的生活方式，孕育了特有的北国水乡民俗风情。

※ 规划愿景

依托现有的特色资源，以华北明珠为旅游背景，以红色文化为时代精神，以面貌改造提升为契机，打造中国最美湖淀聚落，即"苇绿荷红碧波漾、村美水清人幸福"的河北省农村面貌改造提升连片整治示范区。

（2）产业发展规划

规划将环白洋淀地区分为五大板块。分别为北部高效农业区、中部旅游度假区、东部水乡游赏区、南部水产养殖区、淀南农业观光区。

※ 北部高效农业区

依托大王镇便捷的交通优势，积极发展高效农业、立体农业，积极打造 1.5 产业，将传统农业与农产品加工、商贸融合，由此加粗原有单一的农业产业链，提高产业附加值，提升农民收入。

※ 中部旅游度假区

依托镇区完善的服务配套，发展旅游相关的三产服务业。将景观体系营造纳入城市建设中，形成城景交融、可娱、可游、可住、可休闲度假、可体验华北水乡风情的湿地生态新城。

※ 东部水乡游赏区

以端村、赵北口为核心，充分整合苇荡、荷塘、淀泊资源，开发渔乡水镇风情体验、精品生态度假旅游。同时整体规划开发白洋淀文化苑—荷花大观园—王家寨—光淀，构建白洋淀湿地公园。

※ 南部水产养殖区

以现有的水产养殖、养鸭产业为依托，发展绿色高效农业，打造品牌效应，并结合三产服务业为景区提供餐饮、住宿等方面支持。此外，积极推广芦苇制品等传统工艺的传承，结合订单式销售，发展成完整的产业上下游，使产品规模化。

※ 淀南农业观光区

结合刘李庄良好的农业基础，打造现代农业生态示范园，将农业与旅游业相互交融形成观光农业，满足游客食、住、游、购、娱等多方位的需求。

（3）旅游发展规划

根据《白洋淀旅游发展总体规划》，将白洋淀地区划分为"1带5区8节点1延伸"，即：1条休闲观光带——西部休闲观光带；5个游览片区——温泉水岸养生区、中部深度休闲区、圈头旅游度假区、北部生态观光区和南部生态观光区；8大客流集散/服务/补给节点——主入口（建设路—白洋淀大道交叉）、旅游码头、小田庄、王家寨、赵庄子、圈头、漾堤口—东关码头、寨南，1个延伸控制区——西部延伸控制区

根据《安新县城乡总体规划》，规划安新县旅游总体空间布局形成"一城一带一淀，点线面结合"的空间布局格局：一城——中心城区，是全县客源市场辐射地，也是旅游接待设施基地；一带——临淀旅游发展带，是进出白洋淀的"门户"和游客集散中心，也是白洋淀度假休闲、主题娱乐项目的聚集发展地，也是拓展旅游产业链条的空间平台；一淀——白洋淀旅游区，是安新县白洋淀旅游的主体部分，打造温带湖泊湿地度假购物旅游区。

结合以上规划的空间布局方案，与环白洋淀乡村地区的具体范围和乡村旅游模式的基本定位，规划本地区形成"一淀为心，两岸为翼，多点串联"的总体布局。

①一淀为心：即以白洋淀核心景区为中心，周边村庄的旅游发展紧密结合景区建设，发挥配套衍生功能，突出生态资源优势，挖掘历史民俗文化，打造环白洋淀地区的旅游核心。

②两岸为翼：即从旅游核心沿淀区西侧岸线纵向展开，分别在安新镇沿岸和端村镇沿岸拓展旅游业。向北带动安新镇和大王镇的相关村庄，联合温泉湿地资源综合发展；向南带动端村镇、圈头乡乃至刘李庄镇的部分村庄，联合各地人文资源综合发展。

③多点串联：即借助旅游景观路规划和水上游线组织，将环白洋淀地区有条件发展旅游的村庄进行有机串联，通过打造自身特色和联合周边村庄，将本地区的乡村旅游点进行整合，形成完善的乡村旅游体系。

（二）制订大淀观光游方案，将美丽乡村纳入旅游发展大格局

1.游线方案设计

大淀观光游以白洋淀水乡风光游览体验为核心内容，设置两条游线方案，白洋淀乡村旅游线路和白洋淀景点游线。

（1）白洋淀乡村旅游游线

白洋淀乡村旅游线路是通过积极对接美丽乡村建设成果，通过对典型美丽乡村的旅游化改造，以大淀观光游线路将这些乡村进行串联，形成以白洋淀水乡风貌观光体验为特色的独特旅游线路。

该条线路以安新白洋淀景区北部航线为主，以安新县码头为起点，串联赵庄子、

邵庄子、寨南村、大淀头和东淀头，全程时长约 4 小时。其中赵庄子、邵庄子、大淀头和东淀头是停靠点；目前，寨南村只作为大淀观光游航线途中景观观赏点，不设乡村旅游点。具体来讲，游客乘船从安新县码头出发，沿大淀观光游乡村游线游览体验淀区风光，体验淀区水乡生活风貌和民俗风情。

（2）白洋淀景点游线

白洋淀景点游线以安新县码头为起点，主要串联荷花大观园、白洋淀文化苑、欢乐岛、休闲岛、鸳鸯岛、水上游乐园和元妃荷园等现有景点和王家寨民俗村，形成以景点体验游为特色的淀区旅游线路。

2. 游览项目策划

大淀观光游在于恢复和保护白洋淀淀区自然生态环境和水乡民俗生活风貌，通过旅游业态和元素的嫁接，促进白洋淀的转型和可持续发展。因此，大淀观光游的游览项目重点在于大淀水区生态风光的塑造、维持和保护；也在于挖掘乡村文化，打造特色水乡乡村旅游节点，以激活乡村活力，拉动乡村社会的再繁荣和乡村经济的再发展。

3. 大淀水上观光游览项目

白洋淀历史悠久，世代白洋淀居民在此地繁衍生息形成的文化积淀，形成了淀区水乡特有的生产生活方式，淀区特殊的自然环境造就了淀区特殊的别具特色的生产文化、交通文化，乘坐船只在大淀中缓行漫游，参观原生态的大淀景观就可以为游客带来新奇的旅游体验。因此，大淀水上观光游览项目主要以白洋淀淀区自然生态环境为背景和主要内容，选择淀区风景优美的区域开辟专门的水上漫游航线或者芦苇荡探幽航线，通过木船（小游艇）＋专门航线的组合推出大淀野趣漫游体验项目。

4. 水乡旅游节点项目

（1）赵庄子——水乡温泉休闲体验游

赵庄子旅游资源基础丰富：拥有特色突出的村落文化资源，村庄内部建筑特色明显，保留有马鞍脊等特色建筑形式，空间以传统的街巷胡同居多，在旅游开发过程中，可结合胡同、老民居等塑造传统的村落风貌形象；历史悠久的渔家文化资源，赵庄子村历史上曾经是个传统的渔村，渔民悠然自得，渔船随波渐远，渔民满载而归；典型的红色文化资源，赵庄子村是"张嘎子"原型赵波的故乡，赵波墓就在赵庄子村；独特的地热资源，区别于白洋淀其他资源文化，赵庄子村拥有独特的地热资源，已打温泉井 2500 米，可供村民日常使用或打造温泉旅游度假产品。

赵庄子依托温泉资源、村落文化资源和乡村酒店等基础服务设施，欲打造以中低端游客市场为主的水乡温泉休闲体验旅游。

（2）邵庄子——水乡艺术家村

旅游资源方面，邵庄子内的自然旅游资源基本与大白洋淀景区的自然旅游资源一致，村庄及周边水域的荷花、芦苇等构建出了典型的"苇绿荷红"的水乡自然风貌；人文旅游资源多于红色旅游文化资源，村内现有安新县委旧址、薛耀伦故居、邵德才故居、王向前故居等红色文化遗址。

由于邵庄子乡村公寓基础设施比较完备且建设集中，且温泉取暖也解决了冬季保暖、乡村保暖等问题，因此，邵庄子在白洋淀乡村旅游体系中以打造艺术家创作基地为主要方向，培育修学旅游市场。

（3）大淀头

大淀头美丽乡村建设成果被称为美丽乡村建设的典范，村庄的硬件建设方面具备了良好的旅游发展的条件，同时大淀头村曾经是"白洋淀诗群"三剑客（芒克、多多、根子）的插队村庄，以此开发诗歌文化资源，打造诗歌文化艺术采风区，塑造"中国现代诗歌文化之乡"的形象。以水乡休闲观光、诗歌文化艺术采风和特产旅游购物为主题。

（4）东淀头

东淀头紧邻大淀头，村内船务漕运文化历史悠久，还保存有建筑风貌完整的药王庙，村庄东侧有记载明代田增救驾的古石碑刻，村庄内部的一处古民居门口留有"瓶生三戟"的石碑雕刻。在旅游开发中，东淀头村以漕运船务文化为主题，计划建设漕运文化展示馆，芦苇画艺术展览馆，芦苇工艺观赏体验产品，白洋淀村庄民俗文化展示等产品，以及特产商业步行街等业态产品，与大淀头休闲观光、购物游相互补充，打造文化观光体验游。

5. 游船策划

白洋淀历史悠久，世代白洋淀居民在此地繁衍生息形成的文化积淀形成了淀区水乡特有的生产生活方式，淀区特殊的自然环境造就了别具特色的生产文化和交通文化。传统水运中的手划木船、竹筏，现代水运中的快艇、冲锋舟、摩托艇等马达船，以及旅游开发中的游艇、画舫、大船等都是白洋淀居民生产生活方式的阶段性历史展现，在白洋淀全面向旅游经济发展转型的阶段，依托白洋淀游船规模现状，结合现代旅游者消费需求特点，整合不同历史阶段的特色船只，打造白洋淀独特文化标记的游船产品显得尤为重要。根据白洋淀大淀观光游的内容和游线，策划不同的游船类型。

（1）长线游船

通过整合现有船只，将11座以上的快艇、游艇、画舫和环保船只用于长线游线，主要接待团队游客和散客。

（2）短线游船

在白洋淀短线区域，依托木船向游客提供漫游白洋淀的水上休闲活动。

（3）特殊游览区域游船

在特定区域或者邻村区域开辟白洋淀野游探奇体验项目，以小木船、竹筏、竹排等传统工具，开展捕鱼捞虾、捉田螺、捡野鸭蛋、采荷叶的野趣游乐项目。

（三）提高旅游发展的统筹管理能力，实施景区"一票制"管理

白洋淀景区票制复杂混乱现象较为严重。进入 2000 年以后，安新县白洋淀景区在省旅游局的主持下与任丘、雄县达成了共同收取入淀资源费并按一定比例分成的资源共享协议。在此前提下，白洋淀的门票就变成了"入淀费 + 景点票 + 船票"，购票程序颇为烦琐，给游客带来了诸多不便，也使得景区的管理更加困难。

"园中园，票中票"的景区模式无法适应新的旅游形势发展，也与国家的相关规定不符。烦琐的程序、复杂的步骤都会使得白洋淀景区的游览体验大大下降，因此，新票制方案的制订也迫在眉睫。在 2007 年，为了进一步提升旅游体验，降低旅游成本，规范景区管理，提高服务水平，促进 A 级景区旅游发展，安新县旅游局曾推出白洋淀景区"一票制"及班船制实施方案。但这次条文完善、规章详细的方案却并没有"善始善终"，反而最终被取消。这是因为，2007 年"一票制"改革面临着景区内外的双重阻力，在与其他县市的关系协调上，在景区内核心利益群体的收益分配上，在消费者的核心需求的解决上，都出现了问题，没有设计出人性化的"一票制"和班船制运行机制，种种原因，使得改革不到两周就无法维持，临时叫停。这一过程既令人叹息，又引人深思。在今后的景区升级改造中，一定要围绕几个重要方面，妥善安排、协调好各方利益，并秉持"以人为本"的宗旨，设计出符合消费者需求的规划和设计。

前事不忘后事之师，吸取好上次改革的失败教训，将为安新县以及整个白洋淀景区未来的改革发展、创新升级提供宝贵的经验以及坚实的保障。因此，根据 2007 年"一票制"改革失败所积累的经验，根据调研过程中发现的各种问题和隐患，也根据国家最新的政策动向和行业发展趋势，本调研组认为，白洋淀景区的新"一票制"方案在制订过程中需要遵循以下几个原则：

1. 景区整体游览模式和管理体制的改造升级是新方案设计的首要任务

白洋淀景区"一票制"方案的设计牵一发而动全身，没有整个景区的整体升级，一个简单的门票制度改革很难一马当先，打响头阵。白洋淀景区虽然历经多年改革发展，但是原有的景区经营管理模式正面临诸多挑战，现有的旅游发展模式的综合带动作用也非常有限。只有在各项制度日趋完善，景区管理日渐成熟，游览路线日新月异的情况下，"一票制"改革方案才能顺利执行，这反过来也一定会成为整个白洋淀景区管理体制建设的有机组成部分。

2. "以人为本"，以游客的核心需求为导向进行规划和设计是方案的根本前提

市场趋势是客观规律，不能逆势而上，更不能闭门造车。在市场需求快速转变，游客要求日益提高的今天，必须认真研读消费者的消费心理和游览行为，游客究竟喜欢包船还是喜欢班船？喜欢景点游还是大淀观光游？喜欢一日游还是两日甚至三日游？散客和团队游客有什么特殊需求？这些问题无一不需摸清楚弄透彻，只有在科学理论的指导下深入理解其真实需求，才能使新的方案适合大众、顺应潮流，不至于像上一次的"一票制"改革，看似全面周到的方案设计却因缺乏游客的捧场而功败垂成。

3. 不侵害船工和村民的原有正当利益，是方案设计的核心诉求

水区内的大量居民的存在是白洋淀景区有别于许多其他景区的特殊之处，这一因素使得白洋淀景区的发展不可能甩开白洋淀的原有居民而"单飞"。白洋淀的发展面临着民生、环保、经济发展等多重压力，可以说景区、政府、企业和居民是一荣俱荣、一损俱损的，在政府主导制订的"一票制"改革方案中，只有充分考虑到水区居民的利益，包容、善用船工、居民自组织体系的民间治理力量，用旅游带动发展进步，或至少不让旅游活动的副效用过多影响到原有的生活环境，才能实现旅游发展的根本目标。这样的方案才能减少摩擦和阻力，构建出一个和谐共赢的局面。

4. 综合考虑、全面协调与周边县市利益是白洋淀景区"一票制"方案成功制订和稳定有效执行的必要保障

尽管白洋淀水域大部分面积位于安新县境内，而且核心景区均为安新县所有，但由于白洋淀特殊的地理环境，经由周边县市如任丘、雄县进入白洋淀的游客数量也不可小觑，由此形成的利益群体——尤其是任丘和雄县当地船工的利益，也不得不纳入新方案考虑的范围当中。由之前"一票制"的失败经验可以知道，一个能够总揽全局、综合统筹领导各县市涉旅事宜机构的设立和实际发挥作用是多么的重要。基于目前的现实，从安新县政府和旅游部门的角度来看，加强与周边县市的沟通交流，并建设定期长效联系机制，通过协商解决问题，是景区发展的中正之道。

除此之外，从实践层面上讲，也应注意以下几个问题：

1. 票价票制改革宜循序渐进，不宜贪快求全

由于白洋淀景区面临的问题较为复杂，面对着不同的利益主体，从具体操作角度来看，应首先抓住问题的主要矛盾，并从这些问题中找到突破口，实现重大进展。在上一次的"一票制"改革中，一次性触动了船工、景点和周边县市各方利益，这样加大了解决问题的难度，虽求毕其功于一役，但解决不好的话，阻力也会空前加大。所以，面对多种票价票制，可从最好解决的船票入手，稳扎稳打，逐步推进改革。

具体来讲，可分几个步骤进行船只票价制定工作。首先，将不同类型的航船游艇进行分类，按船队分配不同的工作任务，例如包船游览或承担统一的班船航运；之后，进行游船运营成本核算，包括购置、保养船只的相关费用，相关许可证、资格证书费用，船只的油费以及人工成本等，为票价制定和分成比例确立准确有效的事实基础；再次，通过大数据分析确定不同航线、不同航段、不同时段、不同种类游客所需的船只数；最后，综合分析以上问题，按照相关物价法规标准，确定最终价格。

在统一了船票之后，可着手进行下一步的"大淀观光游"门票设计和入淀费标准设计。在政府可全面把控的价格方面确立价格后，再与相关私营景点进行讨论协商，确立最终白洋淀的全部门票价格。这样的渐进式避免了与相关利益群体的一次性全面摩擦，也掌握了改革的主动权，更有利于新"一票制"的确立与实施。

2. 班船制方案的设计应和票制改革相配合

"一票制"、班船制这两方面可以说是相辅相成的。在曾经的改革中，"一票制"方案的流产很大一部分原因是班船制制度设计存在缺陷。根据实际情况来讲，开班船的船工会等待游客全部上齐之后再开船，而非定时开船。而这样的班船既失去包船的私密性、便利性，也失去了正常班船的规律性，可以说这种设计违背了班船开通的初衷。班船和包船这两种乘船方式代表着不同类型游客的需求，不同方式更是直接影响着白洋淀景区游览模式，在统一门票、实现大淀观光游模式升级的目标下，将游船统筹整合，改变原有的乘船方式，可以说在实践环节至关重要。游船作为白洋淀景区的"血液系统"，不仅被游客的游览偏好所决定，同时也影响着游客的决策。目前，自驾游游客明显增多，而这部分游客喜好小型包船以满足家庭出游的便利性，所以，将最新情况考虑进方案中，并在"一票制"改革中注重班船制的合理设计，将起到四两拨千斤的效果。

3. 提升景区软件和硬件服务质量和水平才能为"一票制"保驾护航

从供给侧的角度讲，在"互联网+""大数据"和智慧城市等概念的冲击下，使用多样化的数据搜集、统计、分析手段，指导景区旅游工作的开展，正成为势不可挡的时代潮流。在"一票制"的改革过程中，利用好各种现代化、信息化的软件和硬件，为景区内各船只、各景点、各村庄提供实时客流信息，统计接待游客量、游客消费量等各项数据，是实现科学管理、精细操作的前提。这些数据的收集和运用将为景点分成，逃票漏票检查，船工景点勾结收取回扣等行为的监督管理提供重要依据，避免不必要的摩擦，使得景区管理建设快速迈入新高度，并能为以后的"智慧旅游""全域旅游"工作做好充分的对接准备。

第二部分　研究报告

研究报告一：白洋淀景区船工及游船组织运营调查报告

一、背景——白洋淀游船的发展历史脉络

（一）白洋淀旅游基本情况

白洋淀旅游业诞生于 1988 年。当时，一些外地游客（主要来自京津）自发来参观白洋淀风光，由于当时入淀必须经过唯一的码头——位于漾堤口的东关码头，所以县城附近几个村的村民，尤其是漾堤口的村民开始用自家的渔船接待零散游客。此时的旅游产品设计还不成熟，游客不成规模，管理也不到位，来白洋淀旅游更多的是人们经过口口相传的自发游览活动。

1989 年安新县旅游局成立，负责白洋淀旅游业开发及管理，成立之初虽然只有十几个人，但自此白洋淀旅游也开始步入正轨。[①] 县旅游局就在东关码头办公，就近规范这些渔民。但是管理方式还是很粗放，旅游局负责收取一部分管理费（基本上就是随便给点钱就行），收费标准及管理服务无从谈起。20 世纪 90 年代中期到2000 年年初，县旅游局一直维持这样的粗放型管理模式，景点及游船同样如此。

20 世纪 90 年代中期白洋淀旅游迎来小高潮，除了原有的木船，渔民们纷纷购置 12 座快艇及 5 座小游艇等燃油船，甚至还有铁质大型柴油船参与旅游接待，船工数量也突破 300 多人。但是旅游局由于人员有限，对于船工基本谈不上管理，因为上谁的船并没有管理规定，船工之间经常因为揽客冲突，船工与游客以及船工与旅游局之间也发生纠纷，甚至斗殴。

2000 年以来，安新县大力实施旅游兴县战略，安新县白洋淀景区开发管理委员会也正式成立，白洋淀的旅游从各个方面开始正规化。随着位于大张庄的白洋淀旅游码头的竣工并投入使用，参与旅游的船工越来越多（此时大多为大张庄村民），经过几十年的更新购置，旅游船只也有了前所未有的发展。截至目前，白洋淀景区内有各种旅游船只约 700 艘，船队 26 支，船只均为个人所有。其中快艇 181 条、

---

① 同年旅游局投资的"鸳鸯岛"景点也开始建设。

小游艇 168 条、大游艇 22 条、小画舫 4 条、大画舫 3 条、环保船 68 条、单人划木船 230 条、双人划木船 32 条、三人划木船 6 条。雄县方面有快艇 221 条、小游艇 84 条；任丘方面有快艇 318 条，以上两县游船也为个人所有（见图 1～图 3、表 1）。

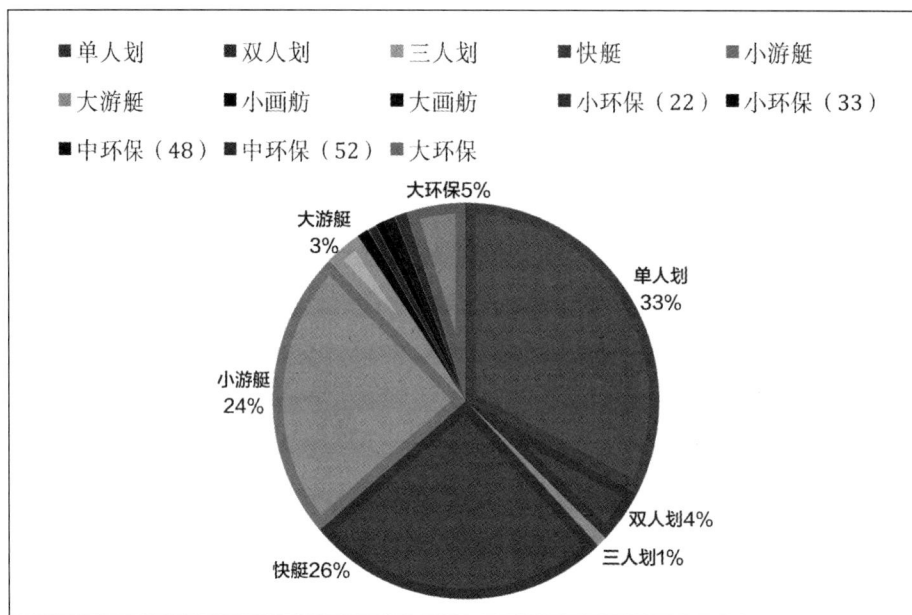

图 1　安新县游船类型比例图

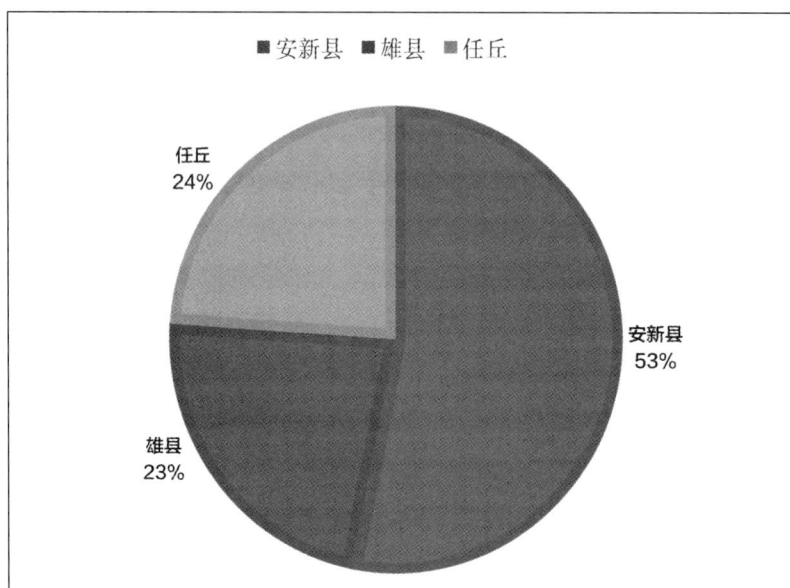

图 2　大白洋淀景区各地区船只比例图

表 1 安新县游船收入、数量统计表

船型	乘坐人数	船票	船只数	船工数	船队数	船只造价	船只寿命（年）	船只年维修费	船只牌照费	游线成本费用	年收入	备注
单人划木船	6	100	230	230	7	25000	10	1000	315		25000	
双人划木船	8	130	32	63	1	15000	10	1100	375		40000	
三人划木船	14	210	6	18	1	18000	10	1600	470		20000	均为大张庄村民
快艇	11	260	181	181	7	37000	10	5000	2300		30000	
小游艇	5	170	168	168	8	20000	10	3000	1200	50	50000	
大游艇	20	380	22	22	1	70000	10	5000	2300	100	50000	
小画舫	35	600	4	4	共为一队	200000	10～15	10000	3500	120	50000	环保船股份公司，接受统一高度
大画舫	50	800	3	3		300000	10～15	10000	3500	120	70000	环保船股份公司，接受统一高度
小环保	22	400	5	5		170000	10～15	10000	3500	120	50000	环保船股份公司，接受统一高度
小环保	33	600	5	5		180000	10～15	10000	3500	120	55000	环保船股份公司，接受统一高度
中环保	48	700	7	7		270000	10～15	10000	3500	120	70000	环保船股份公司，接受统一高度
中环保	52	800	7	7		280000	10～15	10000	3500	120	70000	
大环保	80	980	35	35		350000	10～15	10000	3500	160	90000	环保船股份公司，接受统一高度
总计	9056		705	749								

备注：以上费用单位均为元

图3　各类船型模型图

目前，白洋淀船工的数量和组成基本稳定。

（二）"一票制"——壮志未酬的改革

1. "一票制"改革方案介绍

在白洋淀景区的发展历程中，有一件事不得不拿出来单独叙述，它是安新县力推白洋淀景区改革决心的一次有力体现，也是牵动了周边县市利益的一次大事件，同时也暴露出了白洋淀船只船工管理甚至整个大景区改革中的重要问题。这就是推行不到两周就被迫停止的"一票制"改革方案。

进入 2000 年以后，安新县白洋淀景区在省旅游局的主持下与任丘、雄县达成了共同收取入淀资源费（类似景区大门票，现在为 40 元／人），并按一定比例分成的资源共享协议。在此前提下，白洋淀的门票就变成了"入淀费＋景点票＋船票"，购票程序颇为烦琐。

因此，为了进一步提升旅游体验，降低旅游成本，规范景区管理，提高服务水平，促进景区旅游发展，在 2007 年，安新县旅游局推出了白洋淀景区"一票制"及班船制实施方案，此方案"即安新县白洋淀景区实现一张门票通行全景区；拟开通班船（同时保留包船）；建议实施淡旺季票价制：每年 5 月 1 日至 10 月 7 日为旺季，10 月 8 日至次年 4 月 30 日为淡季，淡旺季票价不同"[①]。具体计划则是从 2007 年 5 月 1 日开始，进入景区不再分收景点门票和船票，而是收取统一门票，"一票制"

―――――――――――

① 详细实施方案见安新县旅游局提供的《安新县白洋淀景区实行"一票制"及班船制的实施方案（草案）》。

改革方案除了对门票的修改，还涉及其他诸多方面，我们将分几部分进行介绍。

首先，方案对票价进行了规定，并就景区的利润在景点、船队和管委会之间合理分配：

1. 票价拟订为 198 元 / 张：其中景点收益 90 元，船费 20 元，景区建设维护费 20 元，旅行社返点 60 元，管理费 8 元。

2. 收益分配由三部分组成：（1）景点，90 元；（2）船队，船（班）费 20 元；（3）管委会 28 元（含景区建设维护费 20 元，管理费 8 元）。旅行社返点以外散客不返点收益 60 元归管委会；有关制票费用、税费、管委会和任丘、雄县行政管理费用从管委会收入中支出。 [①]

有了总的收益分成，还要对具体的各项进行更进一步的分配。关于各主要景点的利润分配方法如下：

景点收益是指总票价 198 元中的 90 元，以下分项所涉及数据百分比都以 90 元（100%）为基数。

1. 景点收益中的 8% 作为景区整体广告宣传费用。主要用作对白洋淀的旅游资源进行整合宣传，以增加客流量，增加各景点收益。该费用由管委会和各景点共管，透明公开运行，宣传促销前由管委会定方案，经各景点同意后实施。

2. 景点收益中的 68.5% 按比例分配到各景点，具体分成依据各景点的投资额、往年门票价格、观赏功能和客流量四个评价指标，评定各景点所占比重，详见表2。

表2 一次分配各景点所占比例

景点	比例（%）	景点	比例（%）
荷花大观园	23	白洋淀文化苑	21
异国风情园	9.5	鸳鸯岛（含白洋淀之窗）	8.5
渔人乐园	1.5	元妃荷园	2
休闲岛	2	民俗村	1

景点经营过程中因故停业或被管委会和其他执法单位勒令停业整顿的，停业期间取消相应天数的一次分配，所扣发的资金转入二次分配基金。

3. 景点收益的 23.5% 和其他转入的资金作为二次分配基金，全部用于二次分配。

二次分配实行积分制，即根据游客进景点数量加分和量化管理考核减分进行，分多多得，分少少得加分依据为每进景点 100 人加 1 分（按统一管理电脑网络系统记录结果计算）；减分依据量化管理考核细则（另附）。

……

———————

① 摘自《安新县白洋淀景区实行"一票制"及班船制的实施方案（草案）》。

为确保景点升级改造的顺利进行，各景点按比例分成后，实际收益数额的15%将由管委会专户储存，款项的所有权归各自景点所有，专项用作各景点的维修、改造、升级，任何人不得以任何形式任何借口挪作他用。[①]

而船工的收益也不仅仅是"挣多少，拿多少"的分配方式，对于船工，在班船制下具体的船工收入分配方法如下：

（1）管委会收取班船收入的20%（4元作为管理费）。

（2）支付每天出船船工的工资和机动船的油汽费（表3）。

表3　各船型燃料成本一览表

船种	油汽费（元）
木船	10（人工费）
小游艇	30
快艇	50
环保	70

（3）拿出班船运营利润［除去（1）（2）后的收入］的40%用于补贴班船船队以外的各种船只（其中3/4用于补贴快艇、小游艇、木船、双人划、三人划；1/4用于补贴环保船、大游艇、画舫、半封闭），按系数对各种船种进行分配。其系数确定以快艇为单位，其他船种参照快艇确定分配系数（表4）。

表4　各船种分配系数

船种	分配系数
环保	2.2
画舫	1.8
大游艇	1.4
半封闭	1.3
快艇	1
小游艇	0.6
木船	0.4
二人划	0.5
三人划	0.8

---

① 摘自《安新县白洋淀景区实行"一票制"及班船制的实施方案（草案）》。

收入分配的计算方法为：

$$应得补贴钱数 = \frac{用于补贴的总钱数}{每种船的只数 \times 相应系数积的和} \times 相应系数$$

（4）班船运营利润的 60% 归班船船队，按系数对各船种进行分配。其系数确定以快艇为单位，其他船种参照快艇确定分配系数（表 5）。

表 5　各船种分配系数

船种	分配系数	船种	分配系数
木船	0.4	小游艇	0.6
快艇	1	环保	2.2

收入分配计算方法为：

$$应得利润钱数 = \frac{用于分配的总钱数}{每种船出船次数 \times 相应系数积的和} \times 相应系数 \times 相应出船次数$$

（支线运营的小游艇和木船的出船次数，参照快艇出船次数确定）

……

13、财务管理：

在管委会财务科设专门账户管理班船收入，班船管理费、人工费、油汽费及归班船的运营利润（即运营利润的 60%），每周分配；用于不参与船种的补贴（即班船运营利润的 40%），旅游旺季结束（10 月 7 日）后统一分配。[①]

由于整体改革方案中保留了包船制，所以，针对包船制的改革调整如下：

1. 继续实行原有的管理，运行体制。

2. 鉴于实行"一票制"后，旅游线路和游客参观游览时间随之延长，包船时间应随之延长，机动船由原来的 4 小时延长到 6 小时，木船由原来的 6 小时延长到 8 小时。

3. 船费。由于延长了包船的时间，各包船船种船费在现有的基础上，上浮 20% 左右（表 6）。

4. 管理费。机动船在现有的基础上上下浮动 10%，扣费比例为 20%。

木船在现有的基础上上下浮动 10%，扣费比例为 10%。[②]

除了内部收益分配，改革方案还针对另一棘手问题，即与任丘、雄县的旅游管

---

① 摘自《安新县白洋淀景区实行"一票制"及班船制的实施方案（草案）》。
② 摘自《安新县白洋淀景区实行"一票制"及班船制的实施方案（草案）》。

表6 各船种价格调整

船种	原船价（元）	调整价（元）	船种	原船价（元）	调整价（元）
快艇	220	260	快艇	140	170
大游艇	320	380	大游艇	500	600
小环保	340	400	小环保	380	450
中环保	450	540	中环保	600	720
双人划	400	480	双人划	500	600
小画舫	380	450	小画舫	300	360
三人划	180	210	三人划	110	130
单人划	80	100	单人划	—	—

理部门的协调、合作问题，做出了相关方案表述：

"鉴于已取消30元的入淀费，建议雄县、任丘和我县同一标准，来客按8元/人提取管理费返给二县市，如雄县、任丘管理费用高出我县。可考虑由管委会按双方协商数额给予定额补偿。"

其次，除了对改革后景点、船工的利益分配做出调整，在景区管理体制方面，景区管委会也做出了许多调整。为了保证"一票制"能够落实，防止其成为一纸空谈，首要任务就是控制私拉游客以及逃票漏票现象，因此，管委会规定：

（一）制票、售票和检票

一票制履行制票、售票、检票"三统一"的原则进行。

1.制票：由管委会统一制作。

2.售票：在旅游码头和雄县、任丘入口处由管委会统一网络出售。

3.检票：在各检票口统一网络检票。实行出入分口制。除旅游码头外，在雄县、任丘入口处的适当位置建设售票、检票站，网络系统上分设检票、销票程序，进景区检票、出景区销票，如在景区留宿，办理登记手续的同时将票录入系统加以确认。

设置景区管理电脑监控网络。管委会设总监控室，各景点入口分设检票系统、监控系统、电话等，有管委会总监控室随时查验掌握客流情况。景区内所有检票人员由管委会派出（不含景区内登记住宿刷卡人员）。

（二）门票实行一次有效。门票设条形码，经系统识别在景区游览，景点入园一次有效

1.进入景区的游客当日出景区的，出景区时经电脑检票系统确认后即全票作废。

2.进入景区的游客在景点内住宿的，住宿登记时经扫描确认，至次日乘班船，入

其他景点有效，直至游遍9个景点。

3.出现丢失、无出园销售记录的门票，经系统确认后当日晚全票作废。[①]

由以上条例我们可以看到，新制定的"一票制"改革方案对票务系统有着极为详细的规定，对于检票更为严格。这对整个旅游秩序有着极大的提升，可以有效打击非法逃船逃票的行为，但更为重要的一点是，这项规定给邻近的任丘、雄县船工们的回扣收入造成了巨大影响。我们将在下一节中进行详细叙述。

最后，一票制方案还对船务运行机制进行了规划，并得出了较为合理、适应白洋淀景区运行特征的新船务机制：

为配合"一票制"的实施，结合白洋淀实际，经反复研究、论证，最终提出白洋淀的旅游船只实行"班船""包船"相结合的双轨运行体制。

……

1.成立班船船队。船队的构成，52座环保船8条、12座快艇40条、小游艇10条、木船10条。

2.班船、包船分别运行，单独管理并分别调度。

3.班船运行线路分干线和支线

(1)干线：往返于码头—元妃荷园—荷花大观园—白洋淀文化苑—异国风情园。

(2)支线：大观园—王家寨

元妃荷园—渔人乐园

异国风情园—鸳鸯岛—休闲岛

干线运营的船只为52座环保船、12座快艇；支线运营的船只为小游艇、木船。

4.班船运行时间

早班8:00，末班17:00。

最晚返航时间18:00。班船间隔时间半小时，视客流量增加班次。[②]

以上是"一票制"改革方案的具体内容，方案设计可以说对白洋淀景区整体的提升改造有非常大的裨益，不论在细节还是总体战略层面上都很好地切合了白洋淀发展提高、申办"5A"的决心。但是这样一个看似完美的方案却并没有"善始善终"，反而最终被取消，这又是为何呢？我们将进一步分析，以更深入地了解。

2."一票制"改革的终结

我们前面介绍过安新县有着大大小小700多艘游船，而同样紧挨白洋淀的任丘和雄县也各有着两三百条各式游船，这些船工在白洋淀旅游事业中发挥着举足轻重

---

① 摘自《安新县白洋淀景区实行"一票制"及班船制的实施方案（草案）》。
② 摘自《安新县白洋淀景区实行"一票制"及班船制的实施方案（草案）》。

的作用，其力量不可小觑。而在调研中我们注意到，由于白洋淀景区的重要景点和主要游览区域均在安新县境内，任丘、雄县两地没有占有太多白洋淀的旅游资源，所以任丘、雄县两地的船工均要将游客送至安新县境内参观游览。由于这种特殊的情况，具有更多旅游资源的安新县对船工的管理就更为规范，这里的船工都有着正式的船队，在旅游管理部门也有着统一备案，且会缴纳一定数额的管理费[1]，而且在从事旅游接待业务的过程中也有着统一的服装、行为规范等，管理较为严格。而雄县和任丘两地的船只则不归安新县管理，当地旅游局的管理也极为松散，没有过多的统一要求，这两地的船工也不用像安新县的船工那样缴纳管理费用。贫乏的旅游资源再加上天然的成本优势，使得任丘、雄县的船工有更大的激励以低船价吸引游客，再将游客拉至安新县境内的景点赚取景点返给的回扣。而出于这两地松散的管理和对高利润的追求，各大景点（尤其是两个最大的景点"荷花大观园"和"白洋淀文化苑"）也非常愿意与这两地的船工结成"同盟"，共同进行折扣门票的贩售。[2]

而"一票制"的试行恰恰会侵犯到这一利益团体的核心利益，由以上的规定我们可以看到：一方面，以后如果想要进入安新县境内的白洋淀景区，就一定会经过安新县旅游管委会设置的检票口，也就是必须要遵从"一票制"的规定购买统一门票，而这也就意味着"一票制"截断了雄县、任丘船工与安新县白洋淀景区内各主要景点的直接联系。另一方面，一张票通行景区的原则将使景点自身不能再售票，景区失去了门票出售权，船工也就不能再通过出售景区低价卖给自己的门票给游客，规范而严格的制度使得船工断了"财路"。因此，在 5 月 1 日开始实行"一票制"后不到两周的时间，任丘（以及少许雄县）的船工就组织了人马到省信访局上访，理由为安新县独占白洋淀旅游资源（后经向安新县政府工作人员调查了解，此次上访活动很可能是白洋淀几大私营景点由于其收益受到"一票制"的威胁，在背后挑唆雄县任丘船工反对"一票制"）。由于上访人数众多，影响比较大，且牵扯到两个市之间的利益纷争，所以省信访局联合了省旅游局和省物价局对此事做出了协调，结果是安新县在自己县内的白洋淀景区实行"一票制"，而在任丘和雄县继续实行以前的"景点＋门票"的制度。

但除了"外患"，改革也出现"内忧"。在对外政策失利后不到一周，安新县对自己辖区内的白洋淀景区所实行的"一票制"和班船制方案也宣布停止，轰轰烈烈的"一票制"改革彻底宣告失败。

---

[1] 具体缴纳比例及数额已在前文中详细叙述，可见《安新县白洋淀景区实行"一票制"及班船制的实施方案（草案）》。

[2] 各主要景点会给船工以数额极大的回扣，以吸引船工载游客前来。具体数额、方式等见报告第二部分的分析。

3. 改革失败原因的深层分析

那么，是什么导致了这次改革的最终失败呢？可以说是内、外两方面的原因造成的。首先，对外的核心问题是与周边县市利益分配不合理。雄县、任丘两地旅游局对自己的船工组织并没有有效的管理约束作用，也就更无法要求船工遵守安新县做出的规定，而船工核心利益的触动又得不到其他的补偿，就会对改革造成很大压力，而且面对上访，省一级政府部门的处理方式也有待商榷，对稳定的追求却错失了加强对牵扯到两市三地的白洋淀景区统筹规划的良机。这样，改革就没有一个有利的外部条件。其次，对内，各私营景点①的收益分配在"一票制"之后将完全处于旅游局和景区管委会的统筹和监督之下，失去了自己景点的售票权，也就失去了通过竞争（多为超低价销售的恶性竞争）获取超额利润的机会和空间，因此，对"一票制"实行之后客源流失的担忧也使得其与景区管委会之间的矛盾加剧。但是，这些原因可以解释"一票制"无法适用于雄县、任丘，可在安新县境内，并无船工上访或者明目张胆的反对抗议行动；景点方面，如果此次改革真的可以消除景点间的恶性竞争，对其也不失为一件好事，因此可能存在获利的空间，那为何在安新县，"一票制"也无法存活下去呢？

经过我们对经历了白洋淀"一票制"和班船制改革的船工的采访，我们发现，就安新县白洋淀景区内部而言，改革的失败一是因为制度的执行不够彻底；二是因为没有适应游客的需求，游客的"不买账"是改革不能继续进行的根本原因。

改革后的白洋淀景区内部交通实行的是"班船""包船"相结合的双轨运行机制。不过虽然方案中声明要成立专门的班船船队②，实际各个行驶班船路线的船只都是从原来的船队中临时抽调出来的，没有专门的班船船队组织。而且班船制也并非准时、准点发船，而是等人上齐了之后才发船，这样的发船方式对游客的时间是极大的损耗，并已经违背了当初班船制的初衷。此外，我们还发现，此次改革留给船工的利益过少，在"一票制"198 元门票收入当中，留给船工的收入只有 20 元，且收入中的 20% 还要上交管委会作为管理费用，实际收入就只有 16 元，远远低于原来"景点 + 门票"的制度下的收入③。而包船的游览时间增加了 2 小时④，票价也只是增加了一小部分。尽管在仅持续不到两周的"一票制"改革中，安新县船工并未出现抵触行为，也暂时没有阻碍班船制和"一票制"的实行，但采访中船工们透露出的担心与不满情绪，很可能成为隐忧。设想如果"一票制"没有受到外力的冲击从而继

---

① 尤其是文化苑与荷花大观园。
② 见《安新县白洋淀景区实行"一票制"及班船制的实施方案（草案）》。
③ 详见本报告第三部分的船工收入报告。
④ 机动船由 4 小时延长到 6 小时，木船由 6 小时延长到 8 小时。

续维持下去，会不会最终因为船工利益受损而失败，也是非常值得思考的问题。因此，作为白洋淀旅游主要参与者的船工的利益得不到保障，改革也就难以推行。

就景区的自然条件来说，由于白洋淀景区水域面积大，旅游时间较长，而游客又大多为一家人或与亲朋好友一同出游，所以普遍青睐线路和时间安排更为灵活的包船出游，因此，班船的生意惨淡，"时常一天等不到几个游客"[①]。综上可见，改革后的班船既没有包船的私密性，也失去了包船的便利性，还没有班船的规律性。因此从船工和游客的供给侧、需求侧两个方面讲，使用班船的积极性都不高，"一票制"和班船制也就没有有利的内部条件。

因此，此次"一票制"改革面对着内外双重阻力，**既没有协调好与其他县市的关系，又没有解决好核心利益群体的收益，也没能针对消费者的核心需求设计出人性化的运行机制**，种种原因，使得改革仅仅持续不到两周就无法维持，临时叫停。这一过程既令人叹息，又引人深思。在今后的景区升级改造中，一定要围绕这几个方面，妥善安排、协调好各方利益，并秉持"以人为本"的宗旨，设计出符合消费者需求的规划和设计。吸取这次改革的失败教训，将为安新县以及整个白洋淀景区未来的改革发展、创新升级提供宝贵的经验以及坚实的保障。

二、白洋淀游船运营管理现状

由其历史发展脉络可知，尽管在白洋淀旅游发展初期存在着乱象，景区也在发展中经历了"一票制"改革失败这样的波折，但是由于游船伴随着白洋淀旅游发展、成熟，比淀内各个景点的历史还要悠久，可以说是白洋淀景区的"命脉"。因此，各级政府部门对游船问题的高度重视再加上根植于游船发展历史中的自组织体系，白洋淀游船运营和船工管理可以说是比较成功的。现在的白洋淀景区有着一套成熟有效的管理体制与完善健全的规章制度，目前的游船管理，是在政府的监督下，以船工内部关系型治理为主的运营模式。这是目前白洋淀的最大特点，政府作为最主要的管理者，发挥的是统筹、监督的作用，抓大放小，而各船队内部的收入、出勤均由各船队内部自行安排，这样的安排兼顾了公平和效率，并有效防止了政府滥用权力导致的和船工的各种纠纷。以下，我们将着重介绍这种管理模式，尤其是船工自发形成的自组织体系。

---

① 根据对船工的采访内容整理而得。

（一）政府监督管理

进入 2000 年以来，安新县十分重视船工的管理，这又主要体现在数量管理、纪律管理和环境卫生管理三个方面，其中数量控制通过许可证制度进行；后两个则属于日常管理工作的重点，在政府文件和规章条例中都有所体现。

首先，是数量管理，这主要是为了严格控制游船数量，对船工实行准入制度。想要在白洋淀从事旅游船运工作，除获得海事部门的船舶证书以外，还必须获得管委会颁发的接待许可证才能参与旅游接待。因此，船只的数量除 2005 年以后可以购置大型环保船以外，其他船型基本未增加（但通过调研我们了解到，政府自行购置的两艘大型环保船只负责接待贵宾以及政府高级领导，不参与普通的游客接待业务）。但是在 2016 年，旅游局和白洋淀景区管委会为了适应新的"全域旅游"的理念，践行"大淀观光游"，对景区进行提升改造，也为了更好地达到国家的环保标准，准备购入新的环保船，并成立国有控股的船务公司，以对安新县白洋淀景区内的游船进行整合。（这一内容将在以后章节中详细叙述，此处不再介绍过多细节。）

其次，是严格的纪律管理。在《码头船员规章制度》中有对船员明确的各项管理规定。其中的"值班要求""船员要求""好人好事""投诉处理"和"逃船逃票"这几个部分是对船员各个方面的纪律管理。比如各船队均有值班制度：

一、值班要求

1.早晚看护公共设施要求

每个船队 4 人，以中口为主。

值班时间：晚 8 点至次日早 8 点，由码头工作人员交接。

值班职责：看护码头及步行街公共设施、花草树木、码头物品（尤其中口大屏幕、电脑等），并负责安全维护，严禁燃放孔明灯。

2.船队早晚值班要求时间

码头全体工作人员上班前 30 分钟与值班工作人员交接。对农家院住宿客人，早晚班要求时间：早班为码头全体工作人员上班前 30 分钟；晚班为码头工作人员下班后，可享受七折优惠。[1]

由这些制度安排可以发现，船工们不再是白洋淀旅游发展最初阶段的"散兵游勇"，而是更像正式的企业员工，除去执行游船驾驶工作的时间之外，还要对景区的整体管理维护负责。这在一定程度上也加强了船工的"主人翁"意识。在我们对船工的访谈中也发现，船工们对景区确实很有归属感，这一方面是由于他们长期生活于此地，另一方面也是因为对景区的管理也融入了船工的力量。

---

[1] 摘自安新县旅游管委会《码头船员规章制度》。

之后，是管委会对船员的言语、着装及行为各方面的严格要求和规范，尤其严厉杜绝船员与船员，船员与游客之间的语言、肢体冲突，以防止恶性事故的发生。

二、船员要求

1．船员必须按规定着装、挂牌上岗。（胸卡、健康证）

2．船员在行驶过程中不准吸烟、打电话。

3．船员之间不允许相互谩骂、打闹。

4．不准穿拖鞋、留长发、留胡须、裸露文身刺青。

5．上班时间严禁饮酒。

6．严格遵守上下班时间，禁止上班期间在广场骑车乱串。

7．所有木船两人以下情侣游客不准压船。

8．周六例会人员必须按时按点参加。

……

11．殴打游客鉴定为严重伤残者，取消营运资格，吊销旅游接待许可证。

12．船员上下船严禁踩踏绿化带，绿化带内严禁停放自行车、机动车及各种船只。

13．所有船只在港池内必须低速行驶。

14．船员直系亲属每年有一次入淀观光优惠政策，必须是直系亲属，假冒者按逃船逃票处理。[1]

管委会还对船工的好人好事行为做出了规定，比如：

三、好人好事

1．一般好人好事奖金200元。

2．重大好人好事视情节奖1000~5000元，及上报有关部门加以宣传表扬。

3．由好人好事造成个人身体及财产损伤的，码头管理科全力负担。

4．对好人好事的船员，建立"道德档案"，并作为"码头优秀船员"评定资格，奖金同上。

5．设船员委屈奖，经调查核实情况属实的奖500元以上。[2]

但值得注意的是，这里的奖金是直接发给做了好人好事的个人，但在我们进一步的调研中发现，实际操作时，好人好事奖金会由其所在船队的所有船员平分。为何个人性质的奖励会被集体分享，用船员的话来说就是："没有船队就没有一个个船工。"[3]这一情况我们在后文的"船工的收入及奖惩制度"一节会详细论述。

之后，对游客投诉的处理办法，结合我们对好人好事奖金的调研，可以明显看

---

① 摘自安新县旅游管委会《码头船员规章制度》。

② 摘自安新县旅游管委会《码头船员规章制度》。

③ 整理自对小游艇船队船工的访谈。

到"一荣俱荣、一损俱损"的性质。

五、投诉处理

1．坑宰游客的投诉，从发生或接到投诉即日起，该船队停运三天。

2．一船投诉，要求船员赔礼道歉并受一定经济处罚。

3．严重投诉，该船队停运一周直至取消当事人营运资格。[②]

最后，是对逃船逃票的情况进行严格管理：

六、逃船逃票

1．第一次逃船逃票的，扣留当事人的船只，移交分局做治安处理，该船队停运三天，取消码头管理科对该船队的优惠政策。

2．第二次逃船逃票的，没收该船队服务质量保证金1万元，该船队停运整顿一周，建议分局对当事人拘留，取消该船队公务接待资格。[③]

管委会还规定船工与游客发生任何纠纷一次查实下岗，清除出旅游接待队伍，例如，在旅游局2010年的工作报告中就提到，"发生游客投诉事件涉及的船工第一次没收游船，并处五倍罚款，所在船队停运一周。第二次取消营运资格。[④]

以上是白洋淀景区管委会对于船工纪律方面的规定，但是制度的制定是一方面，另一方面，制度的执行则在更大程度上决定了旅游市场秩序的好坏。可以看到，上文摘录的这些规定已经比较成熟而规范，而自从2007年申报5A级景区以来，政府监管、执法力度的显著加大，尤其是县委、县政府领导班子向私拉游客这一顽疾下了狠手，专门成立执法队，采取的超常举措，都有力地震慑了船工队伍，取得了良好的效果。他们也开始逐渐服从管委会的管理，接受管委会的统一调度、编队等一系列管理措施。私拉游客、打架斗殴的事件明显减少。纪律管理卓有成效。

再次就是环境卫生管理，管委会要求船员：

9．严禁向淀内乱扔垃圾，并负责提醒游客。凡违反以上要求任何一条者，罚款20元，累计3次，取消码头管理科对该船队优惠政策。

10．放生产生的垃圾由放生船只负责清理。

……

15．所有船员尽量少用塑料制品，减少塑料垃圾。[①]

并将具体卫生维护任务分派各队。

---

① 摘自安新县旅游管委会《码头船员规章制度》。
② 摘自安新县旅游管委会《码头船员规章制度》。
③ 摘自安新县旅游局2010年《工作总结》。
④ 摘自安新县旅游管委会《码头船员规章制度》。

四、划分卫生绿化

1. 各船队卫生绿化区左右各延伸 2 米为责任区，随时抽查，实行三包。

2. 各船队要做到卫生无死角，违反者罚款 20 元。

在试行版本的《安新县白洋淀 AAAAA 级景区旅游景点动态管理办法（试行）》中也明确规定了：

（b）有与白洋淀生态环境相协调的船舶码头，水域畅通、清洁，场地平整坚实，做到绿化、美化、净化，布局合理，容量能充分满足游客接待量要求，管理完善，设置残疾人通道，有保障游客安全上下船的安全设施或有专人服务、救生等措施。

（c）旅游景点内游览（参观）路线或航道布局合理、顺畅，让游客游览时感到舒心、安心。

（d）旅游景点内应使用清洁能源的交通工具，外形美观、干净整洁、没有噪声。[①]

以上是政府在船工船队管理的几个主要方向，根据我们调研的结果，这几个方面也是收效显著。但我们也发现了有趣的现象，除了第一点是政府的单方面规定之外，在纪律和环境卫生这两个方面，船工的积极性也发挥了极为重要的作用，尤其是几位老船工在谈到维护白洋淀卫生状况时都跟我们说："这是凭良心的事。"这说明，船工自组织，也即船队的自发治理对白洋淀景区整体发展有着重要贡献，是景区建设中不可缺少的一环。下面，我们就将对船工的自组织进行详细的介绍。

（二）船工及其自组织模式

1. 船工组织架构及船队运营安排

目前，按照管委会的要求，安新县所有的船工们组成 26 支船队。但值得注意的是，政府只是在 2002 年新码头正式投入使用之后，为方便对船工的管理，规定了各船工要归属于某一支船队，但是对各队的组织方式、人事安排、收入分配等各方面则完全不加干涉。各船队的组织架构、内部运营机制、奖惩措施等基本制度都是在船工们随着白洋淀旅游发展的过程中自发形成的。从这一角度讲，从白洋淀旅游发展早期的简单"拉帮结伙"到后来正式持证上岗的船工组建的船队，政府的管理适应了船工自组织的发展，而不是不顾事实的从上而下的粗暴规定。

各船队习惯上按照船型的不同先分出大类，各大类按照 20 条船左右分队，成员自由组合，自行选出队长、会计。队长并不驾驶游船，而只是负责组织安排船队的日常工作，参与管委会的相关会议，是船队的最高领导人，因为各队一般是同村熟人自发组织，所以队长的人选都是大家共同认可的较有资历和能力的人。队长将各队成员名单报管委会后统一编队造册。在游客要坐船时，管委会工作人员会按游

---

① 摘自《安新县白洋淀 AAAAA 级景区旅游景点动态管理办法（试行）》。

客购票类型轮班调度各队长，由队长自行分配各自船队的船只运行。比如游客购置了单人划木船的船票，则工作人员会在码头检票并按照顺序通知双人划船队的某队队长接待游客，这位队长根据当日的船队出勤安排，再安排具体的船员开船接待游客游览。而随着游客上船，对应船只所在的船队也就担负起了游客安全、游览满意、环境卫生等多种责任，因此若某条船出现违规或严重投诉，管委会将视情况给予其整个船队停运处理，不再参与轮班。①

2. 船工的收入及奖惩制度

由于白洋淀旅游季节性强，淡旺季明显，所以船工基本只在每年的5月1日到10月7日这5个多月之间从事船工工作，其他时间会从事其他工作，因此，船工收入分为旅游收入和非旅游收入两部分。

旅游收入分为四类：（1）船工固定工资；（2）景区回扣；（3）燃油补贴；（4）客人小费及其他奖励收入。下面具体介绍：

第一，船工固定工资，即船票收入减去按一定比例计提的上交相关部门的管理费用（木船为船票的20%，机动船为船票的30%）；

第二，景区回扣（各景点会根据船工带来的购票人数，从门票价格中计提一定比例作为回扣，回扣比例各有不同，一般为票价的70% ～ 80%，比如50元的门票会给船工35 ～ 40元作为回扣）；

第三，燃油补贴（仅机动船只）；

第四，客人小费及其他奖励收入（比如好人好事的政府奖励）。船工的回扣和小费需要全部上交船队，再由船队统一发放；工资、燃油补贴则由旅游管理公司（是公司还是委员会）统一发放给船工；见义勇为等奖励性收入则由旅游管委会把奖金统一发放给船队，再平均发放给船工。

而除了以上旅游收入外，船工的大部分收入为非旅游收入，包括在村镇里的企业工作，外出经营生意或打工等。其中船工的旅游收入一般为2万～6万元/年②。值得注意的是，在船工的收入中，景区回扣占了绝大多数。据一些船工反映，如果只算船费，一个人每年只有1万元左右的收入，各个船种基本都有2/3靠景区回扣。小费收入也是重要组成部分，甚至据一个开小游艇的船工反映说，2015年2/3的收入都是带游客在规定航线外的芦苇荡里游玩获得的游客小费。图4是我们根据对一名快艇队队长的访谈制作的旅游收入饼状图，其中"其他收入" 项包括了燃油补贴、小费以及其他奖励性收入。

---

① 详见上文对政府管理内容的介绍。
② 根据安新县旅游局提供的资料以及对一些船工的直接访谈。

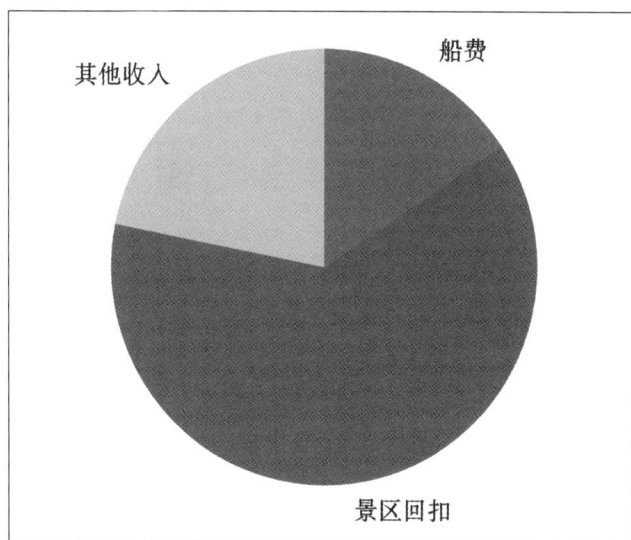

图 4　船工收入分配图

　　船队中收入的分配也是一个值得注意的问题，我们发现，除了船工们的工资由各队长每周一持船票票根到管委会财务部门统一支取，发放给船工外，船工们获得的景区回扣、游客小费甚至好人好事奖励等私人性质的收入都要上交到船队，再由船队统一平均发给每个人。

　　这一点与我们想象的不同，为何这种收入也要上交集体，平均分配呢？是因为有详细的规章制度和严厉的惩罚措施吗？这里会不会存在隐瞒收入、虚报收入的情况呢？带着诸多的疑问，我们进行了进一步深入访谈，我们调查发现，收入分配的公正透明不是建立在多么健全的制度或规定上，若按照船工们自己的话来说，这些都是"良心账"，但若思考其内部更深层次的原因，则可以说是建立在声誉基础上的无限重复博弈产生的最优结果。

　　主导船队内部收入分配的是船工的自组织体系，政府完全不干涉。每个船队都会从船工中选出会计，专门负责船队的资金管理问题。由于一条船队中的人员基本固定，且都是同一个或者相邻的村镇的居民，大都是互相熟识，甚至还有亲属关系，所以如果在船队内隐瞒自己的真实收入，一时可能会尝到甜头，但在长期的工作中一旦被发现，则会面临着诸多惩罚。首先，在地域较小、信息传播速度较快的乡村，如果因为欺诈等行为声誉受损，则会给自己甚至家庭都带来长时间不良的影响，在熟人之间"抬不起头来"。其次，即使船队不予惩罚，其他船员也会在一定程度上指责、排挤这个"不诚实的人"。最后，如果行为恶劣，可能会被队长开除出船队①。

────────

① 这里的开除，并不是仅仅指传统意义上的解除合同关系，而是带着一种"不跟你一起干活，也不给你分配任务"的意味。

因此，船工面对着巨大的压力，也就不会做出欺诈隐瞒的行为。再次，船工们基本都在同一时间、同一水域工作，起到了一个相互监督的作用，如带了多少游客进景点，一天跑了几个来回等基本都会被大家观察到。而且我们还了解到，具有多年船工经验的人，会根据每艘船加油量和剩余油量来估算出这艘船跑了多久，这样的监督措施也大大减少了船工们欺诈隐瞒的行为。

同样的机制，对于船工们在卫生维护、遵守纪律等各个方面的自觉自愿行动，均可在一定程度上被这样一种无限期重复博弈模型所解释。所以，虽然船队内部没有成文规章制度，外部也没有政府的监督管理，但是这种船队自组织内部的关系型治理的内部机制是合理的，而且是高效率而且低成本的。

此外我们还有所感触，除了自组织体系内部的关系型治理和规约机制的作用，船工们的纯朴善良也给我们留下来很深的印象。不禁感慨，一种真正有效的治理模式会因为参与者的高尚品德和自觉精神而变得事半功倍。

3. 船工与游客的关系

在我们的调研中也发现，除了正式的"司机"身份，船工在与游客的互动中更多地扮演了"导游"的身份。尤其在包船的散客面前，船工不仅需要将游客准时、安全地接送到指定地点，还会非正式地向游客讲解白洋淀景区的历史文化、风土人情甚至推荐游玩景点、纪念礼品、食宿场所等。这种非正式的关系下的多重身份正是白洋淀船工不同于其他一般员工的特殊之处。因此，研究清楚船工与游客之间的关系，对于整合船工力量，提升游客满意度，建设和谐景区有着重要的作用。

县政府和景区管委会有力的管理、船工们的纯朴善良和船队内部的秩序井然使得近几年船工和游客之间的关系融洽。由于管委会的规定，船工只能在船上作业，不能在游客上船前与游客有所接触，所以船工与游客的接触都应该发生在船上。[①]根据规定，每名船工在工作时还需佩戴注明个人身份信息的胸牌，方便游客监督与投诉。游客对船型的选择是在购买船票时已经做出的，对具体船只的选择则是在码头顺序排队上船。由于不同游客群体的旅游线路及目的地的区别，所以一般以同一群熟识的游客包一条船为主要选择形式。游览过程中，船工一般都会在游客上岸参观景点时在景点码头等候，但如果在旺季，为保证码头游客不滞留，船工不会留下等待游览的游客，而是留下自己的联系方式，回到主码头接下一拨客人。如果前一批游客游览完毕，则会联系船工，船工会在 10 ~ 15 分钟内回到景点接游客。

由于景区规定游览时间只有 4 ~ 6 小时，只能游览 1 ~ 2 个景点。所以如果游客想要继续游览景点，或在淀内单纯乘船观光，则会与船工临时协商，给予一

---

① 具体规定见管委会《码头船员规章制度》。

定的小费或物质奖励（比如一包烟等，所加费用也会因人而异），再加上若干小时的游览时间。前面也介绍过，在游览过程中，由于水上交通的特殊性质，每条游船的船工承载了很大一部分导游的职责，因此船工会在一定程度上影响游客对景点的选择，这个影响有多大，还要视游客自己掌握的景区信息量以及船工与游客的关系而定。

当游客与船工建立友好关系后，或者熟客推荐的好友来白洋淀游玩，船工很多时候会给予游客一定的优惠，比如提供免费导游导购，提前以低价买好一系列门票船票，或者跟景点协商免去几个人的票，带游客去性价比高的餐厅旅店等。

而对于船工的奖惩措施都很有效、到位，船工的好人好事被确认后，会在每周的船工会议上被公开表扬。而如果有船工出现隐瞒回扣、游客小费以及欺诈、私拉游客的行为，则会被相关部门惩罚，船队也会通过少安排船工工作以示威吓与惩罚。当行为恶劣时，会将船工开除出船队，甚至吊销船工的营业执照。这些措施都保证了船工与游客之间关系的和谐融洽。

根据船工的叙述，这几年经过安新县旅游局和旅游管委会的管理整治，正式持证船工与游客的关系已经得到极大改善。船工的服务更加到位，态度更加和善，讲解更加细致，私拉游客、逃票的现象也基本杜绝。但是仍有不良现象发生，仍有监管死角存在。与游客的纠纷主要发生在周边村庄和雄县、任丘的私拉游客的船工身上。由于各个村庄都有码头，每家每户都有船只，而旅游管理部门执法成本又高，使得他们处于监管的灰色地带，各个村庄（尤以安新县内郭里口村为甚）私拉游客导致的安全事故、旅游纠纷现象比较严重。这样的现象给正规船工的声誉甚至整个白洋淀景区的声誉造成了恶劣影响。

（三）白洋淀游船公司管理

随着市场环境的发展，安新县海事处在 2015 年规定，每个船队必须成立公司，否则不能出具船只执照年检。于是在 2015 年各个船队分别成立了三个公司，即安新县万航水上客运有限公司（均为环保船工），安新县瀚洋水上客运有限公司（主要为小游艇、快艇船工），安新县兴达水上客运有限公司（主要为大游艇、快艇，小游艇船工）。但值得注意的是，公司成立主要为海事处方便管理，公司不干涉实质的管理和船只运营，船队仍然是船工组织的最主要和最基本单位。故此项管理规定形式意义大于实际意义。

但在 2016 年，白洋淀景区管理模式改革进入新阶段，为了适应新的"大淀观光游"的理念，响应"全域旅游"的号召，也为了更好地达到国家的一系列标准，由国资委控股成立了旅游开发公司，并通过外聘总经理，启动统一的国有控股集团公司化经营模式，打破传统政企不分的管理和运营局面，彻底实现政企分开管理运营(目前以前的景区公司、景区管委会仍存在,在国有公司成立、运营以后逐渐消失)。国有控股公司以集团化发展和统一化管理为目标,通过分阶段逐步实现白洋淀游船船队、个体景点等的并购,实现景区资源整合、产品更新升级和统一管理经营。

对于安新县白洋淀景区内游船的整合是景区管理模式改革的首要任务之一,当前国有的旅游开发集团正在筹备建设中,第一步将成立国有资产控股的船务公司。首先,安新县预计筹资 1000 万元购买 20 条两种型号的环保游船(船只模型见图 5、图 6)用于"大淀观光游"的新规划航线,再加上旅游局已有的 5 条大船,构成 25 条船只的初始投资额,总额计 1500 万元。其次,旅游局计划通过股权改造,将船工们的游船以座位数量为计算标准,折价总计 3500 万元算作船务公司注册资本。这样,船务公司总资本达到 5000 万元,国有资产将以 30% 的股份持有成为新船务公司的最大股东,而其他船工将总共占有 70% 的股份。船务公司实行 30% 绝对控股,并将在公司章程中加入防止私营资本持股超过 30% 的条款,以确保国有资本的控股地位。船务公司的成立,将是对白洋淀游船的高度整合,使得白洋淀景区对游船、船工的管理更加规范有力,也会对旅游市场秩序的构建起到有益作用。

值得注意的一点是,新的船务公司并没有试图通过强有力的手段对原已存在的船工自组织进行破坏和改造,而是保留了自组织这一高效率、低成本的组织形式,这是对安新县政府和景区管委会良好的管理政策的延续,也可以看出政府对民间组织力量的肯定与重视。这种政府自上而下的整合管理和民间组织力量的结合可能将给白洋淀旅游带来更多惊喜与活力,甚至可能就是未来旅游治理的善治之道。

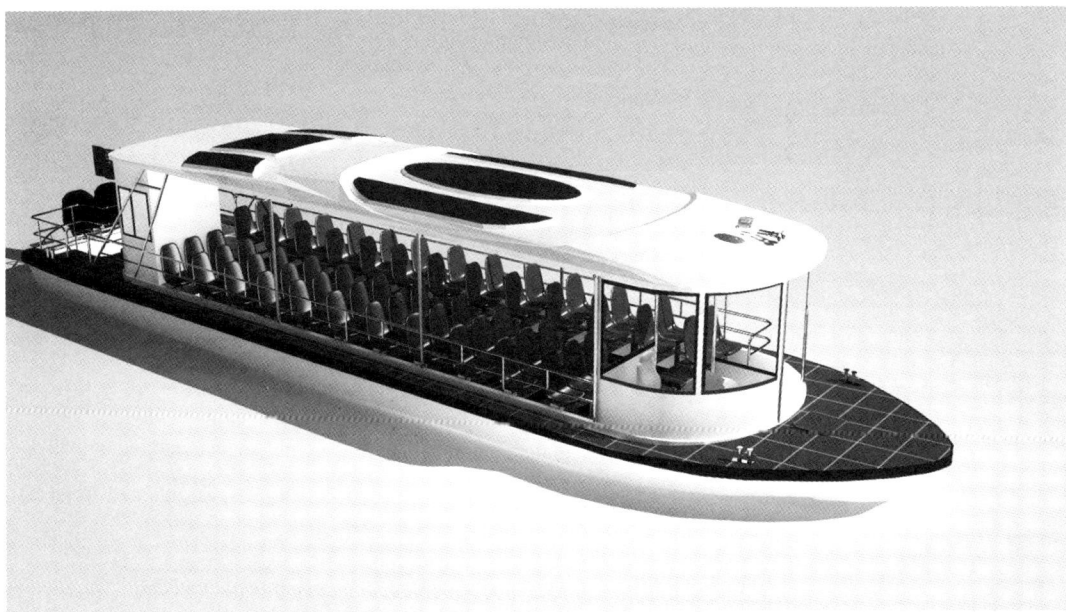

图 5 预计购置的新型环保船模型一

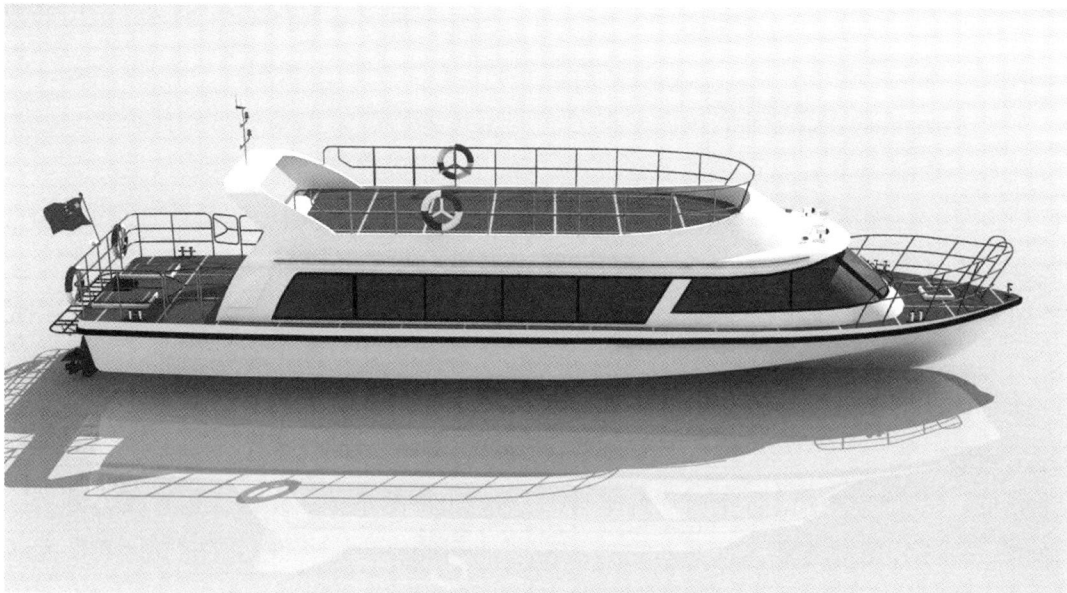

图6 预计购置的新型环保船模型二

三、游船航线未来发展设想

（一）游览线路设计

乡村旅游是以乡村产品延伸出来的以相关产品为基础的一项特殊的旅游产业，具体来讲可以概括为：在乡村地域内，以乡村自然环境、田园景观、农耕文化、牧渔业生产、民俗文化、古镇村落、农家生活为资源基础，通过科学规划、开发与设计，为城市人们提供观光、休闲、度假、体验、娱乐、健身的一种新的旅游经营活动，其内容包括乡村农业观光旅游、乡村民俗文化旅游、休闲度假旅游、自然生态旅游等多方面。白洋淀景区的游客以城市人群为主，积极打造新的乡村旅游产品，既是适应游客需求、时代发展的可取之策，又是可以促进"全域旅游""大淀观光游""乡村风情体验游"，从而带动白洋淀景区的改造升级的有益方法。因此，对乡村旅游的开发就成为必不可少的一环。

目前已有的旅游线路主要围绕白洋淀景区内的荷花大观园、文化苑、元妃荷园、欢乐岛、休闲岛、王家寨民俗村等几个重点景点，白洋淀整体的风情风貌并未作为一个旅游产品被开发出来，在图7中可以看到在现有游线中并未涵盖赵庄子、邵庄子、大淀头、东淀头、寨南等几个重点乡村，这样就无法适应乡村旅游的新要求，而且以景点为核心打造的旅游线路在解决"园中园、票中票"问题时也会遇到瓶颈。因此，安新县政府和白洋淀景区管理委员会重新考虑了旅游形势，对游览线路进行了新的规划设计，图8为旅游局新规划的"乡村风情体验游"路线图。可以看到，新游线在原有的景点游览的基础上，增开了对赵庄子、邵庄子、大淀头、东淀头、寨南五个重点乡村的航线。这样，就利用游船将乡村与景点巧妙地串联在一起，激发了乡村的活力，带动了地方的经济，同时也给游客带来不一样的体验。

新的"乡村风情体验游"游线必然会伴随着游船运行方式的改变。在新游线增开和新型大型环保船购置之后，传统的包船制将不再是散客们最为经济实惠的选择，

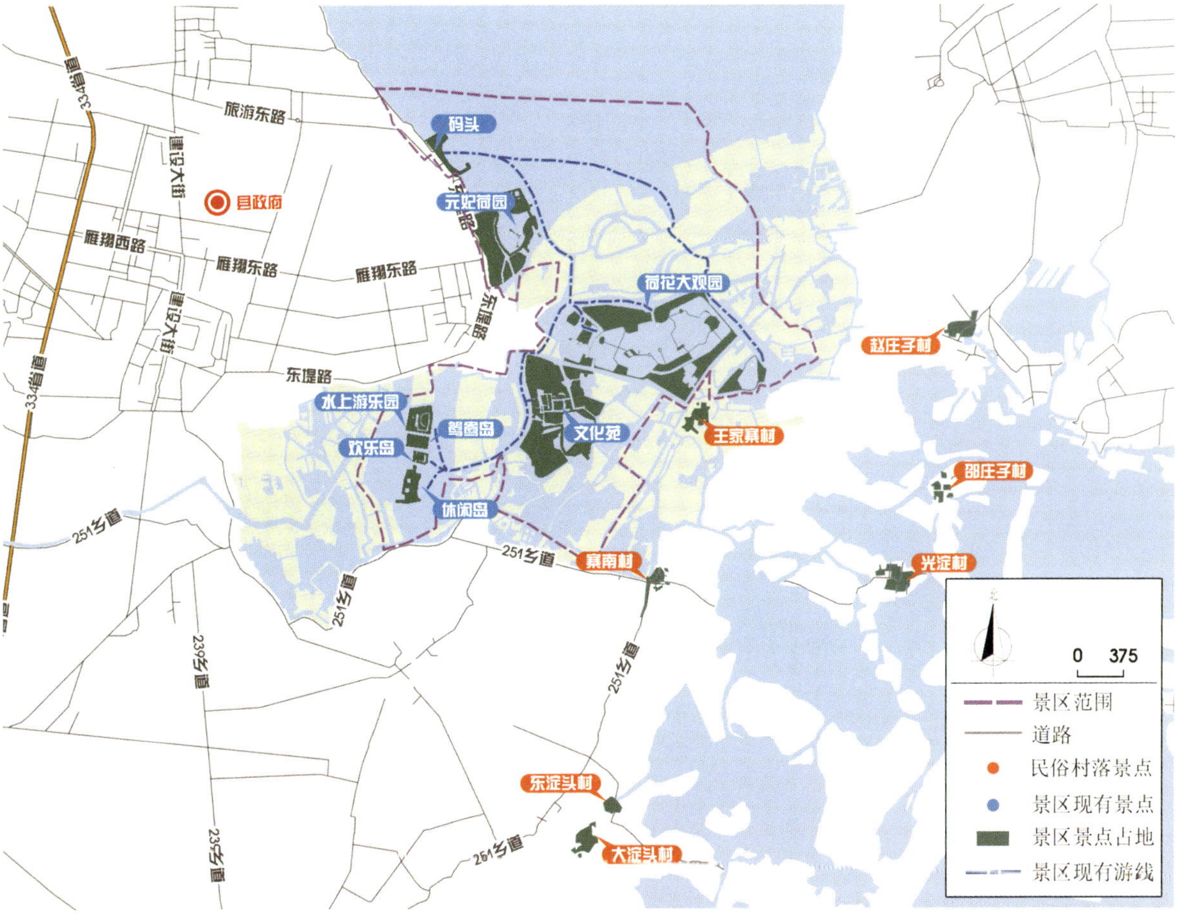

图7　白洋淀景区现有游览线路

图8   白洋淀景区规划游览线路

为了游客的游览安全，也为了景区的生态保护，有必要对游船的运行方式进行新的思考和设计。白洋淀景区管委会设想将新购置的环保船统一规划为班船，以固定时间、固定航线在景区中的各个节点规律往返，充当白洋淀内的公共交通工具，一致的航线和船票也将对未来景区门票统一的工作更为有利。同时，吸取2007年"一票制"改革失败的经验教训，新的班船应当注意固定其准时准点发船的特性，并主要突出其规律性和公共性，与易于整只包下的小型船只做出明显区分，利于游客选择。还应注意到，在增开新游线、实行"班船制"的同时，原来的"包船制"在短时间内也不应片面取消和减少，由于白洋淀广阔的水域面积处处是景，除去统一规划的景点、村庄之外，许多只有当地渔民熟知的苇地荷田、支流岔道等也具有非常高的游览价值，灵活机动的木船和快艇、小游艇等小型机动船只更适应游客的多样化选择，也使得白洋淀景区更具吸引力。白洋淀景区即将成立的船务公司在整合现有船只的过程中，将不改变现有私营游船的运行路线，班船与包船相结合，会使得白洋淀的游览模式更丰富，也更好地促进白洋淀旅游规模的扩大和景区的发展。

新游线的设计将使游览时间得到极大延长，因此，一日游的时间设计也将显现出其不合理之处，如果考虑到诸多游客为外地自驾游客，那么想要游览完新旧两条游线将会使得旅游的节奏过于紧凑，甚至导致游客"走马观花"。因此，伴随着新游线的开通，与之匹配的餐饮住宿设施也在紧锣密鼓的筹备过程中。安新县政府和景区管委会决定在游线沿线的农村开发农村旅馆、农家乐等住宿场所，增加游客入淀停留的节点，延长游客停留时间。一日游被设计成两日游，与之相应的，入淀门票也将由一日有效致为两日有效，而且现在的乡村基本通了旱路，只在村庄游览休闲而不进入白洋淀景区水域的话，不用交纳入淀费，这一项政策的变化对新游线沿线的乡村游产品起到了极大的推动作用。

（二）游览模式升级

应该看到，新游线的设想虽然对乡村旅游有着极大的促进，但归根到底，乡村旅游吸引物的重心还在各个乡村，乡村旅游产品的打造和相应游览模式的升级是白洋淀景区升级改造的重中之重。2015年河北省委、省政府提出集中力量打造9个美丽乡村重点片区，白洋淀片区是其中一个，围绕美丽乡村建设的基本要求，安新县从民居改造、景观美化和基础服务设施完善等方面，完成了第一批次的9个重点村，即王家寨、大淀头、东淀头、赵庄子、邵庄子、寨南、光淀、大田庄、东田庄的详细设计和改造，这为白洋淀乡村旅游的开发奠定了良好的基础。在此基础上，2016年安新县政府和白洋淀景区管委会又专门规划设计了由赵庄子、邵庄子、大淀头、东淀头、寨南五个重点乡村组成的"乡村风情体验游"旅游线路，重点打造这五个村的乡村旅游产品，并与旅行社合作进行试运营。安新县新近开发的五个重点村庄，再加上之前的王家寨民俗村，大张庄，依靠白洋淀独特的景区生态环境，悠久的历史文化和别具地方特色的民俗文化，将打造出具有白洋淀水乡风情的升级旅游产品，结合已有的核心景点，白洋淀旅游资源更加丰富，在旅游市场上也更具竞争力。此外，除了水乡传统生产生活文化，安新县还积极探索具有现代安新特色的旅游项目，比如位于大张庄村的雪瑞沙集团老板是大张庄前书记，目前正积极打造羽绒工业旅游点，规划将其公司厂房车间改造成为集合参观从清洗鸭毛、鹅毛到布料选择、工艺，再到羽绒填充、成品羽绒制品洗涤烘干的整个工艺流程的工业旅游点。

然而机遇与挑战并存，在美好的设想背后，白洋淀景区的游览模式还存在着诸多问题。在调查组经过实地考察、资料整理以及对船工、旅游局工作人员的访谈后，发现在现有的游览模式上进行进一步创新的过程中，有以下需要注意的问题。

首先，白洋淀景区要摆脱传统的依靠少数景点的游览模式，真正开发"全域游、休闲游、体验游"，必须灵活利用现有的旅游资源，进行整合和再创新。从游船的角度来看，利用灵活的小机动船和木船进行大淀风情体验游，避开主要交通航线，参观游览原生态的大淀景观，甚至单纯在大淀中无目标地漫游，都可以带来新奇的旅游体验。白洋淀历史悠久，世代白洋淀居民在此地繁衍生息形成的文化积淀形成了淀区水乡特有的生产生活方式，淀区特殊的自然环境造就了淀区特殊的别具特色的生产文化、交通文化。传统水运中的手划木船、竹筏和现代水运中的快艇、冲锋舟、摩托艇等马达船都是象征着淀区特殊历史的文化元素，其中有些虽然稍显落后，但却是未来淀区旅游核心吸引力的重要元素。在本调研组采访过程中，许多工作了多年的老船工们表示，现在希望在白洋淀中体验原生态"野趣"的游客逐年增多，多数游客不愿意仅仅在景点停留，白洋淀广阔水域中的自然风光对他们来说是非常新鲜有趣的吸引物。而且许多游客在坐船游览的过程中对渔家传统的划船、织网、捕鱼、割苇等劳作活动表示出极大的兴趣，并主动参与体验。本着"以人为本"的思路，白洋淀景区应该顺应消费者的意愿，在保障安全的前提下，化单纯的游览为休闲体验，在景区内的旅游观光可以和渔家传统的张网捕鱼、鱼鹰捕鱼等活动集合起来，使游客实地体验渔民生活。但是在旅游开发的过程中也需要注意到，如果在淀内开展风情体验游，需要很大的水域面积，船工们建议在白洋淀景区北部的烧车淀内设计开展新的旅游项目，旅游局和景区管委会也正在考虑在各村庄的码头周边开展体验游活动。如何设计出一条合适的体验观光路线和区域，在时间和方位上能与现有的游览路线相结合，而又与正常交通航线不冲突，需要仔细斟酌。同时，游客的安全问题也必须放在首位。

其次，对于几个重点村庄周边游线，要结合有吸引力的游览活动，设计成体验而不仅仅是简单的观光，就要对村庄的用地情况进行彻底的调研了解。本调研组在对船工的访谈中了解到，许多水区村庄外的属于村集体的水面都被各个村庄一些"有势力"的人非法圈占起来养鱼[①]，这种非法的侵占不仅破坏白洋淀景区水系生态，还影响村庄周边的绿化及卫生，同时也给乡村旅游线路的开发带来难题。而且，尽管经过美丽乡村建设，各水区村庄的环境卫生已经有了极大的改善，生活生产垃圾也有专人负责，定点定时清理，但在调研中发现，村庄周边仍然普遍存在生活垃圾，脏乱差的现象仍有待解决。由于白洋淀广大的水域面积和水体的流动特征，对重点乡村旅游线路的开发不能仅仅抓好个别村庄的卫生，而是应该对白洋淀景区内的整体环境卫生做好清理以及检查监督，这些迫切重要但又棘手的问题也是不得不考虑到的。

四、结论

经过对安新县白洋淀游船情况的梳理，我们基本上摸清了白洋淀游船发展历史脉络、游船公司运营安排、船工自组织管理模式、景区未来游船游线发展设想等几个重要方面的核心状况。我们认为，在安新县白洋淀景区的发展改革过程中，关于游船、船工问题，有以下几个重点需要特别注意：

一是现有的良好秩序和高效的船工管理体系是在政府的协调下，船工内部治理和政府外部治理相结合所形成的一套秩序井然的管理组织系统。因此政府的下一步改革也应该遵从船工意愿、借鉴船队内部治理的经验。在整合白洋淀景区游船、组建新游船公司的过程中也应该因势利导，发挥船工自组织的积极性，加以指导和规范，在现有模式的基础上创新改革，而不是一味地政府主导、推倒重建。

二是虽然政府对船工私拉游客现象进行了大力管理，但是更为实质的"船工收取景区回扣"这一问题却没有直接涉及。在历年政府工作总结当中[②]，回扣问题也只是在一定程度上以"禁止逃船逃票"这一形式侧面涉及，实际上这一问题现在仍然存在。在未来的景区改革新方案中，应当吸取 2007 年"一票制"改革失败的经验教训，着重处理好景区回扣问题。这体现在既要正视、重视船工和景区之间的回扣，又要合理、妥善地对待这一利益链条所引发的问题；既不能继续放任，也不宜激化矛盾。

三是利益问题是核心中的核心，县政府和管委会对景区的改革一定要兼顾景点、

---

① 根据船工的叙述，各个水区村的恶霸等人都会有非法占地现象，而县里的监管只针对核心景区，对村庄周边则少有涉及。

② 详见安新县旅游局 2010 ～ 2015 年工作总结。

雄县和任丘以及船工的利益。合理分配利益、尽量实现共赢。同时注意，尽管在白洋淀旅游中处于必不可少的地位，但是船工仍属于最为弱势的群体，其收入状况和社会地位都属于这几个利益群体中的下层，因此，白洋淀改革一定要"以民为本"，更加关切船工的利益。更进一步讲，除了船工外，使白洋淀的改革成果真正惠及当地的广大人民群众，使白洋淀旅游事业真正提高当地居民生活水平，才是景区改革最终的诉求。

四是游览线路设计与船工组织整合不能仅仅着眼于这些问题自身，而是需要有更为广阔的视野，对整个白洋淀景区的发展规划有着高屋建瓴式的理解和认识，并着眼于整个景区景点以及周边村庄的旅游产品品质提升。解决好白洋淀景区的产品、服务、管理模式的改革升级，是游览线路和游船、船工组织整合的先导或核心，也是白洋淀景区提升改造的最重要一步。

研究报告二：
白洋淀景区景点发展现状调研报告

白洋淀景区①位于安新县境内，面积约 20 平方公里，是国家 5A 级景区。目前，白洋淀景区核心部分主要由 7 个独立经营的景点构成，从市场的角度审视，7 个独立的景点构成了整个白洋淀景区，景点即景区，景区即景点，景点的发展情况直接决定了白洋淀景区在市场中的形象和评价。

一、白洋淀景区景点的历史发展脉络

白洋淀景区景点是随着白洋淀生态的变迁和安新县政府工作战略重点转移所诞生和发展起来的。

（一）水乡—农乡—水乡的变迁促使白洋淀旅游萌芽

20 世纪 70 年代以后，白洋淀上游水库工程的修筑和国家"以粮为纲"政策的实施，使世代以捕鱼、编织为生的白洋淀居民开始围淀造田，开始以农业生产为主；至 20 世纪 80 年代中期，白洋淀彻底干涸，人们生活转向主要依赖农业，白洋淀从烟波浩渺的水乡，转而变成了农乡。1988 年 8 月，白洋淀重新蓄水，一方面，大批农田被淹，水区居民开始新的职业选择；另一方面，白洋淀蓄水，逐渐恢复了往日水乡泽国的秀美风貌，并吸引了零散的游客前来观光游玩，县城码头附近几个村的村民在县城东关码头用自家的渔船开始自发地接待零散游客。随着国内旅游的进一步发展和安新白洋淀旅游者的增多，为规范渔民接待游客行为、保障旅游安全和秩序，为更好地开展安新的旅游开发工作，安新县于 1989 年成立旅游局，代县政府负责白洋淀旅游业开发及管理，并于同年投资建设鸳鸯岛景点，这是白洋淀景区的雏形。白洋淀旅游的萌芽之路和白洋淀景区的最初模式，形成了白洋淀景区景点分散独立经营、船工自组织运营模式的基础。

---

① 本报告中"白洋淀景区"指面积为 20 平方公里的安新白洋淀国家 5A 级景区，"白洋淀景区景点/景区景点"指白洋淀景区内部独立存在的 7 个个体景点。

（二）"旅游兴县"战略促进白洋淀景区景点的陆续建成

2000 年以后，安新县委、县政府实施"旅游兴县"战略，把旅游业作为全县的主导产业来抓，采取了一系列促进旅游业发展的举措：一方面，在政府管理层面，成立白洋淀景区开发管理委员会，开始吸收大量大中专毕业生、转业军人进入旅游系统；在大张庄新建旅游码头并投入使用；从市场、管理等各个方面开始并深化正规化运行管理。另一方面，在景点建设层面，为大力发展旅游业，安新县大力鼓励私营企业主投资建设白洋淀景区，先后引进马连顺、王永胜等投资建设休闲岛（2001年营业），安建设及大张庄村委会、村民等投资建设元妃荷园（2001 年营业）；河北卓正实业集团有限公司投资建设荷花大观园（2002 年营业），并于 2003 年主导举办了第十七届全国荷花展览会，河北源兴电力安装有限公司投资建设白洋淀文化苑（2003 年营业），赵三毛等私人投资建设欢乐岛（异国风情园）（2004 年营业），2008 年杨献投资建设水上游乐园（2008 年开业），至此，这 7 个独立经营的景点共同组成了白洋淀景区的核心内容。另外，随着乡村旅游的发展，在白洋淀景区内开发了王家寨民俗旅游村。依托安新白洋淀游客服务中心，开辟服务中心（码头）至各个景点的游线，将各个景点和民俗村连接起来，形成了目前面积约 20 平方公里的白洋淀 5A 级景区（图 1）。

（三）A 级景区的建设提升了白洋淀景区的品质

2000 年，伴随着安新县"旅游兴县"战略的实施，安新县成立了协调旅游发展的机构，白洋淀景区开发管理委员会和旅游局合署办公，将涉旅部门及有关乡镇部分职能纳入管委会；同时，新建了旅游码头、旅游路、停车场等基础设施；在完善旅游服务设施的基础上，不断加强对旅游市场秩序和旅游环境的完善，2001 年 10月白洋淀景区被国家旅游局评定并批准为国家 4A 级旅游景区；2007 年 5 月，随着白洋淀景区景点投资建设的增加，随着白洋淀景区的综合发展，白洋淀景区又被国家旅游局评定并批准为国家 5A 级旅游景区。在白洋淀申请 5A 级景区的过程中，安新县不仅完善了旅游公共服务设施，更是加强了对景区景点的管理和监督，出台了《安新县白洋淀 AAAAA 级景区旅游景点动态管理办法（试行）》《关于规范白洋淀旅游秩序提升 5A 级景区品质的实施方案》，在一定程度上提升了白洋淀景区景点的品质和服务水平，也即提升了白洋淀景区的整体品质。

（四）私营资本的引入埋下了白洋淀景区景点"各自为战"的根源

2000 年以后，安新县在"旅游兴县"战略的指导下，积极鼓励扶持私营资本到安新白洋淀投资建设旅游项目，因此，2000 ~ 2008 年，安新县先后引入了六个私营投资主体，这些个体或者企业通过向乡村租用土地，建设旅游项目，获得旅游项目的所有权和经营权，获得最大化利润是这些个体景点的核心目标。第一，由于每

图 1 白洋淀 5A 级景区范围图

个个体景点所拥有旅游资源的相似性（总体来看，白洋淀区域的资源具有较强的一致性，水乡苇田荷花是主要旅游吸引物），在面对游客市场时，天然地决定了这些个体景点的竞争性；第二，由于每个个体景点是独立投资、独立运营的，所以个体景点并没有形成统一规划和联盟经营，致使雷同产品的大量出现（如大观园和文化苑的赏荷、游船等），景点与景点之间的弱差异性致使景点之间的相互替代性较强，在白洋淀游客市场一定的情况下，个体景点之间的竞争性加剧；第三，从每个个体景点的投资主体看，多数为私人个体或小企业，其资源整合能力和资本运作能力有限，仅囿于管理和经营自己的小景点。由于追求最大利润是各自景点的核心目标，而从每个景点的投资主体的经济属性看，多数景点投资者主体为个人或者个人团体，如表 1 所示，其资本运作能力和资源整合能力有限，其投资建设的主要战略也是围绕自身景点内的建设，较少考虑景点之间的联盟经营或者并购经营。因此，安新县旅游大发展之初，对于民间中小私营资本的引入决定了各个景点独立经营、各自为战的局面。

表 1 白洋淀景区景点开业及投资情况

景点名称	开业时间	投资主体	累计投资额	土地获得方式
鸳鸯岛	1989 年	安新县旅游局投资建设，现在该景点由杨献承包经营	初始投资额未知，2008 年后杨献先后投入 3500 万元左右	租用村庄土地
休闲岛	2001 年	马连顺、王永胜等现出租给赵三毛经营	4000 万元左右	租用村庄土地
元妃荷园	2001 年	安建设、大张庄村委会以及李兆麟等村民	3500 万元	租用村庄土地
荷花大观园	2002 年	河北卓正实业集团有限公司	2.6 亿元	租用村庄土地
白洋淀文化苑	2003 年	河北源兴电力安装有限公司	3.8 亿元	租用村庄土地
欢乐岛	2004 年	赵三毛、张小标等	6300 万元	租用村庄土地
水上游乐园	2008 年	杨献	8000 万元	租用村庄土地

（五）"约谈和警告"为白洋淀景区的改革发展敲响了警钟

国家旅游局对白洋淀景区的市场乱象的警告及国家环保部因生态环境问题的约谈，都在某种程度上推动了白洋淀景区的改革。2016 年，国家旅游局将保定列为国家级旅游业改革创新先行区，安新县被列为国家首批全域旅游示范区，这些政策的出台将推动白洋淀景区的转型升级。总体来说，宏观环境的变化既给白洋淀景区带来了挑战，也带来了发展的黄金机遇。

二、白洋淀景区景点与大白洋淀的关系现状分析

（一）白洋淀景区是白洋淀对外形象的窗口

白洋淀景区陆续建成于 1989～2008 年，2007 年被评为国家 5A 级景区，总面积约 20 平方公里，分布于安新县境内，包括旅游码头经大张庄至小张庄、宋庄、泥李庄，连接王家寨、郭里口环线所包括的航线、苇田和淀泊。目前，主要建设有荷花大观园、文化苑、欢乐岛等 7 个景点和王家寨民俗村一个民俗旅游点，景区的主要功能是游船、赏荷、体验白洋淀民俗文化、美食文化的红色文化。依托白洋淀景区，白洋淀在品牌的对外传播方面取得了一系列成绩：2003 年成功举办了第十七届全国荷展；2005 年在"中国最美的地方"评选活动中被评为最具人气的十大景区之一，同年又被列为全国百家红色经典景区之一；2006 年"跟着老电影去旅行"线路荣获 CCTV 2006 完美假期线路设计大赛前十名；2011 年获"到河北不得不去的地方——河北旅游"的 30 张名片第一名；2014 年"畅游中国——安新白洋淀"获河北十佳旅游形象宣传片。可见，白洋淀景区是白洋淀对外形象宣传的重要窗口和品牌代表。

（二）旅游景点与白洋淀景区是对外形象的统一体

白洋淀个体旅游景点在整个白洋淀景区系统中处于核心的位置，景点即景区，景区即景点。从景区产品构成角度来看，7 个独立经营的景点是游客旅游体验的直接发生地，是白洋淀景区直接对外展示的形象代表，游客通过对这 7 个景点的旅游体验，产生对白洋淀的整体印象感知。从白洋淀旅游宣传的视角看，白洋淀个体景点成为白洋淀旅游的核心内容，游客通过关键词"白洋淀旅游"，搜索结果中所出现的一般均是白洋淀景区内的个体景点，如旅游攻略网站在白洋淀旅游的首页所显示的必游景点即是大观园；白洋淀旅游网首页的热门景点推荐中也是文化苑、异国风情园等景点；说明白洋淀旅游的主体依托便是景点，景点即代表了白洋淀景区。

（三）白洋淀生态是景区景点得以发展的基础

白洋淀生态是白洋淀景区景点赖以生存和发展的基础，白洋淀的生态资源、生态文化和生态环境是白洋淀景区的核心吸引物，是白洋淀景区的命脉所在，白洋淀生态环境的好坏直接决定了白洋淀景区景点发展的命运。景区景点的发展对于白洋淀的生态具有双刃剑的作用，良性的景区景点发展模式能够促进白洋淀生态环境的保护和维持，而景区景点的过度开发则会导致白洋淀生态的失衡，造成对白洋淀生态的破坏，最终也会阻断景区景点的发展。因此，在景区景点的发展过程中要时刻保持对白洋淀生态的保护。

三、白洋淀景区景点核心利益主体关系现状分析

从当前白洋淀景区的运营模式来看，旅游景点即白洋淀景区，白洋淀景区即旅游景点，景点是白洋淀景区的核心内容，景点独立经营、相互竞争是白洋淀景区经营管理现状的基本模式，也是船工回扣现象、景区购票烦琐的根源。

（一）旅游景区与景点之间的关系

从白洋淀景区历史形成的过程中，可以看出白洋淀旅游景点之间呈现各自为战、独立经营、相互竞争的关系。景点与景点之间都拥有同一个游客市场，即到达白洋淀的旅游者群体，而每个景点分属于不同的投资者和经营者个体，不同的景点之间由于争夺同一个客源市场群体形成了竞争关系，由于景点之间的竞争关系，景点会不断创新产品、提升产品水平，或者给予游客更多优惠，以吸引更多的游客进入景点游玩。

（二）旅游景点与船工之间的关系

白洋淀景区的历史形成过程决定了旅游景点与船工之间特殊的合作关系。从上文白洋淀景区形成的历史过程中可以看到，白洋淀景区是围绕着个体景点的陆续建成、村民独立船工组织的发展和安新旅游局（白洋淀景区开发管理委员会）的建设和发展三条线索发生发展的。三条线索既相互交叉，又独立发展，安新县鼓励民间资本建设旅游项目的政策相继引入了赵三毛等私人投资者和河北卓正实业集团有限公司等民营企业投资者，形成了当前多个景点各自为战、独立经营、相互竞争的景点发展局面；游船组织是白洋淀旅游开始之初，由村民自由进入发展起来的，安新县旅游局在成立之初，实行了以收取管理费规范船工行为的管理思路（在旅游发展之初，县旅游局就在东关码头办公，就近规范这些渔民，但是管理方式还是很粗放，旅游局负责收取一部分管理费，基本上就是随便给点钱就行），这样奠定了船工自组织运行的基础[①]；随着白洋淀旅游的不断发展，由多个独立景点组成的白洋淀景区应运而生，形成了安新县旅游局（白洋淀景区开发管理委员会）、个体景点和船工组织三大利益主体相对独立又相互依存的景区发展模式：安新县旅游局（白洋淀景区开发管理委员会）提供景区的公共服务设施、规范旅游市场秩序，同时管理与维护白洋淀大生态，收取入淀费；船工在管委会的监督管理之下自行组织为游客提供大淀交通服务，由景区管委会统一代收船费；个体景点向游客提供旅游产品服务，单独收取门票，并设立在游客中心购票和在景点购票两种模式。在此背景下，游客要缴纳入淀费、船票以及自选景点门票，由于自选景点门票的自由性，船工在为游客提

---

① 详见《安新白洋淀船工问题报告》。

供水上交通服务的时候同时也担任了白洋淀导游和景点销售的角色，景点以船工回扣的形式吸引船工为自己推销景点，由此各个景点为争夺船工手中的游客，便争相付给船工相对较高的回扣，也导致了景点对船工"爱与恨"的纠葛。

（三）旅游景点与景区开发管理委员会之间的关系

在当前白洋淀景区的发展模式中，白洋淀景区开发管理委员会与景点之间存在两层关系：第一，白洋淀景区开发管理委员会与景点一起参与白洋淀景区的经营，与景点直接向游客提供可供消费的旅游产品不同，管委会负责治理与维护白洋淀生态，向游客收取入淀费；第二，管委会代表安新县政府负责对白洋淀旅游景区的管理工作，规范景点建设标准、监督景点服务质量。

（四）旅游景区景点与村庄／村民的关系

在主要由7个个体景点组成的5A级景区的发展模式中，白洋淀景区景点基本是将村庄，尤其是村民排除在外的，村庄仅通过向景点出租土地参与景区发展，村民通过到景点中临时就业或者以摊贩的形式售卖土特产。而在白洋淀的大生态中，村庄和村民是白洋淀的重要组成元素，白洋淀本身更是村庄社区的生产生活区，景点租借村庄土地，打造封闭景点售卖门票的发展模式并没有将村庄和村民的利益联结起来，而是将其隔离开来，这必然无法激励村民维护景区秩序和生态环境的自觉性。

四、个体景点发展现状分析

（一）荷花大观园经营现状与发展规划

1.基本情况

荷花大观园是由河北卓正实业集团有限公司投资建设，于2002年开业，初始投资额8000万元，至今累计投资达2.6亿元，占地2000亩，其中水面1500亩，芦苇地500亩，景点覆盖大张庄、王家寨和郭里口等村庄范围，土地租期最长至2050年，土地租金未知。白洋淀大观园是国家5A级景区白洋淀标志性景点，是以白洋淀湿地文化、民俗历史文化和生态文化为基础，精心打造的国家级精品名园，是集旅游观光、休闲度假、会议教学、拓展训练及水上运动于一体的生态景区。

2.投资主体介绍

白洋淀荷花大观园的投资主体是河北卓正实业集团有限公司，是一家以建筑施工、房地产开发、建材生产、观光旅游、商务酒店、广告策划为一体，资源共享，优势互补，产业链较为完整的企业集团，具备较好的资本运作能力和经营管理能力。

　　卓正集团创立于 1992 年年初, 2004 年完成改制并组建了以河北卓正实业集团有限公司为核心企业, 拥有河北卓正房地产集团、北京卓正置业、保定欣源房地产、内蒙古京北置业、白洋淀荷花大观园、河北卓正国际酒店、卓正国际旅行社、河北卓正建筑材料有限公司等多家成员企业, 形成以建筑施工、房地产开发、建材生产、观光旅游、商务酒店、广告策划为一体, 资源共享, 优势互补, 产业链较为完整的企业集团。

　　卓正集团秉承"卓越创造价值, 正大赢得发展"的企业理念, 坚持"质量第一, 科学管理, 信守合同, 用户满意"的经营宗旨, 成功开发建设了"东方家园""诚信丽景蓝湾""温泉花园"等十多个商住社区和百余项大中型建筑工程, 取得了良好的经济效益和社会效益。东方家园项目荣获国家级——广厦奖。北京项目"雁栖半岛"、内蒙古项目"天骄嘉苑"的开发建设, 彰显了卓正集团的实力, 加快了实现"进军京津、辐射全国"战略目标的步伐。开发建设的"白洋淀荷花大观园"是我国北方荷花品种最多、景色优美的大型生态旅游景点。为白洋淀荣获国家 5A 级景区做出了重大贡献。投资建设的"五星级"卓正国际酒店, 成为卓正集团的百年基业和保定市一道亮丽的风景线。

　　卓正集团十分注重党建、工会、民兵建设和企业文化建设。创办了《卓正集团报》, 使企业文化建设迈上了一个新台阶。集团积极倡导建设学习型、节约型、环保型、和谐型企业, 为企业的可持续发展奠定了坚实基础。连续多年荣获省、市重合同守信用企业、金融 AAA 级信用企业、河北省百强企业、中国服务业 500 强企业、河北省 AAA 级劳动关系和谐企业、河北省先进民营企业等荣誉称号。

http://www.byddgy.zhuozhenggroup.cn/main_2_10.html

3.产品结构现状

荷花大观园的产品建设较为完善, 汇集了旅游产业链上的游、食、住、行、旅行社等元素, 形成了较为完善的产业链条（表2）。

表2　荷花大观园产品结构现状

结构	内容
游	赏荷、观鱼、戏水、捕鱼、采莲等水乡生活体验活动
住	拥有贵宾楼、荷园别墅、芙蓉楼和民俗寨等住宿设施
食	拥有可容纳 1000 人同时就餐的夜鱼香餐厅
行	园区内提供小火车观光、电瓶车、游船等多种园内交通设施
旅行社	提供导游服务、信息咨询服务、票务服务等

　　具体来讲，荷花大观园的旅游产品主要由生态旅游观光产品、文化旅游观光产品、水乡生活体验产品和现代水上娱乐产品，具体见下文。

※ 大观园生态旅游观光产品

> 精品荷园
>
> 　　精品荷园荟萃了中外名荷 699 种，花的颜色有红、黄、白、粉、淡绿等。花型有单层、双层、多层，株型有小到可置案头的碗莲，有大到能负重几十斤的南美王莲。

睡莲观赏园 1

睡莲观赏园 2

荷花淀

观鱼湖和观景山

禽鸟观赏园

情趣桥

※ 荷花大观园文化旅游观光产品

大观园展馆

※ 水乡生活体验产品

采莲区

科技种养

渔舟小晚

※ 荷花大观园文化旅游观光产品

戏水乐园

　　从布局建设情况来看，白洋淀荷花大观园形成了以盛世莲花观音塑像为标志性景点的巨型生态园林。全园分为 6 区 12 园 36 景，由 72 座连桥把各景点连缀在一起，布局较为完整。

　　4. 大观园经营管理现状

　　荷花淀大观园在 7 个景点中，是唯一一个比较完备的公司管理模式下进行景区管理的，具有较好的运营和管理能力，且是唯一一个可以通过大观园官网和其他网络平台预订门票和相关旅游产品与服务的景点。其管理模式和经营模式比较符合当下时代的特点，能够通过网络给旅游者提供便捷的服务。

　　5. 大观园主要经营经济指标现状

　　目前，荷花大观园门票价格为 50 元，内部建设有精品荷园、孙犁纪念馆、观景山等免费项目，还有观光车、观光船、住宿、餐饮、购物、娱乐等消费项目。2015 年，大观园接待游客 80 万人次（其中 60 万人次的自驾游客和 20 万人次左右的旅行社团队游客，另外加上从雄县入淀的游客，共接待游客 100 万人次左右）。从 2014 年 7 月开始，大观园给到船工的门票回扣达 30 元。2015 年景点总收入 2800 万元，其中门票收入 1200 万元，占总收入的比重为 42.9%，门票收入所占比重较大，其他分项收入如表 3 所示。

表3 荷花大观园收入情况一览表

分项	收入（万元）	比例（%）
门票	1200	42.9
住宿	400	14.3
餐饮	400	14.3
购物	300	10.7
娱乐体验	100	3.6
园内交通	200	7.1
其他	200	7.1
总计	2800	100

目前，荷花大观园拥有长期在职员工35人，旺季最多时职工人数可达260人，每年，大观园用于景点宣传的费用达800万元，组织专门的市场营销活动，与26家网站有售票协议。景区经营者对于未来仍有较明确的规划，欲依托荷文化将景点做大做强做细。

6.基本判断

在白洋淀的7个个体景点中，荷花大观园是公司化运营和管理最为专业的景点，拥有一定的发展优势：

从投资主体看，大观园的投资主体河北卓正实业集团有限公司是以金融投资、建筑施工、房地产开发、建材制作、旅游文化、商务酒店、房地产经纪为一体的资源共享、优势互补、产业链较为完整的综合性企业集团，拥有一定的投资实力，也拥有一定的专业能力。从产品结构看，大观园拥有与白洋淀较为贴合的旅游主题，拥有较为完全的旅游产业链体系，多样化的旅游吸引物产品，具备一定的核心吸引力。从其运营现状来看，管理和运营也是较为先进的；从景点内的旅游项目来看，以赏荷为核心产品的大观园较为符合白洋淀文化氛围和环境；从其接待游客数量看，大观园接待的游客量是整个白洋淀景区的一半左右；从其收入对总投资额的比例来看，两者约为11.5%，说明大观园具备一定的市场竞争力；且大观园投资者具有较高的继续经营的意愿和对于未来的规划。

但是，在产品主题建设与产品结构体系构建中，荷花淀大观园仍只是白洋淀风貌中的一小部分，以赏荷观光为主要内容的大观园没有也无法表现出白洋淀最具特色的水乡民俗风貌，这也是白洋淀旅游需要进一步改善和挖掘的部分。

（二）文化苑经营现状与发展规划

1. 基本情况

文化苑是白洋淀另一王牌景点，涉及村域范围有大张庄、小张庄、泥李庄、郭里口、王家寨等，占地约 2000 亩，其中水面 650 亩，芦苇地 550 亩，土地租期最长至 2045 年，土地租金未知。由北京源兴电力安装公司投资建设，并于 2003 年完工投入运营。景点建设涵盖了革命传统文化、悠久历史文化、优美生态文化、淳朴民俗文化，成为集爱国主义教育、观赏自然美景、体验水乡风情、度假休闲游览、娱乐餐饮等多功能为一体的大型综合旅游景区（图 2）。

2. 投资主体介绍

白洋淀文化苑的投资建设者是河北源兴电力安装有限公司（原河北安新电力安装工程公司）。公司由董事长袁大炳创建于 1986 年，为河北省二级技术资质企业，

图 2   白洋淀文化苑景点分布图

并于 2002 年 12 月正式通过了 ISO 9001(质量 2000 版)、ISO 14001(环境)、GB/T 28001(职业安全健康) 管理体系整合认证审核，主营 220KV 及以下电压等级的输、变电站建设，站内外架构工程，同电压等级的输、变电线路安装、电缆铺设与架构和 100M 以上的微波塔组装及通信电缆架空线路工程等。2003 年，公司开发了旅游服务项目，投资 28000 多万元兴建了白洋淀文化苑。

3.产品结构现状

白洋淀文化苑现有三座大的建筑：康熙水围行宫、白洋淀雁翎队纪念馆和敕赐沛恩寺，康熙水围行宫是康熙皇帝水围白洋淀时驻跸之处，可供游客自由出入，游览欣赏帝王的行宫；沛恩寺是清朝康熙年间在白洋淀郭里口建起的皇家禅寺，"沛"喻义盛大、旺盛，与"恩"字连在一起代表广施恩泽的意思。此外，文化苑还拥有世界名荷园、太空荷园、东堤烟柳、水生植物园、西淀风荷、万亩荷花淀等生态观光产品；嘎子村文化体验及住宿、餐饮产品和"痛打包运船"红色抗战文化体验产品；游乐场、钓鱼等现代娱乐产品和游船等景点内交通产品（表4）。

表4　白洋淀文化苑产品结构图

结构	内容
食	景点餐厅、小吃
住	嘎子村民宿
行	景点游船
游	皇家文化、寺庙文化观光游；世界名荷园、万亩荷花淀等生态游；"痛打包运船"等红色文化体验游；游乐场、钓鱼等现代娱乐活动游

4. 经营管理现状

作为白洋淀景区第二大景点，文化苑经营现状不容乐观，2014 年 5 月 12 日，环保部在官方网站上公布"2014 年第一季度重点环境案件处理情况"，其中，环保部点名批评了白洋淀及淀内的文化苑景点，将其列在各省份问题之首。同时，根据访谈，文化苑缺乏专业的景区景点运营管理队伍，在景点的进一步发展方面略显力有不逮。

5. 主要经营经济指标现状

景区初始投资 6000 万元，至今累计投资额达 3.8 亿元，年均收入 1000 多万元。文化苑景点门票价格为 50 元，2015 年接待游客 60 万人次，景点总收入达 1900 万元，其中门票收入 800 万元，占景点总收入的 42.1%，其次是餐饮和住宿，分别占总收入的 15.8% 和 13.2%，演艺、购物、娱乐体验、景点内交通和其他类项目收入比例接近，具体如表 5 所示。

表5 文化苑收入情况一览表

分项	收入（万元）	比例（%）
门票	800	42.1
住宿	250	13.2
餐饮	300	15.8
购物	100	5.3
演艺	150	7.9
娱乐体验	100	5.3
园内交通	100	5.3
其他	100	5.3
总计	1900	100

当前，文化苑景点建设基础较好，长期在职职工人数为 26 人，旺季职工最多时人数为 180 人。景点每年用于宣传营销的费用约为 300 万元左右，未来欲建设为全面展示白洋淀文化的四大文化园区。

6、基本判断

从投资主体看，文化苑的投资主体北京源兴电力安装公司是成立较早的一家企业，但是其基本业务并未涉及旅游业，文化苑的建立是其拓展旅游业务的首次尝试；从景点建设的角度看，文化苑的旅游产品建设与其他景点也是雷同；从其运营现状来看，文化苑经营并不乐观，文化苑年收入与总投资额的比例只有 5.3%，在 7 个景点中是最低的，这从侧面反映出文化苑的产品竞争力有待提高，其经营管理建设的专业度还需提升。

（三）欢乐岛经营现状与发展规划

1. 景点发展历史脉络

2002 年赵三毛响应安新县"旅游立县"战略，通过招商引资，在安新县白洋淀投资建设旅游项目。在建设之初，赵三毛引进海豹表演、人妖表演，获得县委、县政府的支持，并由时任副县长的李娟为其旅游项目命名为异国风情园，主要引进与展示异域文化，奠定了异域风情文化体验游的主题基础。此后，异国风情园不断丰富其产品内容，提升其景点服务水平，先后引进了泰国风情表演小品、欧洲女子摔跤、"高空无保护走钢丝"绝技表演，以及神秘小屋水倒流、攀岩、高空弹跳、沙弧球、飞身投篮、射箭、打靶、飞镖、高尔夫、投硬币、滚球入洞、汽炮打鸭、套铅笔、吊酒瓶、砸大牙等参与性、体验性的景点小品。同时，赵三毛还投资建设了以红色革命文化为主题的《嘎子印象》。

2015 年，由于环评手续不足，《嘎子印象》景点被拆除，《嘎子印象》节目搬至异国风情园，二者合二为一更名为欢乐岛。欢乐岛总占地 60 亩，建设用地面积 40 亩左右，全部为芦苇地，涉及村庄范围为宋庄和漾堤口等。土地租金为 6.6 万元/年，租期最长至 2020 年。欢乐岛初始投资 400 万元，至今累计投资达 6300 万元。

2. 投资主体介绍

欢乐岛属于个体投资，投资人赵三毛多年从商，先后从事园艺工作，经营水产生意、汽车维修、装修、洗浴等。同时，赵三毛也是最早从事白洋淀旅游开发的经营者之一，1989 年白洋淀蓄水，赵三毛开始在白洋淀经营旧船买卖生意（白洋淀蓄水之初，赵三毛在北京北海买了三条旧船，然后卖到了白洋淀），积累了较丰富的经营管理经验。同时，从访谈中，我们发现欢乐岛的建设多注重与最新的市场需求的对接，注重景点建设的细节，如景点建设中芦苇小品的运用，拥有较好的创意能力。

3. 产品结构现状

欢乐岛本身定位于小型精品景点，其产品结构较为单一，以异域风情文化展示、刺激性旅游活动体验为主题，是一个富有异域风情、参与性极强的休闲娱乐景点。其产品仅涉及演艺表演、娱乐体验活动以及少量的旅游纪念品出售。

4. 主要经营经济指标现状

景区内建设有异国风情演出、嘎子印象情景剧和鳄鱼表演等项目，异国风情演出和嘎子印象的门票价格均为40元，门票收入是欢乐岛最主要的盈利点。进入欢乐岛的形式主要为经船工推荐在欢乐岛景点买票和游客直接在游客服务中心买票两种，对于由船工推荐游客到欢乐岛景点买票进入游玩的游客，欢乐岛景点会支付给船工25～30元不等的回扣。2015年欢乐岛接待旅游者40万人次（年初停业整顿，7月中旬开业），景点总收入1500万元，其中门票收入占到总收入的80%，购物、演艺和娱乐体验则分别占到总收入的6.7%，如表6所示。

表6　欢乐岛收入情况一览表

分项	收入（万元）	比例（%）
门票	1200	80.0
购物	100	6.7
演艺	100	6.7
娱乐体验	100	6.7
总计	1500	100

从欢乐岛对就业的拉动作用看，欢乐岛长期职工人数8人，旺季职工最多时100人，属于小型景点企业。

5. 欢乐岛未来发展规划情况

欢乐岛下一步准备增加地方特色美食系列，依托当地的有机食品原料，借鉴国内特色美食小吃的做法，打造白洋淀专属特色小吃；同时，欢乐岛还计划引进猕猴桃、樱桃等多种果树的种植，以增加景点的观赏效果；在产品设计上，欢乐岛利用地方特色材料对建筑、景观进行布置和装饰，例如利用竹篓、芦苇编制小品装饰景点内的建筑设施，增加地方文化特色。

6. 基本判断

欢乐岛的年收入与其累计投资额的比率最高，达到23.8%，可见欢乐岛的旅游产品具备一定的市场竞争力；但是从其收入结构分析，欢乐岛主要依靠门票收入盈利，门票收入占景点总收入的 80%，其产品结构还有待优化；但从其经营的产品项目看，欢乐岛紧追市场步伐，善于并能很快地从市场中吸收当下最流行的产品内容，将其应用于欢乐岛的产品体系建设中，并注重细节的雕琢，具有一定的产品创新能力。但是从其产品主题来看，欢乐岛的异域风情表演文化与白洋淀水乡民俗文化的一致性不足，这也是景点各自为政，缺乏统一规划管理的结果。

（四）休闲岛经营现状与发展规划

1. 基本情况

休闲岛位于鸳鸯岛的南侧，涉及村域范围有泥李庄、漾堤口、北辛街等，占地约 100 亩，其中水面 50 亩，芦苇地 50 亩，土地租期最长至 2033 年，土地租金 3.3 万元 / 年。由马连顺、王永胜等人投资建设，并于 2001 年完工投入运营，建设之初，是综合住宿、餐饮、购物、游泳、迷宫、匹特博、猎炮打鸭、汽动力高射炮、荷花、鱼类观赏、垂钓、划船等多种活动于一体的景点，更是白洋淀的美食岛。后来，休闲岛转租给赵三毛（欢乐岛的投资建设者）经营，租金是每年 90 万元。

2. 产品结构现状

目前，休闲岛与欢乐岛相连通，其产品主要是向游客提供住宿和餐饮。

3. 主要经营经济指标现状

休闲岛初始投资 1000 万元，至今累计投资额达 4000 万元左右，年均收入 300 万元左右，景点门票价格为 40 元，2015 年接待游客 10 万人次（年初停业整顿），景点总收入达 300 万元，其中门票、住宿和餐饮收入各占 1/3，如表 7 所示。

表 7 休闲岛收入情况一览表

分项	收入（万元）	比例（%）
门票	100	33.3
住宿	100	33.3
餐饮	100	33.3
总计	300	100

休闲岛长期在职职工人数为 5 人，旺季职工最多时人数为 30 人。

4. 基本判断

休闲岛产品结构较为单一，主要为旅游者提供食宿，现与欢乐岛合并拥有同一个经营者，其对景点的经营管理能力较好，且能与欢乐岛形成互补之势。休闲岛其年收入与投资总额的比率也较高，为 12.5%，略高于大观园，说明其效益较好。

（五）鸳鸯岛经营现状与发展规划

1. 基本情况

鸳鸯岛占地 48 亩，全部为芦苇地，涉及村域为田庄、宋庄等，集餐饮、住宿、娱乐、观光、游览于一体，土地租期至 2031 年。鸳鸯岛产权状态较为混乱，建于 1989 年，产权归安新县旅游局所有，后由正大集团承包，打造中国情侣文化胜地，先后打造过宏伟壮观的"天下第一铜锁"，灵秀神圣的"月老祠"和集居着世界各地珍奇鸳鸯的"鸳鸯池"等产品项目。2012 年由新业主杨献向旅游局及正大集团租赁，其中向旅游局一次支付承包费将近 400 万元，向正大集团缴纳各项费用 1000 余万元，买断鸳鸯岛的经营权，同时每年向电力局缴纳 30 万元的租赁费（原合同费用是 65 万元），杨献接手鸳鸯岛之后，改变了鸳鸯岛过去以爱情为主题的项目布局，重新以红色革命文化为主题建设了旅游产品，但是景点名称依然沿袭了鸳鸯岛这一名称。

2. 投资主体介绍

欢乐岛属于杨献等人以股份制联合投资建设，由大股东杨献负责经营。鸳鸯岛的投资主体杨献一直从事旅游，在白洋淀旅游发展的初期阶段，杨献主要经营水上摩托艇、空中飞伞等项目，由于旅游业处于快速发展的阶段，这种简单的产品项目具有一定的盈利空间，杨献也积累了一定的旅游项目运营的经验。随着白洋淀旅游的发展，跟随模仿者进入白洋淀，致使简单的水上摩托艇等项目失去较好的盈利空间，随后杨献投入到鸳鸯岛的经营中去。目前，以杨献为主的鸳鸯岛的投资者主要是朋友合伙，并银行贷款，资本实力有限，专业的旅游经营管理能力也有限。

3. 产品结构现状

目前，鸳鸯岛的产品主要是红色革命文化主题的演出，分别在不同的游线段设置不同的演出场景，并将每一个游线段的演出场景连接起来，形成一个完整的淀区人民生活和抗战故事，使游客行走在故事里。通过展现白洋淀地区居民日常生产生活风貌、展现白洋淀居民英勇抗战的风貌，使游客在领略白洋淀生态景观的同时，观赏和体验淀区居民的生产生活风貌，观赏和体验淀区居民英勇抗战的保家情怀。

4. 经营管理现状

目前，鸳鸯岛并没有专业的职业管理人，属于由杨献个人直接管理经营的粗放式的经营管理方式。同时，鸳鸯岛的产品建设主题集中突出，但是产品内容与景点名称完全不一致，表明景点在产品的包装宣传等方面、在品牌意识方面严重欠缺，对于景点的品牌识别和品牌感知影响巨大，也表明了鸳鸯岛的经营管理实力较为不足。

5. 主要经营经济指标现状

鸳鸯岛景点门票价格为 40 元，年收入约 300 万元。其中门票占 1/3，为 100 万元；

住宿占 2/3，为 200 万元。长期和旺季职工数分别为 6 人和 50 人。

6. 基本判断

从鸳鸯岛的产品建设上看，产品内容本身符合白洋淀主流文化取向，表现了白洋淀文化的主要精神，也具备一定的吸引力。但是，从景点投资者的资本实力和经营管理实力来看，鸳鸯岛的资源价值还未得到有效利用，在运营和管理方面，景点距离现代化的景点运营和管理还有相当大的距离。

（六）水上游乐园经营现状与发展规划

水上游乐园与鸳鸯岛相连，且与鸳鸯岛属于同一个投资主体。水上游乐园涉及小田庄、宋庄和东明村等，是以水上娱乐和表演为一体的景区，占地 52 亩，为芦苇地，土地租金 2.5 万元 / 年，租期最长至 2037 年。初始投资额 3000 万元，至今累计投资达 8000 万元，2016 年该景点投资 1000 多万元建设了一个容纳 600 多人、直径 90 米的膜结构大棚，准备推出空中飞人、吊环等歌舞演出节目。该膜结构建设源自于方土填沼泽地，存在违规用地情况。

2015 年年初水上游乐园遭停业整顿，后期接待游客 10 万人次，总收入 400 万元。其中门票 100 万元，占 25%，住宿 130 万元，32.5%；餐饮 150 万元，37.5%；购物 20 万元，占 5%。

水上乐园景点建设投资较大，但收益较少，水上乐园景点年收入与累计投资额的比率仅有 6.3%；同时，水上游乐园新建的膜结构大棚存在违规用地的风险，其产品项目恢宏有余但不够精致，在旅游消费需求多样化和个性化的今天，存在不能满足现代旅游者旅游消费需求的风险。

（七）元妃荷园经营现状与发展规划

1. 基本情况

元妃荷园综合游乐场位于安新县旅游码头南侧，紧邻旅游码头，主要以生态观光为主，园内分沙滩泳浴区、荷花观赏区、芦苇娱乐区，是唯一一个享受入园不收取入淀费优惠政策的个体景点，位于大张庄，占地面积 800 亩，其中水面面积 500 亩，苇地面积 300 亩，土地租金 30 万元，租期至 2032 年。

2. 投资主体介绍

大张庄村委会和村民共同出资建设，其资本运作实力和经营管理能力较为有限。

3. 产品结构现状

元妃荷园是为纪念明章宗妃李师儿而建，园内景点包括元妃遗址、元妃亭、环园路、芦苇迷宫、歌舞台、雁翎队表演场、观赏鱼池等生态观光、风情表演产品，还建有沙滩浴场、泳池等娱乐体验产品，以及住宿设施。

环园路：沿荷园水边修有环园小路，建有长廊和凉亭。

芦苇迷宫：芦苇迷宫曲径通幽，趣味性强，在此游玩，易进难出，其乐无穷。

水上歌舞台：水上歌舞台坐落在荷花丛中，与水中桥连接。这里是歌舞、观赏、拍摄、休闲的地方。

雁翎队表演场：在这里可观赏到模拟当年白洋淀雁翎队击沉日本保运船、消灭日本鬼子的情景。

观赏鱼池：遗址为元妃观赏鱼池，此处有白洋淀各种鱼类，供游客观赏及捕捉，乐趣无穷。

元妃荷园另一景点是"沙滩浴场"。沙滩浴场长 360 米、宽 300 米，水底沙土铺地，坡度平缓，水质优良，深水区建有跳水台。浴场有男、女更衣室，淋浴室，格式泳装及相关用品，是游客消暑、泳浴的好地方。

4. 主要经营经济指标现状

元妃荷园建于 2001 年，初始投资 500 万元，累计投资 3000 多万元，年均收入为 100 万元左右，其中，主要收入来源于陆路，水路接待游客收入一年 10 万～30 万元不等，景点摊位费每年 100 万元左右，元妃荷园前两年一直在亏损中，目前正在与河北省许寨集团洽谈合资事宜。目前，元妃荷园景点门票 20 元，游泳项目 10 元。

2015 年年初停业整顿，后期接待游客 4 万人次，总收入 100 万元，其中门票收入占到一半比例，娱乐体验占景点总收入的 1/5，住宿、餐饮、园内交通分别占到总收入的 1/10，如表 8 所示。

表8　元妃荷园收入情况一览表

分项	收入（万元）	比例（%）
门票	50	50.0
住宿	10	10.0
餐饮	10	10.0
娱乐体验	20	20.0
园内交通	10	10.0
总计	100	100

景区长期职工人数为 8 人，旺季最多可达 30 人，目前景点门票为 20 元 / 人，是唯一一个游客可以不用缴纳入淀费就可以入园的景点。

5. 基本判断

元妃荷园地理位置较好，具备紧邻码头的区位优势；但是元妃荷园的投资建设主体是村委会和村民共建，本身资本实力和现代景点经营能力有限；同时，从其目前产品构成来看，景点建设较为粗糙和落后；从其年收入与累计投资额的比率看，仅有3.3%，盈利能力较弱。因此，元妃荷园依此路径的发展前景并不乐观。

（八）结论

横向比较来看，欢乐岛（异国风情园）的市场前景最好，其相对盈利能力也最好，虽然其投资规模较小，但是投资回报率较大，其次是休闲岛和大观园。从景点收入结构来看门票收入占景点总收入的比例普遍较高，尤其是异国风情园80%的收入来自景点门票，这也与其旅游项目多为演艺观赏类有关，但是，白洋淀未来旅游的转型发展势必要求景点建设轻门票、重体验，要求各个景点的统一谋划和产品再建设。

结合我们对于各个投资方的访谈来看，大观园投资方综合实力较强，在景点建设方面，具备一定的潜力和优势；欢乐岛投资方在市场创新方面较有竞争力，且善于研究消费者喜好，善于在产品的细节之处精雕细琢，具备一定的专业和钻研能力（表9）。

表9 各景区收入情况一览表

	总投资（约亿元）	年收入（约万元）	门票收入占比（％）	投资回报率（％）	吸收就业人数	
					最多时	最少时
大观园	2.6	3000	42.9	11.5	260	35
文化苑	3.8	2000	42.1	5.3	180	26
欢乐岛	0.63	1500	80.0	23.8	100	8
鸳鸯岛	—	300	33.3	—		
水上游乐园	0.8	500	25	6.3		
休闲岛	0.4	500	33.3	12.5	30	5
元妃荷园	0.3	—	50	—	30	8

综上所述，白洋淀景区内各景点在投资方、累计投资额、投资回报率、景点收入结构和景点建设管理等方面情况不一，不同的景点在不同的领域内各有所长。面对当前市场主要对于景点建设负评价的情况下，白洋淀景区的转型升级中，对于景点的统一管理、统一规划就显得尤为重要。在白洋淀转型发展的过程中，对于景点建设的整合可根据景点不同的发展现状和潜力以及投资者对于景点建设发展的谋划和意愿采取不同的整改方式。首先，政府要出台白洋淀旅游发展的整体战略规划，确保各个景点的建设方向符合于白洋淀整体发展的目标，符合白洋淀景区可持续发

展的原则，并与白洋淀的文化精神相一致。其次，对于不同的景点和投资方，可采取不同的整合或者合作方式，对于投资实力较强，且具备一定专业能力的投资方，可允许其在统一规划和管理的大制度下独立承包经营；对于专业能力较强和热情度较高的景点和投资方，可吸收其力量，作为未来白洋淀景区统一管理下的重要力量。

五、白洋淀景区景点发展的问题分析

（一）白洋淀景区正面临着品牌形象危机

通过上文中对白洋淀景区形成过程的分析，我们也看到这些个体景点在景区的建设发展中发挥着重要的作用。但是，景区发展到今天，社会经济环境发生了巨大的变化，旅游已经成为人们的日常生活，游客的消费需求开始变得更加多样化、个性化和品质化，白洋淀景区当前的景点建设依然无法满足旅游者越来越品质化和个性化的旅游需求：在携程旅游点评频道中，涉及白洋淀旅游的数据达 223 条，其中对白洋淀景区游览表示一般或者不满意的数据共 89 条，占到 39.9%。对于景点产品的质量和服务不满意是其中最重要的一条，见下图。

精卫填的海 ★★★★★ 金牌点评　　👍 1
偌大的景区售票厅里空无一人，倒是旁边小店里的大姐堂而皇之地把我们招进她的店里，说是可以买到打折票，这种明目张胆撬墙角的行为，不得不说是中国特色。闲话少叙，验完门票，坐上小木船，两个船夫一前一后，飘飘荡荡直奔荷花大观园而来。之前听说每年夏季，白洋淀的荷花值得一看，9月份的时候，荷花大多已谢去，只有少量几朵执拗地挺立着等我来看，这是我与它们的缘分，可惜它们不会变成仙子。　白洋淀里满是 芦苇，可惜还没有变黄。
水、芦苇、荷叶，还有几只鱼鹰，除此之外，白洋淀似乎就再没有什么能吸引我的东西了，这里的人文工程，嘎子啥的，跟全国绝大多数现代的人工景点一样，都是那么坑爹。除了门票跟国际接轨以外，其他都只能跟河南省安阳县安丰乡西高穴村南曹操墓接轨。

201587...　　⊙⊙⊙⊙⊙
景色：5　趣味：5　性价比：5　　　　　　　　　2015-9 出游
景色不错，人文景观粗糙。服务有待提高。旅行安排不错。自驾旅游挺方便，白洋淀是个好地方。
📱 2015-09-30　　　　　　　　　　　　　　　　详情　举报　有用（1）

08509002　　⊙⊙⊙⊙⊙
景色：4　趣味：4　性价比：4　　　　　　　　　2015-11 出游
太商业化了，真是几年不来，变化太大了，把各个岛都隔起来了，吃饭要在一个岛，特别贵，看荷花也看不好，这是越发展越差的例子。
📱 2015-11-04　　　　　　　　　　　　　　　　详情　举报　有用（0）

莫奈的草垛子 ★★★★★　　　　　　　　　　　　　　　　　　👍
给两颗心不错了，景区建设一场糊涂，爆响的功放放着神曲，还有上世纪的游乐设施，比商业化更惨的是充满乡土气息的商业化。过来的车上还碰到骗子，烂透了。
2014-11-01 23:53:08　　　　　　　　　　　　　　　　　　　　✍ 评论

可见，景点的建设水平直接决定了游客对于白洋淀的评价，决定了市场对于白洋淀的认可度。

（二）白洋淀景区景点建设雷同现象突出

从上文白洋淀个体景点的情况介绍中可以看出，白洋淀景区产品建设较为雷同，各景点之间的替代作用较强。文化苑、大观园两大景点的产品结构类型，旅游项目雷同；鸳鸯岛的表演项目与文化苑中的表演项目也是雷同；而其他景点的住宿、餐饮、水上娱乐活动等均存在较强的可替换性。同时，各个景点的产品建设还存在水平低下、简单粗糙的问题，与现代旅游者追求个性化、品质化和多样化的旅游体验还存在较大的差距。因此，在每个景点普遍简单粗糙又极其相似的旅游产品格局下，对于每一个景点，旅游者还都要支付门票，即给旅游者造成了双份门票但是只体验到一种旅游产品的失望感，自然造成了白洋淀景区的品牌危机。

（三）白洋淀景区景点恶性竞争突出

白洋淀景点之间的恶性竞争主要体现在景点与景点之间无法形成知识和资源的共享，体现在船工回扣的问题中。首先，在面对白洋淀旅游者市场群体中，白洋淀景点的独立经营天然地决定了他们的竞争关系，在没有外力促进其共享合作的情况下，各景点之间必然只存在竞争关系；在访谈中，一位白洋淀景点管理的负责人介绍其未来的发展规划设想时说道，如果其他景点的人在的话将不会向我们介绍他的未来的发展规划，因为会担心被其他景点的负责人学到并应用，从而与之形成竞争；鸳鸯岛的负责人杨献也提到，在最初他引进并从事经营沙滩摩托艇项目和空中飞伞项目时，他的经营是盈利的，但是，很快地更多的人学会并且模仿他的经营项目和经营模式，作为个体他在白洋淀旅游的经营中再无法获利，因此，这样的结构关系决定景点之间是无法形成知识和资源的共享的。其次，船工在白洋淀旅游中的特殊地位决定了其拥有向游客推销景点的优势，在面对多家景点的时候，掌握了一定的谈判优势，有实力的景点为获得船工的推荐，争相以更高的回扣价格拉拢船工，这就造成了其他景点的不满，同时也造成了景点对船工的不满情绪。

（四）白洋淀景区景点问题的深层原因分析

白洋淀景区内部7个景点各自为战、独立经营的发展模式和投资建设主体实力不一的状况是导致白洋淀景区景点多项问题发生发展的根源。

综合来看，白洋淀景区目前拥有五个模块：景区公共服务管理模块，以景区开发管理委员会为主导的游客中心、市场管理等为游客提供基础旅游公共服务；景点模块，是白洋淀景区的核心吸引物，形成了7个独立经营、相互竞争的景点格局；船工组织，以淀区居民自组织体系为主，以景区开发管理委员会为引导的有序运营的船工队伍；淀区居民，既是景区的主体也是景区构成的客体，其日常生活方式对白洋淀旅游发挥着一定的作用；淀区生态，是白洋淀的生命之源，更是白洋淀景区的核心基础，是景区存在与发展的根本。从以上五个模块在景区中的功能来看：淀区生态是景区存在与发展的根本；景点是白洋淀景区得以发展的旅游吸引物载体，也是旅游者直接消费体验的旅游商品；淀区居民既是景区的组成元素也是景区的参与者，既可以作为活的旅游元素构成旅游景观，也可以作为景区参与者向游客提供服务或者参与建设景区；船工组织是景区软服务的典型代表，是白洋淀民风民情的传递者；景区公共服务管理模块主要是为游客提供基础旅游公共服务，是景区良好发展的保障。只有当这五个模块各司其职，通力合作，有序发展，白洋淀景区才能获得良好发展的合力与动力。

而从景区目前的结构关系来看，景点是景区的核心吸引物载体，但是景点分散经营、各自为政、竞争有余而合作不足的现状又导致了景区建设乏力，引起了游客的广泛诟病。

景点分散经营、各自为政阻碍了景区的统一规划与统一布局，阻碍了景点之间资本、战略的共享与合作，景区建设无法形成合力。景区内7个景点分属于7个不同的建设主体和经营主体，每个景点仍在自己有限的景点范围内建设、改造和提升。一方面，这样的关系结构下，囿于每个个体景点实力的限制，不同景点所建设的旅游产品项目既主题雷同又五花八门，并没有形成景点建设的合力，没有发挥白洋淀统一对外的品牌形象。

景点分散经营、各自为政造成了景区之间的恶性竞争。这样的关系结构下，个体景点之间产品雷同，面临同一个客源群体市场，在创新力不足的情况下依然恶性竞争，通过向船工提供更高的回扣额度吸纳游客，既可能损害了旅游者的利益（船工可能会向游客推荐回扣高的景点而不是最值得游玩的景点），又造成了景点之间的紧张关系、造成了景点对船工爱与恨的纠葛（在调查中，我们发现，景点之间会通过提高船工回扣吸引船工为景点输送游客，一方面引起部分景点对高船工回扣景点的不满情绪，另一方面景点普遍对船工有所不满但同时又不得不支付给船工回扣）。

六、小结

从白洋淀景区景点与大白洋淀的生态关系来看，白洋淀景区是白洋淀对外宣传的主要窗口，是游客体验白洋淀文化与白洋淀风情的直接接触地，是白洋淀的品牌代表。同时，白洋淀景区又是安新县旅游业发展的主要支撑，是安新旅游业发展的命脉所在。而目前组成景区的 7 个个体景点则是白洋淀景区的核心吸引物支撑，代表了白洋淀景区的建设水平，代表了白洋淀景区的精神风貌。

从白洋淀景区景点的历史作用来看，在安新白洋淀旅游发展的历史进程中，白洋淀景区内的 7 个个体景点对于推动白洋淀旅游的发展发挥了重要的作用，不仅通过了国家旅游局 4A 级和 5A 级景区评定，还在白洋淀品牌推广宣传方面发挥了重要作用，如 2003 年由荷花大观园主办，成功举办了第十七届全国荷展，获得了良好的宣传效果。

从景区内部的景点个体来看，白洋淀景区内部 7 个景点投资实力、运营管理实力、产品创新能力、建设开发意愿和投资者的文化水平与对白洋淀旅游发展的战略意识不一，景点产品建设的雷同和低水平问题较为突出；同时，由于景点各自为政的运营特点，鲜少有景点会从白洋淀旅游的全局出发思考景点发展的方向和战略，每个景点囿于本身景点的发展与盈利，面对同一客源市场群体的情况下，难免会有恶性竞争的情况出现。

因此，总体来看，白洋淀景区在白洋淀旅游发展的进程中发挥了重要的作用，也成为白洋淀对外展示的重要窗口和形象代表。但是，在新时期旅游消费需求更加品质化和个性化的今天，白洋淀景区历史原因形成的景点粗制滥造和水平低下的问题使得白洋淀良好的品牌形象面临危机，而在历史发展过程中形成与不断固化的景点分散经营、各自为政的经营管理局面也成为阻碍景区进一步发展的瓶颈。白洋淀景区景点的产品和服务亟待创新、改进和提升，促进白洋淀景区景点良性竞争和有序发展的有效管理机制更亟待改革，或政府主导组建大型旅游集团；或景点联盟，资源共享，合力建设；或景点并购，增强实力成为白洋淀景区下一步白洋淀景区改革发展要考虑的重要途径。

研究报告三：
美丽乡村建设基础情况调研报告

"水乡的路，水云铺，出村进村一把橹"，在当前村庄整体风貌发生巨大变迁，乡村经济重新洗牌之下，安新白洋淀这一世外桃源般的水乡生活画面已然不存，而这应当也必然是安新白洋淀未来乡村旅游释放新活力的核心支撑点。因此，本研究着重从安新白洋淀乡村旅游的核心支撑出发，通过研究村庄与白洋淀旅游的关系、梳理与分析村庄参与白洋淀旅游的现状，探索美丽乡村建设机遇下，村庄参与白洋淀旅游的可能路径。

一、白洋淀文化是安新白洋淀乡村旅游可持续发展的灵魂

通过文献研究、田野调查研究，本研究从三个维度界定白洋淀文化：物质基础——白洋淀自然景观、鲜活内容——白洋淀水乡民俗生活（灿烂繁盛的民俗生产生活文化和好客和谐的乡民关系）和意义象征——白洋淀精神（红色精神、诗意精神、积极向上的生活精神）。以这三个维度为支撑的白洋淀文化构成了大淀观光游的基础，是大淀观光游可持续发展的灵魂。

（一）白洋淀自然景观是白洋淀文化的物质基础

以"水域＋村庄＋芦苇地"等不同功能区域交叉组合的自然和社会景观风貌构成了白洋淀文化得以孕育发展的物质基础。

白洋淀地形地貌通过由海而湖、由湖而陆的反复演变形成，现存水区是古白洋淀的一部分，古淀水"汪洋浩渺，势连天际"而得名白洋淀，水是白洋淀存在的根本，是孕育白洋淀文化的源泉。

白洋淀淀区总面积366平方公里，其中安新县境内312平方公里，占淀区总面积的85%。白洋淀含大小143个淀泊，且形态各异，深浅不一，淀内3700条沟壕交错，与河道淀泊相通，这些河、湖、港、汊不仅为鱼鸟提供了栖息生存的基础条件，也为淀区村庄的孕育和发展奠定了雄厚丰富的土壤。淀区村庄共51个，安新县占45个，至今仍生活着8.2万居民。淀泊、沟壕、鱼鸟、芦苇、村庄、居民等共同构成了白

洋淀多彩的自然景观画面，是白洋淀文化得以繁衍孕育的物质基础。

（二）白洋淀水乡民俗生活是白洋淀文化的鲜活内容

白洋淀历史悠久，早在新时期时代，淀区西部、南部（今安新县留村、梁庄）就有人类活动生息，通过历代白洋淀居民的文化积累，形成了淀区水乡特有的生产生活方式等民俗文化。

独特交通文化。淀区特殊的自然环境造就了淀区特殊的运输文化，传统水运中的木船、竹筏和现代水运中的快艇、冲锋舟、摩托艇等马达船；陆路交通中，传统的畜力木质车辆，如赶大车、推独轮车大多也已经成为回忆。这些象征着淀区特殊生产生活方式的文化元素虽然已经成为历史的印记，但却是未来淀区旅游核心吸引力的重要元素。

生产生活工具及方式。白洋淀居民传统的生产生活工具，如木船、竹筏、蓑衣、渔网、石碾石磨、耕犁、锄头、炉灶、大缸等是最为鲜活和生动的原生态要素，能够为旅游者形象地展示出一幅原生态水乡生活画卷，并能促使旅游者形成移情效应，对原始生活状态产生一种遐想。同时，这些用具易于活化，并能够方便地使旅游者参与和体验，是体验型旅游产品的重要元素组成。

生产生活工艺。淀区居民在常年的生产生活中还形成了自己所独有的生产生活工艺：如粘、围、叉、钩、陷、罩、鱼笼捕鱼和香味捕鱼等多种捕鱼技术；此外，芦苇加工历史自宋始，渔民除养鱼、种荷外，以芦苇加工为业，编织各种鱼篓、苇席、各种各样的篓筐等，芦苇加工一度成为淀区农民的主要经济收入，也开启了芦苇艺术产业化的道路，形成"苇编画"产业。此外，淀区还流传着放荷灯、高跷会、狮子会、圈头音乐会等多种民间节庆活动。

（三）白洋淀精神是白洋淀文化的意义象征

白洋淀不仅有着悠久的历史文化底蕴，还拥有优良的革命传统。战国时地处"燕南垂赵北际"的赵北口，明成祖的"乐驾台"等，尤其是白洋淀人民在抗日战争和解放战争期间，用生命和鲜血谱写了无数可歌可泣的英雄事迹，《新儿女英雄传》《小兵张嘎》等优秀文学作品的广泛传播增添了白洋淀的魅力，闻名中外的雁翎队更是谱写了一曲人民抗日救国的英雄赞歌，使白洋淀成为正义和勇敢的象征。

二、村庄是白洋淀文化存续的细胞

（一）村庄是白洋淀文化存续的基本细胞和核心支撑

村庄是依托地域特点，由一定家户聚合在一起形成的较大的地域群体，这样的群体构成了一个基本的行政社区。村庄内部的各种社会职能和对外的一切社会经济联系，由村主任或村支书通过村政府来执行。村政府是沟通村庄内外联系的基本行政力量，也是处理村庄内部各项社会事务、社会关系与经济联系的基本行政力量。

村庄还是一个相对独立运转的熟人社区。村庄的基本特征是各户密集在一起，形成一个聚居区，在这样一个群体和单位内部，亲属纽带结合在一起形成家户，家户之间由于地域的临近或者相接构成邻里，邻里之间、村民之间互相熟悉，构成了一个熟人社会。在这样的熟人社会中，村庄内部一度形成了一定的社会规则和制度，构成了村庄自我治理的基本组织。

水域、芦苇地、耕地等淀区生态自然环境与村庄社会生活文化千百年来已经形成了一个较为稳定且相互依存、相互促进的生态系统，水域、苇地等为村庄提供了赖以生存的基础环境，村民通过生产活动促进淀区生活文化的不断积累和丰富。也正是有了村庄，白洋淀才得以积累下厚重灿烂的文化财富。因此，村庄可以说是白洋淀文化得以存续的基本细胞和核心支撑，对于白洋淀文化的继承和发扬意义重大，对于白洋淀生态环境改善，恢复天、地、人和谐生存与发展的意义重大。尤其是，白洋淀淀区内还生活着8.2万之众的村民，村民对于环境保护的动力和参与旅游发展的积极性也是促进白洋淀旅游可持续发展的重要因素，是其发展必不可少的核心环节。

（二）村庄是大淀观光游可持续发展的基础载体

村庄为大淀观光游提供了可能的基础服务设施。村庄不仅能够为旅游者提供特色化的住宿和餐饮体验，更是旅游基础服务设施的重要基点。美丽乡村建设不仅大大提高了村庄的公共服务建设水平和环境舒适度，同时，淀区乡村依然充满活力，可以为旅游业的发展提供必备的医疗、安全、问询、电信基础旅游服务设施。

村庄为大淀观光游提供了更多可活动的区域空间和野趣遐想的空间。水乡风貌是大淀观光游的关键主题产品，村庄不仅仅是白洋淀水乡文化的重要组成部分，村庄现有的土地空间更能为开展多种旅游活动提供更多更便捷的陆地空间，是水上旅游重要的组成部分。另外，由于村庄依托台地聚合的特点，村庄周边往往存在相对隔离的空间，可供捕鱼捞虾、采莲挖藕等充满野趣的体验活动。

村庄丰富了大淀观光游的产品结构，能够为大淀观光游提供多样化的产品体系，增加大淀观光游的活动内容。具体来看，白洋淀片区各个村庄虽然在大环境下，文化呈现趋同，每个村庄之间在地理特点、历史积淀、文化传说和民俗特色方面也存在一定的差异，这为淀区内部的差异化发展提供了必要的资源条件。差异化的村庄系统村庄的差异化形成整体白洋淀旅游的竞争合力。

（三）村民社区是大淀观光游得以活化的纽带

首先，乡村居民是白洋淀的主人，他们天然地拥有治理和建设白洋淀的强烈愿望，也是维持白洋淀环境、保护白洋淀生态和文化的中坚力量，也将成为白洋淀旅游开发的重要力量。其次，乡村居民更是白洋淀文化的创造者，印着白洋淀历史烙印的淀区乡民不仅仅成为传承和发扬淀区文化的使者，其本身也是白洋淀旅游中的重要元素，并且是富有创造力和生命力的元素。最后，在大淀观光游中，除村民本身构成旅游吸引物之外，更多地还将成为旅游服务和产品的提供者，将是在第一线中，与旅游者接触最为密切，且有可能是最直接的旅游服务者。因此，村民社区将成为联结外部旅游者和内部村庄、淀区之间重要的纽带。

三、乡村旅游开发的总体现状

（一）安新白洋淀淀区乡村概况

白洋淀片区内共辖 51 个村，其中安新境内涉及 6 个乡镇 45 个村，纯水区村 39 个，人口 8.2 万。从自然条件的总体情况来看，淀区村庄均是由陆地、水面、苇田、耕地和水荒地构成，村子周边均分布有大小不等的淀泊，均通过航道与淀区相连，多数村庄陆路即可到达，但是水路交通更加便捷。

目前白洋淀景区范围内的重要村庄节点有：王家寨、大张庄、小张庄、郭里口等村落，景区景点的建设主要通过租借村庄闲置土地，专门用于开发建设旅游景点。

2015 年河北省委、省政府提出集中力量打造 9 个美丽乡村重点片区，白洋淀片区是其中一个，围绕美丽乡村建设的基本要求，安新县从民居改造、景观美化和基础服务设施完善等方面，完成了第一批次的 9[①] 个重点村的详细设计和改造，这为白洋淀乡村旅游的开发奠定了良好的基础，并以此为基础，开发了农家乐旅游。这 9 个村的基本村情村貌得到了极大的改善，村内基础公共服务设施也都得到了完善，将是未来白洋淀旅游转型发展的重点村落。

（二）乡村参与白洋淀旅游开发的总体现状

1. 农家乐经营是当前乡村参与白洋淀旅游开发的主要形式

当前，在白洋淀旅游开发的过程中，从乡村的层面来看，零散的农家乐经营是目前白洋淀乡村旅游的主要形态，围绕白洋淀景区，截至 2015 年年底，白洋淀地区只有王家寨、大淀头、东淀头、赵庄子和邵庄子进行了农家乐经营，而且其中只有王家寨农家乐经营规模较大，2015 年接待旅游者 5000 人，其他村庄经营农家乐的居民户数只有 3 ~ 5 户，如表 1 所示：在白洋淀旅游发展的过程中，王家寨、赵庄子等村

---

① 9 个村分别是：王家寨、大淀头、东淀头、赵庄子、邵庄子、寨南、光淀、大田庄、东田庄。

庄通过经营农家乐，积累了一定的参与旅游开发与经营的经验。

表 1　淀区村庄旅游接待的情况

村庄名称	2015 年接待旅游者	2015 年村旅游收入	农家乐数量
大淀头	1000 人	10 万元	5 户
东淀头	800 人	0.8 万元	3 户
王家寨	5000 人	50 万元	37 户
赵庄子	停业	—	16 户（股份制）
邵庄子	1000 人（访谈提及 3 万多人）	10 万元	3 户（访谈 6 户）

同时，村庄以农家乐的形式参与白洋淀旅游开发业得到了安新县的规范管理，安新县在 2015 年 5 月制定了《白洋淀农家乐准入标准》和《安新县白洋淀农家乐管理规定（试行）》。规定了：（1）在白洋淀规划范围内从事农家乐经营的，必须符合《白洋淀农家乐准入标准》，并实行环保、安全"一票否决制"；（2）在白洋淀从事农家乐经营必须先由白洋淀景区开发管委会严格按有关标准审批，环保局审核达到县准入标准中的环保要求后，再按程序向工商、税务、消防、卫生、食药监等部门办理相关证照。同时建立了农家乐的星级评审复核制度，以保障农家乐的服务质量。

2. 从白洋淀旅游发展的模式看，白洋淀乡村社区实质上是被排除在外的

目前，白洋淀旅游以白洋淀景区为核心，白洋淀景区主要由不同的投资者开发建设的景点构成，虽然景点建设的土地是从淀区乡村中所租借，但是每个景点的所有权和经营权均归属于不同的投资者，在这样的背景下，景点与景点之间是相互封闭的，景点与广泛的淀区乡村社区也是隔离的：一是，淀区居民仅能以有限的船工的身份参与白洋淀的旅游开发（而且这一群体的 80% 分布在大张庄，因此从全局来看，船工也只是个别村庄的一小部分人的参与）；二是，除了农家乐之外，淀区乡村仍有众多的优良资源还未得到利用，如白洋淀居民世代相传的渔家生产生活方式，淀区乡村存在的深厚文化资源等被排除在景点之外。从这个意义上讲，白洋淀景区景点发展的模式本身就是将广泛而鲜活的淀区传统乡容乡貌风情文化排除在景区之外的。一方面，这是由于社会经济基本情况和乡村本身的可游性条件决定的，是由白洋淀景区旅游发展的思路决定的；另一方面，在旅游需求尤其是乡村旅游蓬勃发展的今天，这一模式显然有待改进。

（三）乡村参与白洋淀旅游开发的机遇

2015 年河北省委、省政府提出集中力量打造 9 个美丽乡村重点片区，其中，安新县涉及 6 个乡镇 45 个村。围绕美丽乡村建设的基本要求，安新县谋划了淀区清障、

村庄改造、船只整治、淀区清网等十大系列工程[①]，明确了"治污、美容、拆网、除捻、清淤、兴游、惠民"的工作路径，并以"九点两线"[②]为突破口提出并实施了《关于抓好美丽乡村建设，推进农村面貌改造提升行动实施方案》和25个专项工作方案，对9个重点村进行了详细设计和重要节点景观设计。美丽乡村建设大大提高了村庄的基础设施水平和自然环境卫生，为村庄参与旅游开发提供了有利的基本条件。

四、乡村旅游开发的个体现状分析

2016年1月安新县对赵庄子、邵庄子、寨南、大淀头、东淀头和大张庄进行了详细的考察与布点，建设完成了白洋淀乡村旅游的基础框架，并根据每个村庄的地理位置和资源特色拟定了不同的旅游主题（图1）。

图1 白洋淀乡村旅游点分布图

---

① 美丽乡村情况介绍，安新县旅游局。
② 九点：即王家寨、大淀头、东淀头、赵庄子、邵庄子、寨南、光淀、大田庄、东田庄九个点；两线，即旅游码头至赵庄子、旅游码头至大淀头两条重要航道。

（一）赵庄子水乡温泉休闲体验游

1. 基础情况

赵庄子位于安新县东北部，距离安新县城9公里，雄县约10公里，三面环水，一面可通陆路。赵庄子行政区域面积为3070亩，其中水面为2000亩，陆地为1070亩，苇田为700亩，耕地为370亩。村周边生态环境良好，各沟壕均长有荷花，约为2600亩：村东南有张家开淀为1500亩，荷花为1000亩；村东有荷叶淀为5000亩；村北有东王家淀为600亩，荷花为500亩；村西有西王家淀为1200亩，荷花800亩。

在美丽乡村建设中，赵庄子获得投资1100多万元，对基础道路、垃圾处理设施、村容村貌等均进行了改善和提升。

交通方面，对外交通形式多样：水路方面，赵庄子现有两处码头，并通过两条航道与整个白洋淀区之间形成水路交通联系；陆路方面，外部道路由村庄向东至赵北口镇，北至雄县县城，村内道路主路南北向贯穿村庄，材质为水泥路面，宽度为4米，其他道路为1～2米胡同，有少部分为泥土路面，其他为砖铺路面。

在村容村貌改善方面，赵庄子完成了"四网入地"工程、温泉井新建工程、荷园生态码头和荷园码头广场等硬化工程，还完成了村内道路7800米硬化工程、水系建设工程、3座公共厕所新建工程、村史馆新建工程、污水处理设施和垃圾中转站等多项工程，改善了村庄的整体风貌景观；同时，利用市场手段，采取对外承包的方式，使赵庄子实现了保洁常态化。

在社会经济方面，赵庄子人口420户，1400人，村内空置房屋87户，共296间。赵庄子拥有大小企业70多家，村民人均收入2万元以上，村庄内部存在大量塑料加工及制品企业；有80%的农户以加工作坊的形式存在。

2. 旅游资源

赵庄子旅游资源基础丰富：赵庄子拥有特色突出的村落文化资源，村庄内部建筑特色明显，具有马鞍脊等特征，老民居更是特色明显，空间以传统的街巷胡同居多，结合胡同、老民居等塑造传统的村落风貌形象；历史悠久的渔家文化资源，赵庄子村历史上曾经是个传统的渔村，渔民悠然自得，渔船随波渐远，渔民满载而归；典型的红色文化资源，赵庄子村是"张嘎子"原型赵波的故乡，赵波墓就在赵庄子村；独特的地热资源，区别于白洋淀其他资源文化，赵庄子村拥有独特的地热资源，已打温泉井2500米，可供村民日常使用并结合打造温泉旅游度假。

↓村落文化——胡同、民居、乡村酒店等。

商业街

旧民居

乡村酒店

乡村广场

↓ 红色文化资源 + 温泉资源

嘎子墓

温泉井

3. 旅游开发方向

赵庄子依托温泉资源、村落文化资源和乡村酒店等基础服务设施，欲打造以中低端游客市场为主的水乡温泉休闲体验旅游。

目前，赵庄子建设了一个由 16 户村民和村委会共同组建的股份制农家乐企业，建设了 90 多间房间的乡村酒店风格的民宿酒店，其中 16 户村民共持股 80%，村委会占股份的 20%；另外还绕村打造了一条商业步行街，步行街始于赵庄子码头（乡村酒店一区），经过村委会、村小学学校、居民区、村庄小广场（计划打造评剧广场）、乡村酒店二区、水上餐厅；围绕步行街，赵庄子欲布局餐饮、戏剧、特产购物等业态。

（二）邵庄子艺术家村

1. 基础情况

邵庄子村位于安新县域东部，圈头乡的最北部，地处白洋淀中间偏西方向，距离安新县城约 10.6 公里，北侧紧邻赵北口镇，村庄北部有通下张庄村的对外联系道路，村庄西、南、东分别有航道与周围相邻村庄连通。邵庄子行政区域总面积约为 6200 亩，其中水面面积约为 2000 亩，陆地面积约为 4500 亩，苇田面积约为 600 亩，周围有合乐淀和庞淀。

2015 年美丽乡村建设工程对邵庄子村基础道路、垃圾处理设施、村容村貌等均进行了改善和提升，村内主要道路基本实现全部硬化，村庄内部的交通通达性较好；同时，邵庄子村在美丽乡村建设工程的推动下，完成了村内道路硬化工程、水系建设工程、公共厕所新建工程、村史馆新建工程、污水处理设施和垃圾中转站等多项工程，改善了村庄的整体风貌景观（图2）。

图 2　邵庄子村农村面貌改造提升规划图

邵庄子村新建三层楼房：基础设施完备，均采用温泉水取暖

社会经济方面，邵庄子村共有 375 户居民，常住人口 1230 人，村内空置房间为 23 户，共 44 间。村庄产业结构单一，以传统渔业和农业为主，村内现有稻田 300 亩，苇田 839 亩。村民主要经济来源为外出务工，养殖、编苇席、打苇箔、经营农家乐等旅游活动，人均收入约为 5000 元。

2. 旅游资源及旅游经营现状

旅游资源方面，邵庄子内的自然旅游资源基本与大白洋淀景区的自然旅游资源一致，村庄及周边水域的荷花、芦苇等构建出了典型的"苇绿荷红"的水乡自然风貌；人文旅游资源多红色旅游文化资源，村内现有安新县委旧址、王小燕（嘎子原型）故居、薛耀伦故居、邵德才故居、王向前故居等红色文化遗址。

邵庄子村庄风貌

在旅游开发与经营方面，邵庄子参与经营旅游的村民较少，2015 年仅有 6 户农家乐经营接待，接待人数约 3 万人，且游客多属于回头客和熟人朋友介绍而来，并没有进行专门的网络预订等现代经营方式。

邵庄子农家乐的住宿标间

3.旅游开发方向

由于邵庄子乡村公寓基础设施比较完备且建设集中，且温泉取暖也解决了冬季保暖和乡村保暖的问题，因此，邵庄子在白洋淀乡村旅游体系中以打造艺术家创作基地为主要方向，培育修学旅游市场。

（三）寨南村——大淀观光游线上明珠

寨南村位于安新县域东部端村镇的东北部，距离安新县约为10公里，拥有水面面积为2000亩，苇田为1400亩，耕地为1300亩，水荒地为2000亩。寨南村三面环水，村庄西、南、北分别有航道与周围相邻村庄连通；但是由陆路进入寨南村较为不便，沿途经过西淀头村和寨南村的乡村道路等级较低，通行能力较差，车辆会车难度大，大面积堵车情况时有发生。

社会经济方面，寨南村共有1360多户居民，常住人口4200人，村内闲置空房为120户。村民经济收入主要来源有渔网具加工、水生植物种植和外出务工等，芦苇工艺品加工是该村的特色产业，村民人均收入约6000元。

由于寨南村旅游资源相对缺乏，在大淀观光游的开发中，寨南村仅作为游线上的过而不停的景点。

寨南观赏点

（四）大淀头民俗购物村

1. 基础情况

大淀头村位于安新县域东部，端村镇域的北部，距离安新县城约为 10 公里，东西分别与东淀头村、西淀头村相邻。大淀头村行政区域总面积为 5470 亩，其中水面为 3100 亩，陆地为 720 亩，苇田为 1650 亩，耕地为 360 亩，紧邻白洋淀八大淀（水域面积约为 33.175 公顷，占整个淀区面积的 9.06% 左右），并建设有八大淀亲水长廊和茶室等休闲小品景观。

大淀头三面环水，对外水路连接交通较为发达，陆路交通相对困难。

2015 年美丽乡村建设工程为大淀头投入 2000 多万元，对村容村貌和街区道路、垃圾处理等基础设施进行了改造，在村东八大淀范围内修建了栈道长廊景观和休闲小品景观。

美丽乡村建设成果

在社会经济方面，大淀头村人口有 770 户，共 2281 人，村内闲置空房 50 户，村庄产业结构单一，村民主要经济收入来源有渔业、外出务工及种植业等，其中渔业为该村支柱产业，主要包括水产养殖与水产捕捞。部分村民利用芦苇资源，手工制作芦苇帘进行售卖。村庄每逢农历初四和初九开集，有一定规模，但对村庄的经济贡献率较低，村民人均年收入约为 6000 元。

2. 旅游资源及旅游经营现状

在旅游资源利用与旅游开发方面，一方面大淀头美丽乡村建设成果被称为美丽乡村建设的典范，八大淀亲水长廊，布满村落的大淀头特色商业街具备游客观光、购物休闲的良好潜力；另一方面，大淀头具备接待能力的农家乐总数不多，接待住宿游客容量为 100 多人，目前实际开展农家乐旅游的民俗户不多，仅有 4～5 户。

大淀头村周边风貌

大淀头八大淀亲水长廊

大淀头救驾碑　　　　　　　　八大淀亲水长廊画室与茶室

大淀头商业街

3. 旅游开发方向

在白洋淀乡村旅游开发中，大淀头将打造水乡休闲观光、特产旅游购物为主题的体验游。

（五）东淀头漕运文化村

1. 基础情况

东淀头村位于安新县域东部端村镇的东北部，距离安新县约为 10 公里，行政区域总面积为 2931 亩，其中水面面积为 2000 亩，陆地面积为 931 亩，苇田面积为 400 亩，耕地面积为 231 亩，紧邻白洋淀八大淀，与大淀头村相邻接。

东淀头对外水路交通便利，村庄西、南、北分别有航道与周围相邻村庄连通，西南部通往八大淀、东南部通往涝王淀、北部通往麦淀。在陆路交通方面，西部有桥连接大淀头村，东南部有通向圈头乡的对外联系道路，由陆路进入东淀头村较为不便，沿途经过西淀头村和东淀头村的乡村道路等级较低，通行能力较差，车辆会车难度大，大面积堵车情况时有发生。

在社会经济方面，东淀头村共有 410 户居民，常住人口 1098 人，闲置房间 50 户，村庄产业结构单一，村民主要收入来源为外出打工、养殖、渔具生产和苇箔加工，人均收入约为 5000 元。

2. 旅游资源及旅游经营现状

东淀头村船务漕运文化历史悠久，村庄内的相关历史遗物保留程度也较好，有建筑风貌保存完整的药王庙，村庄东侧有记载明代田增救驾的古石碑刻，村庄内部的一处古民居门口留有"瓶生三戟"的石碑雕刻。此外，村庄内还流传着渔民李登龙在狂风骤雨中将落水的乾隆皇帝救上渔船的传说。

东淀头村码头 + 村内台地

民俗文化资源：传统生产生活用具

漕运文化展示馆

东淀头村广场

店铺小品

3.旅游开发方向

东淀头村以漕运船务文化为主题，计划建设漕运文化展示馆，芦苇画艺术展览馆，芦苇工艺观赏体验产品，白洋淀村庄民俗文化展示等产品，以及特产商业步行街等业态产品，与大淀头休闲观光、购物游相互补充，打造文化观光体验游。

（六）大张庄工业旅游体验

大张庄紧邻码头，目前白洋淀景区 80％ 的船工来自大张庄，且大张庄羽绒工业发达，有多家羽绒工厂。其中雪瑞沙集团老板是大张庄前书记，目前正积极打造羽绒工业旅游点，规划将其雪瑞莎集团改造成为集合参观从清洗鸭毛、鹅毛到布料选择、工艺，再到羽绒填充、成品羽绒制品洗涤烘干的整个工艺流程的工业旅游点。

安新是中国北方最大的羽绒生产基地。大张庄依托其自身资源特色和临近安新白洋淀景区码头的天然优势，开发羽绒制品的工业旅游产品是其借力旅游融合发展的正确方向，也可以丰富安新白洋淀乡村旅游的内容。但是要避免在工业旅游发展的过程中，演变为纯粹的旅游线路上的购物点。可通过先行者的带动和示范作用，整合大张庄的所有羽绒工业资源，通过与旅游业的融合发展，形成科普旅游和旅游购物为特色工业旅游点。

雪瑞莎集团

综上所述，根据重点建设的美丽乡村的区位现状、资源现状、村容村貌和村内基础设施的现状，选定赵庄子、邵庄子、大淀头、东淀头、大张庄作为大淀观光游乡村旅游点先期建设开发的节点，寨南村作为游线上的重要观赏点，并根据每个村庄的不同资源特点，给定不同的主题发展方向（图3）。

图3 白洋淀乡村旅游主题节点分布图

五、白洋淀乡村旅游开发的社区参与制度设计案例

村庄不仅是白洋淀旅游转型发展不可忽视的必然存在，更是大淀观光游重要的组成部分，是其中最具活力和创造性的一环，因此，在大淀观光游开发的过程中，构建社区参与旅游开发的制度基础，推动大淀观光游转型升级，诚然必要。

（一）他山之石——贵州郎德苗寨、天龙屯堡和西江苗寨的制度经验

贵州郎德苗寨、天龙屯堡和西江苗寨均是乡村旅游发展的典范，但是三者旅游运营的核心力量和制度基础不同，因此，也取得了不同的效果，通过借鉴三者旅游开发制度建设的相关经验，总结出对白洋淀旅游开发的有效意见和建议（表2）。

表 2　贵州郎德苗寨、天龙屯堡和西江苗寨旅游基本情况一览表

	郎德苗寨	天龙屯堡	西江苗寨
文化特色	苗族文化	屯堡文化	苗族文化
资源特征	全国百座特色博物馆之一	明代古风、江淮余韵	千户苗寨、苗都、苗族文化艺术馆
居民人数	134 户，540 人	1215 户，4320 人	1285 户，5120 人
区位	位于黔东南雷山县西北部，属贵州省东线民族风情游的重点村寨之一	位于贵州省安顺市平坝县境内，属贵州西线黄金旅游线路的必经之地，贵黄高速公路、滇黔公路、贵昆铁路和清黄高速公路均从寨边穿过，素有"滇之喉、黔之腹"之说法	位于黔东南州雷山县境内，距州府凯里 35 公里，距雷山县城 36 公里，属贵州省黔东南州最大的原生态民族风情旅游中心
启动时间	20 世纪 80 年代	2001 年	20 世纪 80 年代
管理经营主体	社区居民、地方政府	旅游公司、地方政府、村委会、社区居民	地方政府、社区居民
旅游产品与项目	体验苗寨拦路敬酒、参观寨容寨貌、观看苗族歌舞表演、参观民族陈列室和杨大六故居、购买民族工艺品和吃住农家	参观寨容寨貌、观看地戏表演、参观傩戏文化陈列馆、参观沈万三生平展馆、购买屯堡文化商品、品屯军驿茶、吃住农家	体验苗寨拦路敬酒、参观寨容寨貌、观看苗族歌舞表演、参观中国民族博物馆西江千户苗寨馆、购买民族工艺品和吃住农家
运行模式	依靠社区居民自身的力量来实现自我发展，当地政府仅在旅游规划、基础设施建设、形象宣传及旅游市场规制等方面实行有限主导。从整个景区运行来看，属社区主导、政府引导型乡村旅游开发模式	由旅游公司负责整个景区的经营管理和商业运作；村委会代表村民将天龙村乡村旅游资源开发与经营管理权转让给旅游公司，从门票收入中提取一定比例作为村委会运转的经费并负责景区治安，协调村民与公司关系；社区居民主要通过到旅游公司就业、开设家庭旅馆、出售手工艺品和农特产品以获取收益。从运行特征来看，旅游公司发挥着核心导向作用，属公司主导、多方参与型乡村旅游开发模式	地方政府不仅在公共产品和服务领域发挥着积极作用，还通过组建旅游开发公司来负责整个景区的开发、经营与管理，并收取门票。社区居民则通过到旅游开发公司就业、开设家庭旅馆、出售土特产品及旅游商品等方式参与旅游。从整个景区的运行特征来看，属政府主导、社区参与型乡村旅游开发模式

以上三种不同运营模式的优劣分析：

表3 三种运营模式的优劣分析

	郎德苗寨：以社区为核心导向的制度基础	天龙屯堡：以企业为核心力量导向的制度安排	西江苗寨："政府核心力量导向"模式
制度特点	松散型的、全体社区成员志愿参与的、以"记工分"方式进行分配的，村民主要靠参与旅游接待工作获得报酬，少数人依靠自主经营获利	采用外来企业资本进入，组建旅游开发公司，按公司经营管理制度运行	以政府投资为主，政府成立景区管理局、景区旅游公司对其直接进行管理经营，并收取门票。社区居民则通过到旅游开发公司就业、开设家庭旅馆、出售土特产品及旅游商品等参与旅游业
优势	保证了当地居民可以公平参与旅游业，避免了收入差距拉大的弊端，当地居民保护资源的积极性较高	有利于乡村旅游资源向旅游产品转化，实现了乡村旅游的市场化、品牌化、规模化，在较大程度上提高了乡村旅游地的市场竞争能力	政府组建国有公司，有利于把乡村旅游业做大做强，特别在旅游地形象打造和旅游市场营销方面，以及在新建旅游项目的投融资方面，当地政府所属的旅游开发公司具有普通市场主体难以企及的优势；由于政府行使公共利益职能，在基础设施投入、资源保护、推进行业管理方面能够取得良好效果
弊端及现状	缺乏资金和专业经营能力的支持，容易造成当地乡村旅游产业化程度很低、市场竞争力很弱的局面。当前，景区复归沉寂，旅游业已基本衰落	旅游企业具有追求自身利益最大化的本能，政府、居民以及乡村旅游资源"被绑架"在旅游公司这一主体上，公司的实力、管理、经营水平决定了所有利益相关者的命运。旅游公司可能会经营失败，公司承担的是经济上的"有限责任"，而乡村旅游地则要承担整个产业结构崩溃的"无限风险"	容易形成强势的地方政府和弱势的当地居民构成的一个力量不均衡的二元结构。当前，西江苗寨政府与社区居民关系紧张，居民参与旅游的积极性受挫，旅游业的可持续发展受到严重挑战

从表3可以看出，3种模式在各自的制度安排上虽然都依据自身的实际情况各有所长，但都存在严重的制度供给不足和滞后，后续可持续发展乏力。应用到白洋淀景区，村庄社区参与是保证淀区生态环境可持续发展、白洋淀文化全面复苏的基础，关系到白洋淀旅游可持续发展的灵魂；政府力量是资源整合的有力力量和基础设施完善、各方利益关系协调的有力保障；外部企业参与是引入资金和专业技术力量的有效途径，是促进白洋淀旅游专业、稳步发展的有效手段。由于白洋淀地域范围较广，涉及村庄较多，因此三方力量的均衡合作显得尤为重要，以政府力量主导，以白洋淀区域整体生态环境恢复和维持、白洋淀旅游可持续发展和旅游富民为目标，联合多方力量，尤其是

能够平衡多方利益，获得白洋淀旅游可持续发展的制度设计是白洋淀旅游转型升级的基础。

（二）村庄参与白洋淀旅游开发的制度基础设想

联合村庄社区居民力量，激励白洋淀淀区8.2万民众保护和维护白洋淀旅游环境、积极支持参与白洋淀旅游发展，确保白洋淀生态效益、社会效益和经济效益全面均衡发展的关键问题。因此，以全域旅游发展为基本战略方向，走群众路线，依靠百姓共建新白洋淀家园，政府主要做好平台建设、制度建设、公共服务建设，不仅出台鼓励农家乐发展的政策，还要出台关于村民生态环境与建设、文明生活建设、旅游创新与发展鼓励政策等相关的政策规定，奖励那些主动维护生态环境、持续改进文明生活方式、创新旅游服务和产品的村民，惩罚那些破坏生态和旅游环境的人，通过奖罚制度的建设，激励村民积极参与生态环境的保护、参与旅游开发；另外，政府还要组织系统的培训制度，对村民进行旅游接待、生活文明方式、安全法律法规等一系列的培训，创造文明好客的乡村生活氛围；最重要的是要确保当地居民的正常利益不被损害，这涉及旅游经营中的利益，更涉及当地百姓由于旅游者的进入所承受的噪声污染和生活环境受扰等方面的补偿，使当地村民在旅游开发的过程中依然拥有家乡的归属感、自豪感和责任感，真正激活乡村，并通过旅游产业建设人文环境和社会经济方面的美丽乡村。

六、小结

在白洋淀漫长的历史变迁中，形成了丰富而灿烂的水乡生产生活和水乡民俗文化，白洋淀湿地景观＋水乡村落景观＋水乡民俗文化成为白洋淀的文化代表和形象代表。而在白洋淀发展的历程中，村庄是白洋淀生命化延续和发展的基础细胞，村民社区是白洋淀丰富文化的创造者，因此村庄是白洋淀旅游开发的重要构成，也是当前形势下旅游者的消费需求点所在，是促进白洋淀旅游更快更好发展的正确方向；村民社区是白洋淀文化中活的部分，也是白洋淀旅游的服务者和更具生命力的元素。但是，从目前，白洋淀旅游经营的模式来看，以景区景点为核心的发展模式实际上是将村庄排除在外的，在白洋淀旅游的改革升级中，乡村旅游是重要方向，保障村民社区参与为重要原则的乡村旅游更是白洋淀乡村旅游开发中必须遵循的战略方向。

研究报告四：白洋淀景区运营管理现状调研报告

一、白洋淀景区管理发展历史回顾与评述

（一）白洋淀景区管理发展历史回顾

1. 萌芽阶段（1988～1989年）

1983～1988年，白洋淀地区经历了一次长达六年的枯水期。此后，因为上游水库的放水，白洋淀的生态景观得以重新恢复，继而有了旅游业的萌芽。当时来参观的游客必须经过位于漾堤口的东关码头，因此，该码头附近几个村的村民开始接待零散游客。此时，白洋淀并未成为一个真正的景区，还未有专门的景区管理机构，也未有专业化的旅游产品，一切均处于自然放任的状态。但是，随着旅游人次的增多，地方政府逐渐开始意识到进行规范化景区管理的重要性，因此着手谋划安新县旅游局的成立。

2. 起步阶段（1989年至20世纪90年代中期）

1989年，安新县成立了旅游局，这是第一个对白洋淀旅游业进行系统管理的官方机构，拉开了政府主导开发白洋淀旅游的序幕。旅游局在东关码头办公，成立之初有十余位工作人员，其主要工作是向从事旅游经营活动的村民收取部分管理费，但并无收费标准及管理规范一说。

在景点管理方面，县旅游局于1989年投资建设了鸳鸯岛，产权归安新县旅游局所有，后由正大集团承包，现为私人租赁。一直到2000年，鸳鸯岛是白洋淀地区唯一的正式挂牌经营的景点。

从船工发展管理情况来看，利用自家渔船（木船）接待游客的村民逐渐增多，个别村民还开设了水上餐厅，整个白洋淀地区初步有了游憩的氛围。

受旅游局人员规模所限，本阶段白洋淀景区的管理模式简单粗放，白洋淀景区基础设施与管理体制建设百废待兴，基本依靠社区主动参与来提供游客接待。

3. 探索阶段（20世纪90年代中期至1999年）

在20世纪90年代中期，旅游局又扩充了少量人员，并成立了下属公司及白洋

淀旅行社,总计人数不超过五六十人。本阶段开始引入公司治理模式,初步进行了"管制宏观,放活微观"的半市场化探索,为后续规范化管理打下了基础。

虽然本阶段景点数量并没有增加,但此时前来白洋淀旅游的游客数量出现了明显的增长,部分渔民开始纷纷购置各种船只参与旅游接待,船工数量猛增到300余人。在该段时间,由于缺乏对船工的统一有效管理,船工经常聚集在东关码头及入口处争抢游客,船工之间、船工与游客、船工与旅游局经常发生纠纷,甚至斗殴,旅游市场秩序混乱无序。然而,由于缺乏管理经验,该市场乱象并没有得到较好的控制。

4."初次创业"阶段(2000 ~ 2007 年)

2000 年,安新县委、县政府开始实施"旅游兴县"战略,首次将旅游业确立为全县的主导产业,开始大力加强对旅游行业的引导、规范和管理。白洋淀地区的旅游开发进入到了规范发展阶段,也标志着白洋淀旅游"初次创业"的正式开始,而这次创业的目标,就是建立一个基础设施完善、产品体系完整、管理规范有序的正规化景区。

在该阶段,从旅游行政发展管理情况来看,成立了协调机构白洋淀景区开发管理委员会(简称景区管委会)和旅游局合署办公。将涉旅部门及有关乡镇部分职能纳入管委会。新建了大张庄旅游新码头,设立了游客服务中心,原东关码头不再接待游客,旅游局和新成立的景区开发管理委员会一并在新码头地区办公。

在票价机制方面,进入 2000 年以后,安新县白洋淀景区在省旅游局的主持下与任丘、雄县达成了共同收取入淀资源费(类似景区大门票,现在为 40 元 / 人)、并按一定比例分成的资源共享协议。由此,白洋淀的门票就变成了"入淀费 + 景点票 + 船票"。这样的票价设计使得各利益相关方都能够获得一定的收益,但同时,也使得购票程序颇为烦琐,也为游客的旅游体验不畅埋下了隐患。

在船工管理方面,随着位于大张庄的白洋淀旅游码头的竣工并投入使用,参与旅游的船工越来越多(此时大多为大张庄村民),旅游船只也得到了大量补充与更新。

在景点建设方面,除老牌景点鸳鸯岛外,又先后引进马连顺、王永胜等投资建设休闲岛(2001 年营业),安建设及大张庄村委会、村民等投资建设元妃荷园(2001年营业),河北卓正实业集团有限公司投资建设荷花大观园(2002 年营业),并于2003 年主导举办了第十七届全国荷花展览会,河北源兴电力安装有限公司投资建设白洋淀文化苑(2003 年营业),赵三毛等私人投资建设欢乐岛(异国风情园)(2004年营业)。

在景区建设方面,积极开展了 A 级景区创建工作,在 2001 年被评为国家 4A 级景区;在 2002 年被河北省列为湿地自然保护区;在 2005 年,被列为全国十大红色旅游景区之一。在 2007 年又被评为国家首批 5A 级旅游景区。5A 级景区的成功获批,标志着白洋淀景区的"初次创业"圆满收官。

5.二次创业阶段（2007～2012 年）

尽管"初次创业"获得成功，但白洋淀景区老旧的票制设计及由此带来的一系列问题使得这个新 5A 级景区的前行充满阻力与不确定性。因此，刚刚拿下全国首批 5A 级景区金字招牌的白洋淀马不停蹄地开始了一场名为"一票制"的改革及班船制实施方案[①]，打响了"二次创业"的第一炮。根据该改革方案，白洋淀景区计划从 2007 年 5 月 1 日开始，进入景区不再分收景点门票和船票，而是统一收取 198 元/张的门票。安新政府、船工、景点等利益相关群体在此基础上进行利润分成。然而，"一票制"从某种程度上截断了雄县、任丘船工的"财路"。因此，在实行一票制后不到两周的时间，任丘以及少许雄县的船工就组织到省信访局上访。经过协调，结果为"一景两制"，即安新县可在自己县域内的白洋淀景区实行"一票制"，而在任丘和雄县继续实行以前的"景点＋门票"的制度。而在一周之后，安新县对自己辖区内的白洋淀景区所实行的"一票制"和班船制方案也宣布停止。

"一票制"的失利使得安新县委、县政府不得不重新思考白洋淀这个新生的 5A 级景区未来的发展方向。"一票制"所能带来的益处是显而易见的，比如利于统筹管理、增加政府收入、引导良性竞争等，但由于利益分配机制没有理顺及游客诉求没有被重视等原因，直接导致了这个计划的迅速中止。"一票制"或许是未来的改革方向，但此刻时机还并未成熟。

可喜的是，白洋淀景区的"二次创业"并没有因为这次波折而停滞。相反，从 2008 年开始，白洋淀景区正式迎来了发展的黄金时期，景区各项建设在国家 5A 级景区和全国红色旅游经典景区的品牌护航下高歌猛进。安新县委、县政府提出建设世界级风景名胜地、国际水准湿地公园、国家级旅游度假区、环京津地区高端商务休闲中心和度假基地的目标。按照河北省出台的《环京津休闲旅游产业带发展规划》、《白洋淀旅游发展总体规划》等引导文件，加强白洋淀基础设施建设，全力打造生态化、人性化、精细化、数字化、规范化、标准化的景区，为白洋淀旅游二次创业、上档升级提供了难得机遇。在此期间，安新县旅游局与各有关部门协同合作，严格落实白洋淀景区提升改造方案，高分（总分 1000 分，复核 987 分）通过了国家旅游局 5A 级景区复核工作。

本阶段取得的具体成绩包括：

第一，景区管理方面，遏制住了景点私自印售高价票、旅行社低于成本价恶意竞争的行为，继续保持了良好的旅游秩序；加快旅游商品深度开发，开发了蒲草编

---

① 详细实施方案见安新县旅游局提供的《安新县白洋淀景区实行"一票制"及班船制的实施方案（草案）》

织、船模、白洋淀特色邮票等商品，白洋淀旅游商品正朝着多样化、精品化、特色化方向发展，其中白洋芦苇工艺品厂的产品获国家旅游产品金奖；为迎接国家局对5A级景区的暗访，根据国家旅游局有关文件精神，出台了《白洋淀旅游景区景点动态管理办法》，加强了对旅游景点服务质量和环境质量的管理和监督，并聘请国家旅游局5A级景区暗访组专家来白洋淀景区指导工作。定期对旅游景点开展游客满意度抽样调查活动，对旅游景点每月一调查、每月一通报。同时针对游客不满意的主要方面给各旅游景点下发整改通知。通过开展抽样调查活动，促进景点改进服务水平，打造游客满意的景点。

第二，招商引资方面，一些国际、国内大型财团、知名企业纷纷来安新考察项目，表现出了浓厚的投资兴趣。一些在外经商办企业的安新籍人也看到了家乡的希望，看到了白洋淀的商机，纷纷回乡考察项目，投资兴业。如田汉东投资1.35亿元的京汉四季会馆、郝小红投资1.5亿元的庆洋旅游度假岛等项目。此外，在原有景点进一步提质升级的基础上，2008年又新增景点一处（水上游乐园）。

第三，船工管理方面，明规则、建档案、严奖惩，进一步提升船工文明服务水平。针对社会各界反映最多的船工问题，秉持"善无微而不赏，恶无纤而不贬"治理方法，在每周六宣誓、全部游船悬挂投诉牌、一人违规处罚一船队等严格管理的基础上，又明确了四个一律取消营运资格（1.侮辱谩骂游客或与游客发生肢体冲突的；2.欺诈、坑宰游客的；3.被游客投诉并造成恶劣影响的；4.私拉游客、逃船逃票的）。对每名船工建立道德档案，将船工姓名、年龄、所属村、船队、船号、身体体检情况、奖惩情况全部纳入档案，年底总结发往所在村，以起到教育引导作用，促使船工加强自身道德约束，在全景区建设勿以善小而不为、勿以恶小而为之的良好道德高地。

第四，票务管理方面，积极探讨"四统一、一封闭"票务运行体制下规范市场行情，统一景点、旅行社对外报价等行为。在旅游局的积极引导下景点、旅行社分别形成公约，并对违反公约的五个景点进行了售票大厅停售散客票的严厉处罚。白洋淀对外市场宣传得到了规范，树立了白洋淀的良好形象。

第五，文明景区创建方面。对商贩实行16分制的管理新模式。安新白洋淀景区由于点多、面广、从业商贩素质参差不齐，管理难度大，在往年景区商品全部明码标价、实行旅游消费推荐场所挂牌、景区饭店菜价统一规范、公示的基础上，我们对景区商户加强规范，实行16分制管理，要求必须统一服装、佩戴胸卡，明码标价，并通过各种形式公开8项承诺（1.自觉遵守景区管理规定，做到爱淀护淀；2.严格恪守职业道德规范，做到爱业敬业；3.坚决抵制销售违禁商品，做到守法经营；4.坚决服从管理部门管理，做到有序经营；5.坚持明码标价公开销售，做到规范经营；6.坚决抵制假冒伪劣商品，做到诚信经营；7.努力营造良好市场环境，做到文明经营；8.秉承顾客至上服务理念，做到热情服务）。加强执法监察，制定了《白洋淀景区个体承包经营户文明诚信经营管理暂行办法》，每户商贩建立诚信档案，严格实行 16 分制的管理模式，对有违规行为并扣满 16 分的商户纳入黑名单，严禁其进入景区从事经营活动。收取保证金每个船队 2 万元，每个水上饭店 2 万元，每个商户 2000 元，出问题直接转成罚款，为管好景区起到了关键作用，分管副局长到一线对景区商贩进行培训。这一新的管理方式取得了良好效果，往年因购物产生的游客投诉，实施新政以来几乎禁绝。

第六，生态环境保护方面。首先，严令景点开业前必须到 12 个部门报批相关手续，否则不准开业，已开业的停止大厅售票。此举为各部门发挥职能作用、加强景点管理提供了抓手，取得了良好效果；其次，对景区内的新上项目严格实施前置审批制度。未经审批的项目，发现后，由管委会立即文字通知工商、物价、水利、湿地、电力、规划、建设等部门及有关乡镇不予办理相关手续，并牵头协调各部门进入现场进行制止。2012 年制止违规建设项目 4 处（十里荷香 2 处、元妃荷园北侧 1 处、嘎子印象南侧 1 处），经济补偿恢复生态 4 处（港池出口北侧 1 处、芙蓉河 2 处、主航道 1 处）；再次，严格景点内新上项目审批。所有景点新上项目必须经管委会审批，对未经管委会批准，景点私自建设的项目通知相关部门一律不准办理手续，破坏生态的项目责令拆除。对于管委会批准建设的项目，要求景点务必做到"四个不得"（不得损毁一根芦苇、不得采拔一朵荷花、不得破坏一叶蒲草、不得侵占一片水面）。

本阶段，白洋淀景区旅游接待均在百万人次以上。通过以上举措，白洋淀景区各项规章制度得以逐步规范，景区管理更加成熟。特别值得一提的是，2012 年《白洋淀旅游景区景点动态管理办法》的出台具有深远的意义，标志着白洋淀景区的二次创业基本完成，即完成一个新兴的 5A 级景区到一个具备自我更新和造血功能景区的成功转变。在景区建设过程中，白洋淀景区的直接管理方——安新县旅游局与白洋淀景区管委会也逐渐锤炼为一个战斗力与经验兼具的团队。

6. 全域整合阶段（2013 年至今）

自 2007 年以来，白洋淀景区旅游人次保持着高速增长，但实际上也在"带病前行"。"入淀费＋景点票＋船票"的分成机制诱发了许多不可忽视的顽疾。景点之间的恶性竞争、船工的高额回扣、旅游产品的开发低质、游客的体验不畅等问题，都不同程度地暴露出来，而这些问题都需要通过真正实现全域的统管共谋，才能得以解决。白洋淀，一直在等一个时机。

这个时机在 2013 年到来。为贯彻落实中央精神，河北省从 2013 年开始在全省广大农村开展了农村面貌改造提升行动，计划利用 3 年的时间建成 5 万个美丽乡村，彻底改变农村落后面貌，让农民过上更加幸福的小康生活。为贯彻落实省委决策部署，省委副书记赵勇自 2014 年 7 月至今，多次到安新调研、召开专题会议，明确提出"要高质量推进环白洋淀连片美丽乡村示范区建设"，要求将白洋淀打造成"天蓝水清、苇绿荷红、村美人幸福的秀美大景区"，打造成河北省第一个国家生态公园和环京津冀生态涵养区。

经过 3 年建设，白洋淀片区的美丽乡村成为全省美丽乡村建设的排头兵，其中，大淀头村与东淀头村更是成为本轮美丽乡村建设的"明星"村庄。白洋淀美丽乡村的异军突起打破了白洋淀景区的资源瓶颈，为整个白洋淀旅游发展的未来提供了一个全新的思路。首先，美丽乡村直接挑战着传统景点的地位，使得过去成为白洋淀核心吸引物的私人景点作用弱化，整个景区旅游产品的转型升级成为可能；其次，也使得全民参与旅游成为可能，因为船工将不再是农村社区中唯一因旅游产业发展的受益者；最后，将着眼点放到乡村，为解决"两市三县"的管理体制问题提供了全新视角。景区无边界，但村庄有归属。白洋淀景区管委会可通过着力打造隶属于安新的美丽乡村来进行新一轮的景点建设，由此可从某种程度上实现所有权、经营权和收益权的明晰。

如果说美丽乡村建设打响了白洋淀"景区革命"的"发令枪"，那么 2014 年环保部的约谈和 2015 年国家旅游局的警告则是改革的"催化剂"。2014 年白洋淀景区因环保问题，承受了中央、省、市环保部门前所未有的密集整治和频频约谈，大小媒体负面报道频繁，县委、县政府面对前所未有的压力，旅游工作更是风雨飘摇。只要政治效益，不要经济效益，成为工作的总基调、总原则。2015 年 4 月 2 日，因淡季管理问题，白洋淀登上了国家旅游局的警告名单。环保及旅游部门的两方压力实质上也为白洋淀的改革提出了要求、指明了方向。原来藏于深处的问题逐渐暴露出来，晒在了阳光下。阵痛过后，白洋淀人开始酝酿和谋划一场意义重大、影响深远的景区改革。

2015 年，安新白洋淀景区顶住了环保风暴和景区整改的巨大影响，通过大力投入媒体宣传造势，白洋淀景区旅游接待量不降反升。截至 2015 年年底，安新白洋淀景区（含任丘、雄县两地进入安新白洋淀游客）接待旅游总人数 158 万人次、同比增长 27%，实现旅游总收入 7.92 亿元。同时，在景区的软件和硬件方面，均有质的飞越。

（二）从历史沿革看白洋淀景区管理的经验与教训

1. 经验

（1）通过管控宏观实现政府主导

近 30 年的白洋淀景区管理实践证明，政府主导的管理模式是行之有效的。白洋淀景区管理委员会自成立以来，已经出台了上百份文件与制度，这些制度对规范白洋淀景区的市场秩序，提升白洋淀景区的旅游吸引力起到了至关重要的作用。此外，白洋淀特殊的生态条件和红色旅游资源禀赋也决定了需要有政府强有力的宏观调控与开发引导，才能较好地实现景区的可持续发展。可以肯定的是，政府主导型旅游管理体制将在未来较长一段时间继续适用于白洋淀景区。

（2）通过放活微观实现基层激励

在政府主导的理念下，"放活微观，激励基层"是白洋淀近 30 年旅游管理积累的宝贵经验。这集中体现在景点管理与游船自组织的形成两个方面。

由于政府在前期缺乏投资能力与运营经验，白洋淀现有景点经营模式都是引进社会资本，由私人承包经营，自负盈亏。景点间彼此竞争的加剧和游客需求的提升使得这些景点保持了较高的营销与投资热情。在政府无须追加投资的前提下，白洋淀景点的旅游产品建设与完善亦取得了一定的成绩；在船工管理方面，与其说是管理经验，不如说是"意外收获"。长期以来，政府对于船工的管理主要集中在数量管理、纪律管理和环境卫生管理三个方面，而对船工内部的组织架构、运营安排、分配机制、奖惩制度等并没有做要求与干预。因此，在多年的运营过程中，船工内部形成了一整套兼具效率与公平的自组织体系，对于船工的经营行为起到了良好的规划，甚至是激励的效果。

2. 教训

（1）利益分配首当其冲

利益分配包括外部利益与内部利益的分配。

2007 年"一票制"改革失败的主要原因是因为外部利益分配的不均，此项不赘述，而这还不是故事的全部。此次改革留给安新自己的船工的利益也过少，在"一票制"198 元门票收入当中，留给船工的收入只有区区 20 元，且收入中的 20% 还要上交管委会作为管理费用，实际收入就只有 16 元，远远低于原来"景点＋门票"的制度下的收入。而包船的游览时间增加了 2 小时，票价也只是增加了极少部分。因此，作为白洋淀旅游主要参与者的船工的利益得不到保障，改革也就难以推行。

在笔者调研的过程中，不少船工表态将积极支持政府的一切改革决策，但只有一个要求，即"现有收入不降低"，甚至有些船工愿意再退一步，即只要收入"不要降低太多"，也愿意全力支持改革。由此看来，管理模式的设计的核心实质上就是利益的重新分配，而在这个资源重新配置的过程中，需要重点关注现阶段已经存在的利益链条和网络，任何触动利益的改革，都有可能遇到意想不到的阻力。

（2）游客需求不容忽视

景区管理模式改革的最终目的是要服务于游客，给游客更好的旅游体验。来看矛盾体现较为集中的"一票制"改革。在省信访局协调后的很短一段时间（约一个星期），白洋淀景区内部交通实行了"班船""包船"相结合的双轨运行机制。由于白洋淀景区水域面积大，旅游时间较长，而游客又大多为一家人或与亲朋好友一同出游，所以普遍青睐包船出游，而班船的生意惨淡。而且行驶班船路线的船只都是从原来的船队中临时抽调出来的，没有专门的班船船队组织，且班船制也并非准时准点发船，而是等人上齐了之后才发船，这样的方式已经违背了当初班船制的初衷。改革后的班船既没有包船的私密性，也失去了包船的便利性。因此从游客和船工的供需两方面讲，使用班船的积极性都不高，"一票制"和班船制也就没有有利的内部条件。

从景点管理模式来看，在当前的管理模式下，船工被赋予了过多的自主权力，使得所有的私人景点通过给予船工高额回扣的方式来争抢游客。其结果是景点的盈利能力减弱，进而没有充裕的资金投入到景区的转型升级当中去，游客满意度不高，口碑堪忧，整个景区的旅游人次进入增长瓶颈，最终各方利益都受到了损害。应该从游客体验角度出发，让景点有能力、有意愿打造真正适应游客需求的旅游产品，同时用现代信息化科技畅通信息渠道，让白洋淀所有的旅游消费与交易都能够晒在阳光下，真正让游客开开心心玩、明明白白游。

二、白洋淀景区管理模式分析

（一）白洋淀景区管理模式现状

当前，白洋淀景区管理模式现状可从宏观、中观、微观三个层面进行描述。

1. 宏观层面：机遇与挑战并存

首先，宏观层面包括县以上级别的市旅游局，省旅游局，国家旅游局，环保部门、国土部门、发改部门等对白洋淀景区的形成的行政管理约束，也包括其对雄县、任丘市部分景区的控制情况。这些上级管理部门通过 A 级景区的行政审批权、土地审批权、项目可行性审批权等来对白洋淀景区的管理和运营形成约束和规范。例如，国家旅游局对白洋淀景区的市场乱象的警告及国家环保部因生态环境问题的约谈，都在某种程度上推动了白洋淀景区的改革。2016 年，国家旅游局将保定列为国家级旅游业改革创新先行区，安新县被列为国家首批全域旅游示范区，这些政策的出台将推动白洋淀景区的转型升级。总体来说，宏观层面的管理给白洋淀景区同时带来了机遇与挑战。

2. 中观层面：管理轴心——旅游局与景区管理委员会

中观层面是白洋淀景区的管理轴心，包括安新县委、县政府及各相关部门，通过白洋淀景区管理委员会对白洋淀执行的实际管理。

景区开发管理委员会与安新县旅游局属于一套班子、两块牌子，实行收支两条线制度，主要负责白洋淀景区的公共服务工作，包括：售票（包括入淀费、船票和个体景点门票）、船只调度、码头秩序、旅游咨询、卫生管理、投诉接待工作。同时制定并落实个体景点、旅游住宿、旅游船只、特种旅游项目的设施标准和服务标准。

在景区管理中，相继出台了系列条例办法：《白洋淀景区个体承包经营户文明诚信经营管理暂行办法（试行）》（2012年5月16日提出了对商业门店、旅游船队的"十六分管理制度"，严惩坑宰游客、非法船运等行为）、《关于规范白洋淀旅游秩序提升5A级景区品质的实施方案》《白洋淀农家乐管理规定》《国家5A级旅游景区安新白洋淀旅游景点动态管理办法》等。

安新县旅游局基本情况

安新县旅游局是主管全县旅游的县政府直属事业机构，2009年被批准参照国家公务员法管理，同时挂白洋淀景区开发管理委员会牌子，根据"三定"方案，其机构和人员编制如下：

（一）内设股室5个、下属公司1个

办公室、码头管理股、行业管理股、市场资源开发股、执法经营股、白洋淀景区开发有限公司。

（二）人员编制

1.旅游局机关人员编制18名，其中正、副局长3名，股级职数5名。

2.白洋淀景区开发管理委员会工作人员6名。

（三）目前人员编制情况

旅游局现有工作人员204名，其中：

1.旅游局机关财政全额拨款人员10名。

2.景区管委会财政全额拨款人员6名。

3.景区开发有限公司及事业自收自支人员188名。

白洋淀景区管理委员会简介

为加强对白洋淀旅游业的监督、管理，安新县集中了县旅游局、环保局、财政局、工商局、物价局及公安局等政府部门的管理权，成立了统一的白洋淀景区管理委员会，代表安新县政府负责对白洋淀旅游业的管理工作。管委会主任由县委常委、副县长、农工委书记付建宾担任，常务副主任由旅游局局长担任。

成员单位包括：规划局、工商局、物价局、地税局、公安局、水利局、环保局、行政执法局、交通局、农林局、食药监局、卫生局、安新镇、大王镇、端村镇、赵北口镇、圈头乡等。

管委会下设四个科室：办公室、规划建设科、综合执法科、市场开发科。

一、办公室

（一）负责机关文电及文件起草与审核、会议组织、信息及信息安全、安全保卫、保密、档案管理、信刊收发、信访工作。

（二）负责机关日常工作的协调、督查和后勤服务工作。

（三）负责机关、事业单位的机构编制、人事管理和干部管理工作。

（四）负责财务管理、审计、统计工作；负责国有资产管理工作；负责下属企事业单位的财务指导、监管。

（五）负责旅游信息系统的信息维护管理工作；承担政务公开、信息发布和引导等工作。

二、规划建设科

（一）贯彻执行国家、省、市、县有关规划、国土、建设等方面的法律法规，落实县委、县政府关于景区及大淀观光游建设的规划部署。

（二）负责制定景区及大淀观光游线路的总体规划、详细规划、旅游产业规划的编制、报批、完善和监督指导实施工作；负责景区及大淀观光游线路旅游项目的策划包装、规划审批。负责按照白洋淀连片美丽乡村建设的标准和风格，对大淀观光游主航道沿线村庄视野范围内进行景观打造和民居改造。

（三）负责建立旅游项目库；负责政府投资建设旅游项目的工程预算、手续申报、工程招投标、施工监理、质量监管、督导建设进度、竣工验收、档案管理等工作；负责旅游项目固定资产投资统计和档案管理工作；负责旅游基础设施项目建设，以及旅游项目的监督、管理、协调；负责景区及大淀观光游线路监管设施、安全设施、环卫设施、指示标牌等配套设施建设；负责实施旅游重大建设项目的周围环境绿化、美化和景观化打造；负责景区及大淀观光游线路设施的日常维护。

（四）负责景区及大淀观光游线路内旅游资源的调查鉴定；负责监测、分析和预测产业发展趋势，对产业发展中的重大问题和热点、难点问题进行调查研究，及时提出政策建议。

（五）参与旅游相关产业的开发。

三、综合执法科

（一）负责贯彻落实《旅游法》及5A级景区管理方面的法律、法规和规章制度，并在景区内及大淀观光游沿线进行综合执法。

（二）负责实施上级部门和景区管委会下发的规范性文件；负责会同有关部门做好执法协调宣传工作，确保执法工作落在实处。

（三）负责景区及大淀观光游旅游线路的自然资源保护，对违法、违规建设项目和破坏行为依法进行查处，对擅自改变规划及用地性质，侵犯景区土地的违章建筑，责令限期整改，情节严重的交司法部门处理。

（四）负责依法处理行政处罚案件。

（五）负责辖区内的执勤巡查工作。

（六）负责完成景区管委会交办的其他工作。

四、市场开发科

（一）负责景区旅游及大淀观光游总体形象宣传工作，制订并落实白洋淀详细形象宣传策划方案；负责景区网站的管理、内容更新等工作、负责管理各级新闻媒体对旅游工作的采风、采访、拍摄等工作。

（二）负责研究制定并组织实施白洋淀旅游市场开发总体及年度宣传促销计划，管理全县旅游系统驻外办事机构，不断开拓客源市场。

（三）负责白洋淀旅游宣传品、旅游特色商品设计、开发与生产。

（四）负责培育发展旅游市场，指导与国际国内旅游界的协作与交流，组织并参与国内外各种旅游博览会、交易会和大型促销活动；负责旅游项目招商工作，拟定招商引资的有关规定、方法和措施，建立健全为投资者服务的协调机制，保障旅游项目的顺利落地。

（五）负责调查研究国内外旅游市场动态，提供市场信息服务；负责旅游统计、信息和咨询工作。

（六）协助做好旅游资源的调查和旅游信息系统的维护管理工作。

（七）承办景区管委会交办的其他事项。

3.微观层面

第一，游船的管理模式

目前白洋淀的游船管理，是在政府的监督下，以船工内部关系型治理为主的运营模式。安新县十分重视船工的管理，这又主要体现在数量管理、纪律管理和环境卫生管理三个方面。政府作为最主要的管理者，发挥的是统筹、监督的作用，抓大放小，而各船队内部的收入、出勤均由各船队内部自行安排，这样的安排兼顾了公平和效率，并防止了政府和船工的各种纠纷。政府的管理主要集中于监督引导，是适应了船工组织的发展，而不是从上而下的简单规定，这种政府与船工自组织的合理分工配合，使得目前白洋淀的游船管理高效而有序。

第二，景点的管理模式

白洋淀景区的旅游企业包括荷花大观园、白洋淀文化苑等7个旅游景点，景点由私人承包，独立经营，没有形成统一的规划和管理方法。各个景点的管理方式有所不同，其中，荷花大观园为卓正集团所有的景点，采用了较为现代化的景点管理制度，并有相应的配套营销、宣传、公关团队。余下几个景点则为个人承包，管理方式较为落后、粗放，没有成文的管理办法，更没有形成现代的企业制度。各景点用地情况较为复杂，用地均从相应的村中租借，租期和租金各不相同，且7个景点分属于6个不同的法人主体和5个不同的经营者主体，景点的产权关系也有模糊混乱之处。各景点之间存在着恶性竞争的情况，通过按购票人次给船工回扣的方式争夺入淀游客。景点的各种问题可以说是白洋淀景区目前遇到的重大问题，一系列弊病也给白洋淀的旅游形象带来了负面影响，也为景区的后续开发增加了难度。

第三，美丽乡村及农家乐管理模式

白洋淀片区内共辖51个村，其中安新境内涉及6个乡镇45个村，纯水区村9个，人口8.2万。白洋淀景区范围分布在安新县境内，目前景区范围内的重要村庄节点有王家寨、大张庄、郭里口等村落。

2015年河北省委、省政府提出集中力量打造9个美丽乡村重点片区，白洋淀片区是其中之一。根据美丽乡村建设的具体要求，安新县从民居改造、景观美化和基础服务设施完善等方面，完成了第一批次的9个重点村的详细设计和改造，这为白洋淀乡村旅游的开发奠定了良好的基础，并以此为基础，开发了农家乐旅游。王家寨、大淀头、东淀头、赵庄子、邵庄子、寨南、光淀、大田庄、东田庄9个村也将是未来白洋淀旅游转型发展的重点村落。

关于农家乐管理，安新县在2015年5月制定了《安新县白洋淀农家乐管理规定（试行）》。该规定主要从准入制度、星级评审复核制度、依法缴纳景区有偿使用费制度三个方面对各村的农家乐进行管理监督。

白洋淀农家乐准入标准

根据《河北旅游条例》《河北省乡村旅游服务质量标准》（DB13/T 1009—2009）标准要求，结合白洋淀农家乐实际，制定本标准。

一、资格条件

（一）符合白洋淀景区、国土资源、规划、环保、水利、湿地、安全生产等法律法规要求。

（二）具备下列有效证件：1.农家乐准入证或资源有偿使用证；2.餐饮服务许可证；3.公共场所卫生许可证；4.从业人员健康证；5.工商营业执照；6.税务登记证；7.污水处理达标排放；8.其他需要行政许可的相关证照。

二、生态环境

（一）农家乐建筑具有白洋淀地方建筑风格。淀区原有农家乐要突出淀区传统建筑风貌和水乡民俗风情特点，以青砖和芦苇作为主要建筑材料；新建农家乐以新型节能建材为主要建筑材料。依据规划和改造分类要求，农家乐在改造过程中屋顶改造可改为全坡顶，选用陶土瓦、水泥瓦；立面改造坚持修旧如旧原则，以灰白色调为主；围墙改造可采用铺贴檐角、花格墙的方式进行，颜色以白色等浅色调为主，局部配以深色配饰；装饰可采用本地苇席或苇箔作为主要装饰材料，用于遮阳或墙体装饰。

（二）农家乐生活饮用水水质卫生符合 GB 5749（生活饮用水卫生标准）的基本要求：生活饮用水中不含病原微生物；不含危害人体健康的化学物质；感官性状良好，保证饮用安全。

（三）农家乐所产生的废水必须处理达标且不直排入淀。餐饮油烟排放符合 GB 18483—2001（饮食业油烟排放标准）的规定，安装油烟净化装置。

（四）农家乐区域内生态环境良好，具有浓郁的乡村风情，天然植被、绿地（含水面）面积不小于区域面积的70%，区域内周围500米范围内无污染源，有足够面积的绿化区域，布局合理、环境优美。

（五）农家乐开发能保护当地特色自然资源、植被、土壤和环境条件。

（六）农家乐开发要保护当地的历史古迹、文物和特色建筑物。

（七）农家乐开发能保护当地的文化特色和传统民俗。活动项目坚持环保原则，以不破坏生态环境为前提。

三、通信设施

（一）农家乐出入口和游客集中场所有固定电话。

（二）无线通信网覆盖完全，信号良好。

四、公共设施

（一）农家乐的主体建筑和配套设施建设具有地方特色，其建筑形式、色彩等与周围环境相协调。

（二）农家乐的各类标识美观醒目，文字准确规范。图形符号符合国家旅游标志用公共信息图形符号要求，位置合理，数量充足。

五、卫生管理

（一）农家乐的环境卫生符合国家、地方政府的相关卫生法律、法规和规章。

（二）农家乐的公共场所无污水、污物，无乱建、乱堆、乱放现象。墙壁、隔板、门窗等清洁，无霉斑、无脱落、无刻画。

（三）农家乐内的旅游厕所，其数量、分布能与游客接待量相适应，做到干净、无污垢、无异味。公用卫生设施采用水冲式，男、女卫生间分设，卫生间标志明显且有防滑设施。设施与卫生至少达到国家旅游厕所质量等级的划分与评定一星级的要求。废水经处理达标排放。

（四）农家乐内设置有足够的垃圾桶（箱），布局合理，标识明确。垃圾桶（箱）体完好、表面干净无污渍，能及时处理桶内垃圾。

六、住宿设施

（一）农家乐住宿设施实行挂牌管理，每户最低不少于4张床位。客房配备冷暖设备或换气装置。室内设施齐备，通风良好，照明充足。有淋浴设施，定时提供热水。住宿场所卫生应符合GB 9663—1996《旅店业卫生标准》的规定。

（二）农家乐入住登记制度健全，服务项目明确，价格合理，服务人员工装整洁，态度热情，具备基本服务技能。

（三）农家乐客房用品用具配备齐全，床单、被罩、枕巾一客一换。提供的饮用水应符合GB 5749—2006《生活饮用水卫生标准》的规定。

（四）农家乐公用卫生设施采用水冲式，男、女卫生间分设，卫生间标志明显且有防滑设施。设施与卫生至少达到GB/T 18973—2003《旅游厕所质量等级的划分与评定》一星级的要求。

七、餐饮设施

（一）农家乐餐饮卫生环境符合GB 16153—1996《饭馆（餐厅）卫生标准》的规定及卫生部《餐饮业和集体用餐配送单位卫生规范》（卫监督发〔2005〕260号）的要求。

（二）农家乐餐饮设施建设能与农家乐的整体环境相协调。

（三）农家乐餐饮服务设施与接待游客数量相适应，能提供当地特色菜肴，且品种丰富，特色鲜明。

（四）农家乐餐饮设施设备完好，有完善的防蝇、防尘、防鼠及污水处理设施。餐（饮）具配套并符合卫生要求，有消毒专用设备。

（五）农家乐餐饮厨房工作人员和服务人员持有食药监部门核发的《健康证》，工装整洁，具备基本服务技能。

（六）农家乐食品卫生管理制度健全，配有食品卫生管理人员，进行经常性食品卫生检查。

八、安全管理

（一）建立健全安全管理制度，各岗位安全职责明确并切实可行。建立安全巡查制度，定期进行安全巡查。

（二）有相应的消防、防盗、救护等设备且完好有效。安全人员经过培训，具有应对紧急情况的基本知识与技能。

（三）配备相应的医疗设施与医务人员和常用药品。

（四）危险地段标志明显，防护设施齐备有效。

（五）实行住宿游客登记制度，游客凭身份证件登记制度。

（六）制定游客安全事故及突发事故应急预案并定期组织演练。

（七）备有紧急疏散通道。

九、购物与特色活动

（一）旅游购物摊点布局合理，证照齐全，管理有序。能提供旅行日常用品、旅游纪念品、土特产品的销售服务。旅游商品有本地区特色，无假冒伪劣商品，不欺客宰客。

（二）农家乐能提供具有当地特色的活动项目，能充分体现当地农业和农村民俗特点，游客参与性强。旅游活动项目区域具有充足的活动空间，功能完善。活动项目布局合理，表演、体验等活动能有机结合，协调统一。

十、服务质量

（一）严格按国家有关法律、法规和《白洋淀景区总体规划》有关规定开展经营活动。

（二）明确管理机构、经营范围和经营方式，服务项目明码标价，并在醒目位置公示举报电话。

（三）建立卫生、安全等管理制度，并有专人负责检查监督。

（四）提供消费正式票据，使用计量器具准确可靠。

（五）建立健全岗位责任制度，服务规范。

（六）从业人员遵纪守法，遵循职业道德，诚实守信，经培训并考核合格；定期进行健康检查，标志佩戴规范，注意仪容仪表，使用礼貌用语。

2015 年 5 月 20 日

第四，游客管理模式

进入白洋淀景区的游客主要通过票价机制来引导。

白洋淀景区目前实行"入淀费 + 包船票 + 个体景点票"的票制模式，其中入淀费 40 元 / 人 + 船票（以包船付费形式，票价依船型不同而不等），在游客中心的售票大厅设有 11 个售票窗口，每一个窗口售卖景区入淀费和船票，同时不同的窗口售卖不同的景点票且只售卖这一种景点票（据船工和售票窗口显示），如需在大厅购买其他的景点票，还需要到其他的窗口进行排队购票。这一售票模式增加了游客购票的时间成本，使得游客在购票阶段便产生了烦琐和不便的体验。

目前，游客中心的旅游码头是游客入淀的唯一入口，码头设立有不同的船只停泊点，不同的停泊点对应不同的船只类型，游客根据自己选择的船只类型从对应的停泊点上船入淀。

在对旅游码头的管理中，管委会对船工有着严格的限制，船工只能在停泊点的船上停靠，不允许在工作时间离船上岸，这就防止了船工上岸私拉游客的现象发生。同时，管委会对于船工私拉游客拥有严格的惩罚制度，如发现一人，则惩罚全队不得开船。

游客上船之后，船工扮演了"司机"和导游的双重身份。由于游览时间有限，景点之间存在互相竞争的情况，景点往往通过给予船工高额回扣的方式，来争夺游客。同时从不同景点的产品来看，对于整个白洋淀景区来讲，各景点之间又形成了互补的结构，丰富了白洋淀景区的产品体系；船工队伍内部实行自组织管理，外部接受管委会的监督管理，缴纳一定比例的船费作为管理费，同时作为个体景点的上游组织，向各景点输送游客，拥有向游客二次推介景点的机会，并就此向各景点收取一定比例的门票抽成作为推介回扣费。

（二）管理模式现状总结

对以上三个层面的管理现状进行总结，白洋淀当前的管理模式可描述为"N+1+4"。

"N"体现为国家、省、市、县一级对白洋淀景区管理委员会的各项管理职能。这些管理部门一方面对白洋淀景区进行上位监管，另一方面也为其提供政策扶持和资金支持。

"1"为安新县旅游局（白洋淀景区管理委员会），对白洋淀景区执行直接管辖，负责统筹管理白洋淀景区的运营秩序，公共服务建设，并在服务标准方面对景点、船工、农家乐进行监督和管理。

"4"为分别对船队、景点、村庄、游客的管理。（具体见各专题报告内容）

三、利益相关群体分析

基于当前的管理模式，白洋淀景区形成了一个较为完整的管理体系，牵涉了很多相关群体的责任、权力和利益。旅游业的利益相关群体，是指任何能够影响旅游开发目标并被该目标影响的群体或个人。白洋淀景区的主要利益相关群体包括：各级政府、景点、农村（社区）、旅游者、船工与非船工村民。

在当前的白洋淀旅游业发展中，主要的利益相关群体出于各自的利益取向，面临不尽相同的困难，借助自身优势，通过不同形式从事或参与旅游业，并形成了相互依存、紧密互动的关系。这些关系都是在利益相关者的博弈中形成的，而正是这个博弈的过程，提供了白洋淀景区管理模式演变的内在动力。因此，对主要利益相关群体的关系进行分析，对于识别白洋淀景区管理模式的内在动力机制，有着重大意义。

（一）政府与农村
——确保更多村民获益的政府管理模式仍待探索

村民需要政府及管委会以各种优惠措施为其从事旅游业提供便利，同时以强有力的措施保障他们对旅游收益的分享；另外，政府主导的旅游开发也离不开社区居民的响应与支持，景区管委会牵头编制的旅游规划，只有在社区居民的积极配合下才能得以顺利实施。特别值得注意的是，白洋淀旅游开发利益链条的重要一环——船工全部由当地村民组成，在推进白洋淀景区体制改革的过程中，船工的利益分配格局将起到至关重要的作用。在访谈的过程中，绝大多数船工都对改革表示了支持，表态无论改革的方向和方法如何，只要能够保证现有收入水平不下降，就全力支持政府的改革措施。因此，本环节的利益分配设计与测算，显得尤为重要。

旅游业是白洋淀区的村庄的主要依托产业。然而，在白洋淀的景区开发与管理中，管委会拥有绝对的主导权，社区居民处于相对被动而从属的地位。随着美丽乡村建设事业的推进，越来越多的农村社区居民将享受到旅游开发的果实，成为白洋淀旅游业不可或缺的一部分。然而，由于白洋淀是一个开放型的景区，白洋淀水域生态与村落村民有机地结合在一起。进入现代社会，村落村民的传统生产和生活方式发生了很大的改变，村民倾倒污水、白色塑料垃圾的行为对湿地生态环境的影响变得日益突出，这些因素使得引导村民参与旅游经营存在较大难度。因此，需要设计出一套能够最大限度调动农村社区参与积极性的管理机制，来确保扶贫攻坚目标的实现。

白洋淀连片美丽乡村建设涉及淀区内及周边的6个乡镇45个村，3.1万户，8.2万。可以说，这45个村的环境就是白洋淀景区的环境。当地以大淀观光游沿线经过的9个村为突破口，按照"一村一景"进行统一规划，集中治理，率先将其打造成精品旅游村，然后再向其他村推广。以9个精品旅游村之一的王家寨村为例，其整治已初显成果，不少居民已通过经营农家乐脱贫致富。

（二）农村与景点
——二者的竞争与互补为旅游产品的转型升级提供主要动力

现有的七大景点客观上为当地社区居民提供了就业机会以及直接获益的渠道，并为区域经济的发展注入了动力。然而，景区的经营者归根结底是追逐利益的生意人，其经营活动必然以实现利润最大化为目标，而不会充分考虑当地居民的利益，且双方在资源占有状况和经济地位方面极不相称。当地居民虽然也从旅游开发中获利，但同时也是旅游负面影响最直接的承受者，不利于社区经济的全面提升。

美丽乡村建设使得乡村有可能成为未来的景点。久居白洋淀的村民熟知当地环境，其身上浓缩着淀区深厚的民俗文化，这些都无疑可以使生态旅游产品更具原汁原味的地方特色，应当设计管理模式，将村庄当作景点来打造，将美丽乡村纳入到白洋淀核心的旅游产品体系当中来。优质的旅游带动美丽乡村不仅将和现有景点形成良好的互动，还能在很大程度上改善白洋淀景区旅游活动空间有限的问题，使得"一日游"向着"两日游"，甚至"多日游"的方向转型，这对白洋淀景区的旅游产品从观光走向休闲度假有着极为重要的战略意义。

无论是安新、雄县，还是任丘，其船工全部来自白洋淀淀区及周边的村民。私人负责营运的景区目前以给予船工高额回扣的方式来争抢游客，这种方式从长期来看是不可持续的，但从短期来看，也有其积极的方面。一方面，高额回扣刺激了船工的工作热情，形成了船工队伍内部一种微妙的竞争关系。一些船工在接受访谈的时候表示，正是由于回扣的存在，才使得他们对提高服务质量引起了重视；另一方面，目前船工收入的一半以上来源于回扣，经过数十年的外部与内部博弈，已经形成了一个较为稳定的利益分配格局，目前船工所得虽因船种不同而有所差异，但实际上收入也并不十分可观。从某种程度上说，所谓的"高额回扣"，仅仅是补贴了船工的基本收入。未来的管理机制设计，要考虑到现有体制的优点，同时要借助适当的如信息化等现代技术，形成良性的、更加透明的收入分配机制。

（三）政府与景点

——政府需要调整管理模式，实现对景点更有效的监管与调控

在中国，大部分自然资源丰富而保存完好的旅游地都处于经济欠发达的地区。白洋淀地区也不例外，政府无力全部承担大量的旅游开发资金，不得不需要吸引投资商来完成。目前白洋淀景区中的各大景点均是由区外的旅游开发商投资兴建的。然而政府和旅游企业在发展目标上存在较大分歧：政府在旅游业中起到的是一种宏观调控的作用，因此，在发展旅游的同时必须考虑到当地社会、经济、文化和环境全面协调的发展；而旅游企业的经营者则以实现利润最大化为目标，对湿地资源和当地环境的保护以及社区居民生计的维系缺乏责任感。因而，白洋淀的景区管委会在为引进资金而对旅游投资、经营商大开绿灯、提供各种优惠政策的同时，还要加强对其行为的引导、监管，以防止旅游开发与资源保护、社区发展之间出现尖锐矛盾。

目前的白洋淀景点存在规划设计不合理、旅游项目建设粗糙、文化内涵表现不突出，还存在系列旅游项目违规用地的问题，这些问题的出现都意味着政府这只"看得见的手"需要在未来的景区管理中发挥更重要的作用。

（四）游客与农村

——最大限度发挥游客与村民的主观能动性，关注二者互动所产生的信息

白洋淀景区的农村及村民一方面是白洋淀景区旅游吸引物的重要部分；另一方面，他们也是景区的实际经营者，是旅游产品的提供者。在调研的过程中，村民（尤其是船工）反馈了非常多宝贵的旅游产品改良方案，如游客希望在船上多停留一会儿，并体验捕鱼的快乐，而不是上传统的景点进行游览。可以说，游客与社区互动的过程，可能是白洋淀旅游产品中最令人兴奋的部分。在这个互动的过程中所提炼出来的信息，往往就是管理者需要重点关注的改进方向。目前需要通过用户反馈平台的设立，或借助互联网、移动互联网等媒介，真正实现信息在上传下达过程中的通畅。

当乡村更多地承担起了景点的功能，村民也就自然而然地成为白洋淀景区的一部分。村民的言行举止，都应符合国家一流景区的规范要求。因此，需要通过系统而精心设计的培训，让村民们愿意并有能力参与到旅游经营中来，让他们明白，不论是安新的美丽乡村建设，还是白洋淀的景区建设，最终都是为村民而建。也要加强旅游技能培训，让村民在具备基本接待技能的基础上，还能向游客讲述白洋淀的故事，传递白洋淀的精神。毕竟，这一个个土生土长的白洋淀人，才是白洋淀文化的最好载体。

（五）游客与景点

——通过调整票价机制来满足游客体验需求

当前安新白洋淀景区的票制实行"入淀费＋景点门票＋船票"的较为复杂的票制形式，游客要进入景区内的某个景点游览，需要在游客服务大厅购买40元的入淀费，景点的门票以及包船的船票。网络调研显示，许多游客对这一设计怨声载道，感觉"还没开始游览就要收钱"，这表明，过时的管理模式和游客不断上升的体验需求之间存在着矛盾。

目前，白洋淀景区的七大景点是传统意义上白洋淀景区的核心吸引物与主要组成部分。他们通过各自售票的方式来获取利润，并通过既有利润的分配，如给予船工一部分的回扣，来抢夺游客。通过调研，我们可以发现在这二者之前，实际存在着一层不可忽略的矛盾，即游客日益上升的旅游需求与景区产品开发水平之间的矛盾。当前的旅游景区停留在一个低质阶段，并陷入了一场低收入—低投资—低改进—低回报的恶性循环。新的管理模式，需要集中关注游客需求，让景点围绕游客体验价值提升的核心目标来打造，并引导其走出低循环怪圈，营造一个良性循环的发展环境。

（六）各级政府之间

——"两市三县"的地缘格局下，大白洋淀景区应从"消极竞争"走向"主动合作"

白洋淀地跨两市三县（市），是一个多行政区管辖的旅游区，同时各地旅游开发

管理，涉及旅游、水务、建设、环保、交通等部门，这种行政管理重叠、部门职责交叉、政出多门的管理模式，容易造成整体利益与局部利益，长远利益与近期利益，经济利益与社会、生态效益等多种矛盾，导致产业发展投资浪费，重复开发以及私拉游客等行为时有发生，特别是至今雄县和任丘还没有实现对船工的有效管理，私拉游客、欺客宰客的事情时有发生，而直接影响和损失的却是安新白洋淀的声誉。基于此，应当有一个省级的上位组织或机构对白洋淀这个开放式的景区进行管理协调。

国家旅游局对白洋淀管理体制的影响也不容忽视。2015 年 4 月 2 日，国家旅游局通报旅游市场秩序专项整治行动的第一阶段情况，对全国 10 家 5A 级旅游景区进行警告或严重警告，要求限期整改。其中，河北省安新白洋淀景区被列在警告名单的第一位，出现在全国众多媒体报道中，造成了极大社会影响。安新白洋淀景区被警告，一方面是淡季管理出了问题——"在淡季里管理混乱，甚至无人值守，游览、设施等方面存在较多问题，按照国家 5A 级标准体系检查衡量，该景区差距明显，需要整改提升"；另一方面，是现有的"园中园、票中票"的票价机制不符合国家旅游局对 5A 级景区的要求。对此，河北省旅游局第一时间成立了白洋淀景区整改工作小组，与保定市旅游局、安新白洋淀景区管委会进行沟通，查找问题根源，督导制订整改方案。经过各方面艰苦努力，整改工作在短时间内取得了实效。

四、改革方向

（一）制度创新——政府主导全局化

采取政府、龙头企业、金融机构、村级旅游合作社、农户五体互动的模式，按照政府主导、兼顾各方，创新产品、保留优势，公司运营、产业惠民，灵活推进、分步实施的原则，打造白洋淀旅游航母。安新县委、县政府现已成立了安新县旅游发展领导小组，对白洋淀旅游产业重新进行战略定位，统筹协调，力求在白洋淀景区管理体制机制上取得突破。

一是探索景区管理新机制，购置新型环保游船，收购并逐步淘汰现有游船，组建由政府控股的游船服务公司，实行班船运行新模式。主要采取三种方式，一是大环保船进行股份制改造或按运输量分成，编队进入班船序列。二是大、小游艇按照个人自愿前提下政府买断、按照证照编队进入公司、政府租赁方式股份改造三种方式进行整合。在此基础上，继续鼓励自组织形式的管理模式。三是木船在现有方式上提高船价，鼓励发展。以行政、经济、法律的手段进一步整合现有景点及旅游资源，成立政府控股旅游公司，推行"一票制"，淡化景点功能，重点突出白洋淀秀美自然风光和深厚文化底蕴，进一步完善公共服务设施，提升管理服务水平。

二是依托连片美丽乡村建设，深挖本地特色的乡土文化，大力发展民俗游、文化游，推出"梦中水乡浪漫之旅——大淀观光游"等能够充分展示白洋淀生态、革命、历史、民俗和餐饮特色文化底蕴，发挥自然资源与文化资源优势的全新白洋淀旅游产品。逐步淡化旅游景点功能，延伸旅游产业链条。让游客充分领略白洋淀原生态景观，享受高品质休闲游，彻底改变以一日游为主的白洋淀旅游格局。在大淀观光游线路上的重点村分别成立村级旅游合作社，按照各具特色、分类打造的原则，统一管理标准，统一分配客源。同时每个重点村划定基本区域作为农家乐游客体验生态文化的场地，基本区域不纳入景区收费范围，为农家乐发展留足空间。

（二）产品升级——旅游产品全域化

一是推出大淀观光游产品，线路初步定为码头—大观园—王家寨—赵庄子—邵庄子—光淀—寨南—大淀头—东淀头—文化苑—码头，线路形成闭合环线，在王家寨、赵庄子、邵庄子、大淀头、东淀头等重要节点聚集各项旅游要素，按照5A级景区标准进行深度打造。二是整合景点游产品，线路为码头—文化苑—大观园—西南四岛（休闲岛、欢乐岛、鸳鸯岛、水上乐园）—码头，景点游线路整合红色因素、文化因素、精品荷花因素，形成充分保留原有优势的旅游产品。两个旅游产品在线路上主要实行双向对开的班船制，在价格上按照已审批的门票价格，采取"统一门票＋不同船费"的模式，实行一票制。三是集中优势资源，整合邻近精品村庄，通过"空间互换、产业互融、访客共享"来打造1～2个主题突出，特色鲜明的旅游风情小镇，作为景区旅游增长的新引擎。

（三）技术改造——管理系统信息化

"管理规范、服务高效的智慧景区"是安新白洋淀景区建设的重要目标。要利用云计算、物联网等新技术，通过互联网、无线网络，借助便携的终端设备，实现各类旅游信息的自动感知、实时传送和挖掘处理，提升游客在食、住、行、游、购、娱等旅游活动中的自主性、互动性，为游客带来超出预期的旅游体验和无处不在的旅游服务，实现旅游管理数字化、旅游服务信息化和旅游体验个性化。从白洋淀景区发展全局的角度看，迫切需要建立统一的标准规范、基础的公共平台、感知网络体系和统一的服务门户，为保护区旅游提供公共的技术支撑，进而实现信息化旅游相关信息和应用的互联互通，为5A级景区提供快捷、多元、高效的"信息化保护"。包含三大体系：

旅游公共服务体系：旅游公共服务体系以满足游客需求、提升旅游体验为目标，为游客提供旅前的旅游资讯、旅游产品推荐、旅游产品优惠促销活动、旅游行程规划、门票酒店预订、景区导游导览、虚拟旅游、旅游地图服务和导航、互动评论等贯穿旅客旅行全过程的一体化的优质的旅游公共服务。

旅游管理体系：旅游管理体系建设包括智慧旅游协同办公审批和大数据统计分析系统。智慧旅游协同办公审批主要是使县旅游行业主管部门、旅游景区/旅游企业二级旅游部门办公系统互联互通，共享业务信息，实现从业务办公到公文编制、报送、审批等无纸化办公。

旅游营销宣传体系：通过电子商务平台、旅游营销平台、微博营销、微信营销、论坛营销等多种新媒体营销手段，使在线营销成为旅游营销的重要手段，在线营销预算纳入各级旅游目的地的营销预算；在线预订成为旅游者出行的主要消费方式，旅游在线预订的用户形成一定规模，旅游电子商务市场秩序规范；旅游电子商务实现交易流程规范化和电子合同标准化，数字签证认证手段在有条件的区域和旅游服务企业中得到有效推广。

通过以上三大体系的建设，可提升白洋淀旅游管理效率和游客体验，使目的地旅游管理智能化，能够感知游客需求，并能对游客的需求做出交互式响应，为游客提供随时随地的在线旅游产品的预订和支付，最终实现保护区旅游业快速、健康、可持续性发展，为广大游客提供更加满意的旅游服务。

（四）合力共建——协调机制常态化

白洋淀景区是一个多行政区管辖的旅游区，在旅游业发展上具有相互影响、相互制约、相互依赖、不可分割的特点。应以白洋淀旅游协调小组为单位，分为三个层次，如图1所示：

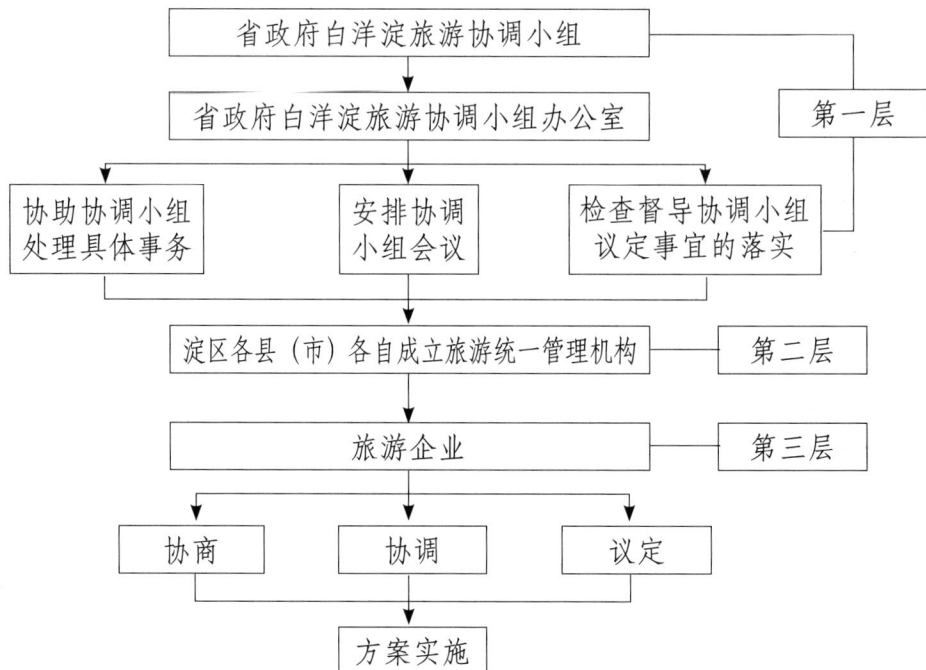

图1 白洋淀旅游协调机制

第一层次：河北省政府白洋淀旅游协调小组，小组的任务为协调解决白洋淀旅游发展的重大事宜。省政府白洋淀旅游协调小组下设办公室，办公室的职责：一是协助协调小组处理具体事务；二是准备安排协调小组会议；三是检查督导协调小组议定事项的落实。

第二层次：淀区各县（市）各自成立旅游统一管理机构，在省政府白洋淀旅游协调小组的领导下，建立相应的区域协调机制，定期协商解决旅游资源开发和景区管理方面的重大问题，维护白洋淀资源的完整性和发展的整体利益。

第三层次：旅游企业。淀区的各类旅游企业负责具体实施本企业经营范围内的各项任务。白洋淀旅游管理的机制采取协商协调机制。由省政府白洋淀旅游协调小组牵头，定期或不定期汇集淀区各县（市）旅游工作方面的重大事宜，通过协商、协调，议定解决方案，然后分级分头实施。

安新县应积极与雄县、任丘旅游市场对接，在保障基本收入不降低的前提下，与当地政府进行谈判。在安新县境内设立功能完备的接待站，作为周边县市与安新县旅游的对接通道。积极与国家、省、市相关部门进行沟通协调，阐明白洋淀旅游发展战略的必要性、领先性和创新性，争取上级部门的理解、支持。

五、小结

安新县提出，要把白洋淀建设成"天蓝水碧、苇绿荷红的生态景区；环境良好、诚信友善的文明景区；安全便捷、秩序井然的平安景区；管理规范、服务高效的智慧景区，人与自然、旅游产业与生态保护共同发展的和谐景区"。要实现这一目标，体制改革是关键，产品升级是基础，技术改造是动力，合力共建是保障。

1988 年，白洋淀地区的旅游业开始萌芽，纯朴的村民们划着自家的小船零散地接待着游客，来自八方的游人随心地徜徉在美丽的华北明珠，享受着这份自然的馈赠。没有繁冗的购票程序，没有钩心斗角的回扣争利，只有纯粹的旅游体验——这也许是白洋淀"全域旅游"的最初模样。28 年后，值安新县被确定为国家首批全域旅游示范区之际，白洋淀景区的"全域"升级，其时已到，其势已成。一场新的"全域旅游"改革正在拉开序幕，一个崭新的白洋淀，即将展示在全世界人民的面前。

第三部分　重点建设方案

重点建设方案一：美丽蜕变，华丽转身
——记白洋淀地区美丽乡村规划建设

一、乡建时代的全面来临

（一）美丽乡村建设迎来重大发展机遇

党的十八大首次把生态文明纳入党和国家现代化建设"五位一体"总体布局，提出要把生态文明建设放在突出位置，努力建设美丽中国，实现中华民族永续发展。习近平总书记强调："中国要强，农业必须强；中国要美，农村必须美；中国要富，农民必须富。"这一重要论述，彰显了解决好"三农"问题对实现"两个一百年"奋斗目标和中华民族伟大复兴中国梦的重要意义，体现了中央解决好"三农"问题的坚定决心和坚强意志。

2015年1月1日，中共中央、国务院印发《关于加大改革创新力度 加快农业现代化建设的若干意见》，这是中央一号文件连续12年聚焦"三农"问题，显示了党中央和国务院对农村、农业和农民问题持续而高度的重视。该意见明确要求："鼓励各地从实际出发开展美丽乡村创建示范。有序推进村庄整治，切实防止违背农民意愿大规模撤并村庄、大拆大建。"

2015年10月26日～29日召开的党的十八届五中全会审议通过了"十三五"规划建议，提出了"创新、协调、绿色、开放、共享"五大新发展理念，为我国全面建成小康社会开启了新的征程。11月10日，习近平总书记在中央财经领导小组第十一次会议上首次提出，要"在适度扩大总需求的同时，着力加强供给侧结构性改革"。鼓励支持地方和企业加大宽带乡村、中小城市信息基础设施、民用空间基础设施等建设力度，推动旅游景区基础设施建设，发展乡村旅游、红色旅游、生态旅游、研学旅行，拓展"老幼"两端消费。

农业部组织开展"美丽乡村"创建活动，明确了"美丽乡村"创建的目标要求：以科学发展观为指导，以促进农业生产发展、人居环境改善、生态文化传承、文明新风培育为目标，从全面、协调、可持续发展的角度，构建科学、量化的评价目标体系，加快我国农业农村生态文明建设进程。提出了把握"美丽乡村"创建的基本原则：以人为本，强化主体；生态优先，科学发展；规划先行，因地制宜；典型引路，整体推进。制定了《农业部"美丽乡村"创建目标体系（试行）》，包括产业发展、生活舒适、民生和谐、文化传承、支撑保障五个方面二十项内容。

2015 年 5 月 27 日，国家质检总局、国家标准化管理委员会批准并公布了《美丽乡村建设指南》国家标准，该标准在村庄规划、村庄建设、生态环境、经济发展、公共服务、乡风文明、基层组织、长效管理等方面做出了规定，并规定了 21 项量化指标，标准已于 2015 年 6 月 1 日起实施。明确规定美丽乡村建设要遵循"政府引导、村民主体、以人为本、因地制宜、规划先行、统筹兼顾、民主规范"的总体要求，按照"因地制宜、村民参与、合理布局、节约用地"基本原则开展村庄规划。提出要坚持以需求和问题为导向，强化规划引领，做好统筹和顶层设计。

2016 年 1 月，中共中央印发的《关于落实发展新理念 加快农业现代化 实现全面小康目标的若干意见》（以下简称《意见》）首次明确提出，大力发展休闲农业和乡村旅游，作为推进农村产业融合，促进农民收入持续较快增长的新兴支柱产业。将乡村旅游提高到解决"三农"问题、发展农业产业和乡村新型城镇化的一个重要抓手，为乡村旅游发展、美丽乡村建设描绘了蓝图，明确了战略发展定位、政策扶持方式、产业发展路径、用地解决方式等，这是一个历史性跨越。《意见》提出要在依托绿水青山、田园风光、乡土文化等资源的基础上，大力发展休闲度假、旅游观光、养生养老、创意农业、农耕体验、乡村手工艺等多类型的旅游休闲产品。同时强化规划引导，从顶层设计上实现乡村旅游发展的科学化和规范性，规避目前乡村旅游发展的一些问题。以产业为本推进三产融合，以平台为路径推进政企农参与，以创新为动力保护与振兴中国传统手工艺，以落地为保障通过灵活的土地政策盘活农村闲置房屋、集体建设用地、"四荒地"、可用林场和水面等资产资源发展休闲农业和乡村旅游。

（二）河北省美丽乡村建设进入新阶段

2013 年，河北省委、省政府为全面贯彻落实党的十八大精神，针对当地发展的实际需求，决定用三年时间，对全省近 5 万个行政村进行配套改造、整体提升，即展开"农村面貌改造提升行动"。力求通过本次行动，不仅提高农民收入，而且改善农民生活质量、改善农民生产生活条件。实施本次行动，面向的是河北省全面建成小康社会的迫切要求和全省千百万农民革新生活、改善民生的强烈愿望；实施本次行动，不但是改善发展环境和生态环境的重大举措，也是统筹城乡发展、扩大内需的重要途径。

作为从民生问题出发的一次行动，河北省委、省政府在实施意见中明确要求，以提升农民生活品质为目标，大力实施"环境整治、民居改造、设施配套、服务提升、生态建设"五大工程，保持田园风光，增加现代设施，绿化村落庭院，传承优秀文化，加快打造"环境整洁、设施配套、田园风光、舒适宜居"的现代农村。围绕五大工程，具体部署了相关的规划建设工作，包括：指导农村面貌改造提升规划设计、推进农村危房改造、引导现有住宅改造提升、加强传统村落保护和特色村落建设、推行城乡一体化垃圾处理等，促进全省农村实现配套改造、整体提升，完成"打造环境整洁、设施配套、田园风光、舒适宜居的现代农村"的行动目标。

2015 年 10 月，河北省委、省政府召开了全省连片美丽乡村建设现场观摩会。会议明确了新标准，大力推进"四化四美"：推进城乡等值化，做到环境美；推进农业现代化，做到产业美；推进社会治理和谐化，做到精神美；推进生产生活绿色化，做到生态美。进一步做出深入实施民居改造、安全饮水、行政村街道硬化、无害化卫生厕所改造、"三清一拆"和垃圾治理、污水治理、绿化、特色富民产业、电商服务网点建设、清洁能源利用、乡村文化建设、基层组织建设等 12 个专项行动的工作指示。提出在景区周边、城市周边、环首都周边打造 100 个左右片区、新建 200 个左右中心村、打造 300 个左右旅游专业村、建成 4000 个重点村的工作目标。

（三）白洋淀地区高标准打造美丽乡村示范区

白洋淀是京津周边最大的生态湿地，是我国北方极具稀缺性和典型性的自然湿地，也是华北平原最大的淡水湖泊，总面积 366 平方公里，其中安新境内水域面积 312 平方公里，约占白洋淀总面积的 85%，故人们普遍将白洋淀和安新县并称。淀泊星罗棋布，沟壕纵横交错，风景独特，物产丰富，素有"华北明珠""北国江南"之称，是我国首批 5A 级旅游景区。

习近平总书记在"四个全面"论述中，明确提出到 2020 年要实现全面建成小康社会的宏伟目标。党的十八大专章论述生态文明，首次提出"推进绿色发展、循环发展、低碳发展"和"建设美丽中国"。这既是中央的一个重大工作部署，又是关系人民福祉的大事。建设美丽乡村，是建设美丽中国的重要内容和组成部分，没有美丽的乡村，就没有美丽的中国。2015 年 2 月 26 日召开的京津冀协同发展座谈会上，习近平总书记两次提到白洋淀，体现了对白洋淀发展的高度关注与厚爱。

为贯彻落实中央精神，从 2013 年开始在全省广大农村开展了农村面貌改造提升行动，将利用 3 年的时间建成 5 万个美丽乡村，彻底改变农村落后面貌，让农民过上更加幸福的小康生活。2014 年 4 月 1 日河北省委、省政府主要领导就白洋淀生态环境保护治理工作到安新县作专题调研。就加强白洋淀保护治理，建设美丽河北，打造"首都环境护城河"，提出了"引、控、管"三项具体要求。

为贯彻落实省委决策部署，省委副书记赵勇自 2014 年 7 月至今，多次到安新调研、召开专题会议，明确提出"要高质量推进环白洋淀连片美丽乡村示范区建设"，要求将白洋淀打造成"天蓝水清、苇绿荷红、村美人幸福的秀美大景区"，打造成河北省第一个国家生态公园和环京津冀生态涵养区。在 2015 年河北省农村面貌改造提升行动重点片区建设动员会上，省委、省政府提出集中力量打造 9 个美丽乡村重点片区。

白洋淀片区内共辖 51 个村，其中安新县涉及 6 个乡镇 45 个村，人口 8.2 万，区域面积 314 平方公里。主要任务是抓好 45 个村的垃圾处理、污水处理、民宿改造、村庄绿化、环境美化等 15 件实事，努力完成将白洋淀打造成"天蓝水清、苇绿荷红、村美人幸福的秀美大景区"的总体目标，使广大人民群众实现经济、生活富足的小康生活。

二、白洋淀地区美丽乡村建设总体思路

2015 年以来，安新县上下认真贯彻落实河北省、保定市领导系列讲话精神，坚持将白洋淀连片美丽乡村建设作为全县一号工程来抓，县委、县政府多次召开指挥部（扩大）会、常委会、党政联席会、现场办公会，举全县之力，集全民之智，按照"八抓"思路（即强化宣传抓认识、提高站位抓规划、全面动员抓发动、面向市场抓资金、科学安排抓统筹、示范引导抓推进、点面结合抓提升、强化督导抓考核），科学谋划，统筹协调，强力推进，美好蓝图正在成为现实。

（一）搞好科学谋划

制定了《白洋淀生态环境保护及环境提升三年行动方案》，谋划了淀区清障、村庄改造、船只整治、淀区清网等十大系列工程，深入开展了白洋淀环境卫生整治攻坚月行动和水区村环境整治大会战活动。

（二）明确工作目标

在深入调研论证基础上，县委、县政府确立了"以人为本、生态优先、文化引领、产城融合、绿色崛起"的指导思想，提出了"天蓝水清、苇绿荷红、村美人幸福"的总体目标，明确了"治污、美容、拆网、除垫、清淤、兴游、惠民"的工作路径，紧紧扭住白洋淀生态环境保护这个根本，与白洋淀旅游产业发展相结合，努力将白洋淀片区建设成美丽乡村的示范区、"第六产业"的示范区、农村改革的示范区、乡村治理的示范区、文化道德建设示范区、生态环境保护样板区、经济社会发展先行区。

（三）强化示范带动

2015 年以来，围绕白洋淀连片美丽乡村示范区建设，安新县委、县政府制定了《关

于抓好美丽乡村建设，推进农村面貌改造提升行动实施方案》和25个专项工作方案，以"九点两线"（九点，即王家寨、大淀头、东淀头、赵庄子、邵庄子、寨南、光淀、大田庄、东田庄九个点；两线，即旅游码头至赵庄子、旅游码头至大淀头两条重要航道）为突破口，强化示范引领，抓点、连线、带面，统筹部署美丽乡村建设各项工作。

（四）坚持规划引领

在美丽乡村建设上，坚持做到"无规划不设计、无设计不施工"，在完成《环白洋淀地区乡村建设总体规划》《建设指引》及45个水区村规划的基础上，编制了白洋淀地区特色风貌、历史文化保护与利用、园林绿化、驳岸改造和综合交通等系列专项规划。为打造亮点、创建精品，通过依法招标方式确定了浙江桐庐卓创旅游规划设计有限公司等三家单位为安新县第一批9个重点村进行详细设计和重要节点景观设计。同时，为保证规划落实，各乡镇均成立了规划建设管理办公室，以此为依托，组织规划部门并邀请省住建厅专家对各乡镇及村干部、村民代表、施工人员等开展了多层次的规划培训活动，为工程施工夯实了基础。

三、白洋淀地区美丽乡村建设成绩

（一）水区村庄基础设施建设

1. 污水垃圾处理

由于水区村特殊的地域环境，交通极其不便，垃圾和生活污水一直是制约水区经济发展，影响白洋淀环境的重要因素。据统计，美丽乡村建设45个村每天约产生6549吨污水，65吨垃圾。为此，安新县将污水处理与垃圾处理统筹考虑、捆绑推进，采取政府、社会资本合作的PPP模式，由政府负责前期污水管网铺设、垃圾处理设施建设及首批污水垃圾处理设备购置，将污水、垃圾处理设施购置及污水、垃圾后期运营交由企业统一管理运营，这样既建立了长效运行机制，又节约了运营成本。初步测算，可节省设备采购和运营成本5600万元。在污水治理上，安新县采用生物转盘技术和改良后的A/O工艺，生活污水处理设施经过精心设计，实现对营养物质氮、磷的同步脱除，再过滤、消毒，使出水水质达到一级A标准。经过该技术的生化污泥产量较传统工艺相比减少50%，大大节约污泥处理的成本，满足了白洋淀地区对出水水质要求高，且运行费用低的需求。通过招投标，共需建149座污水处理站，铺设39.88万米污水管网，硬化修复路面87.3万平方米，总投资2.68亿元（含污水设施PPP模式3900万元）。在垃圾处理上，以BOT模式，采用厌氧发酵处理工艺和卫生填埋方式，投资1.2亿元的县垃圾处理场项目，大部分工程完工，已经具备接收垃圾填埋条件。剩余工程正在加紧施工，预计10月份完工并投入运行。45个重点村按照"户分类、村收集、生态处理、循环利用"的垃圾处理生态模式，从每户做起，将垃圾分类投放，并分类转运至垃圾处理厂。可堆肥的垃圾通过厌氧发酵产生沼气，实现资源化利用。不可堆肥的垃圾直接进行填埋处理，提高处理效率。45个重点村6个垃圾中转站已全部完成并投入使用。另外，采购了垃圾清运船、清运车、垃圾箱、垃圾桶等向重点村发放。45个村垃圾收集转运治理投资1147.3万元，"三通一平"配套费用约600万元，总计投入约1800万元。7月初，安新县召开了生活垃圾处理启动仪式暨培训会，会上一并印发了安新县白洋淀连片美丽乡村垃圾处理运营方案、专题培训资料、组织构架表、具体人员配置表、运营推进计划书、岗位责任书、垃圾分类宣传手册等相关资料。运营公司就垃圾处理的运营模式、工作流程、工作制度、组织构架及工作人员聘用要求等方面进行了专题培训，这标志着全县生活垃圾处理PPP模式正式启动运行。

2. 厕所改造

由于部分白洋淀淀区周边居民生活起居，粪便不经处理直接排入淀内造成水体污染，直接影响淀区生态安全和可持续发展过程。为保护白洋淀生态环境，防止白洋淀生态环境的破坏和生态功能的退化，提高白洋淀淀区水体质量，安新将45个村公厕进行新建或改建，共185座，建筑面积近8000平方米，总投资2600多万元。全部采用三格式化粪池结构，做到即时水冲。粪便上清液纳入污水处理系统处理，粪便残渣打捞后进行沤肥还田。

3. 景观及民居改造

按照"没有规划不设计、没有设计不施工、没有监理不推进"的原则，突出白洋淀传统民居风格，将民宿改造工程与危房改造、景观打造、古建筑保护修缮等工作一并考虑，形成白墙灰瓦坡屋顶的建筑风格，做到美观大方，风格统一，体现"北国江南"特色。9个第一批示范村概算投资1.8亿元，目前已完成屋顶改造、墙壁粉刷近60万平方米，共涉及2800多户，打造景观节点30个，景观绿化67900平方米。

4. 饮水安全

农村饮水安全工程的实施，有效改善了农村群众生活条件，提高了生活质量。目前45个重点村饮水安全项目已全部完工。2014年以来完成19个村，打深水井19眼，铺设饮水管网40余万米，安装水表17000余块，解决了8.2万人的饮水安全问题。

5. 主街道硬化

美丽乡村建设村庄主街道计划投资2000万元，硬化面积15万平方米，因部分村上下水管网建设，增加硬化任务87.3万平方米。

（二）淀区综合环境整治

1. 清淤清障

在清障上，2014年以来，全县共清除淀区土方96.4万方，使一些地方十几年，甚至二十几年应清未清的障碍彻底清除，为淀区行洪安全和生态环境改善夯实了基础。在淀区试点清淤上，经过深入调研，制定了《安新县白洋淀淀区河道清淤一期工程实施方案》，结合白洋淀实际和通航需要，确定当水面大沽高程7.5米时，清淤淀底高程为5.0米，河道宽度至少保证20米。以大淀观光游A线为主要清淤线路，A线总长36.5公里，其中清淤工程总长度16.6公里，工程预算总投资947.22万元。目前工程已完工，共清淤土方27.36万立方米。同时，新安北堤排碱沟清淤工程完成清淤土方3.64万立方米。

2. 清网

在白洋淀水域中，有大约350万平方米的高密度网箱、网栏养殖分散其中，涉及全县共450余户养殖户，每年将投喂约3500吨全价饵料，鱼类排泄物及残饵会给水体带来污染。为全面提升白洋淀水质，县委、县政府科学谋划，2015年集中实施了三个阶段清网，全县累计投入资金2500万元，共清理网箱、网栏、网围413.4万平方米（6198.5亩），其中网箱、网栏266.7万平方米（3998.5亩）、网围146.7万平方米（2200亩），出鱼2400余万斤，使白洋淀89%的网箱网栏得到了清理。全县未发生一起因清网引发的矛盾纠纷，实现了"零投诉、零上访"。目前已启动第四阶段清网工作，清理淀内全部网箱、网栏养殖和重点水域、主航道内围网养殖，共计约383.5万平方米（5750亩），网箱、网栏养殖将彻底退出白洋淀，使白洋淀恢复真正的原生态。

3. 航道护坡建设

按照省市有关要求，安新县以建设生态护坡为目标，采用毛石、防腐木、竹片及本地芦苇等材料对航道两侧进行了护坡。根据实际需要，新增了总投资约8000万元的50余公里毛石护坡建设任务。在护坡绿化上，已种植柳墙绿带约2.3万延米，栽植柳桩、芦苇1.5万延米。在王家寨望月岛采用新材料尾矿渣修建了200米左右的亲水栈道。

（三）进行淀区景观打造

1. 绿化美化

2015年以来在淀区绿化美化上，投资大约7500万元（包括群众自筹资金），新增荷花种植面积3万亩，在淀区主航道烧车淀、月淀、虎皮淀、捞王淀、前头淀等区域培育了10个以上集中连片荷花观赏区。沿大淀观光游主航道两侧栽植大柳树650株，种植荷花、千屈菜、菱角、芡实60万平方米。完成了雁翎湿地公园、码头休闲园、绿之梦水生植物园、十里荷香花园、水寨荷花园等郊野公园水生植物种植6000亩，引进精品荷花品种25个。在环村林带建设上，按照设计要求种植金丝垂柳约12000株，种植荷花、千屈菜等水生植物约366亩；在村庄绿色景观打造上，种植金叶榆、白蜡、榆叶梅、冬青等花灌木12万平方米；在美丽庭院创建上，按照一村一品要求，种植海棠、山楂、樱桃、石榴、苹果等果树约3200株；在野花组合方面，种植牵牛花、葫芦、丝瓜、苜蓿、扁豆、茉莉等花草种子150余千克，做到了三季有花、四季有绿。

2. 桥梁及码头建设

在美丽乡村建设中，安新县结合本地特点，因地制宜、因村制宜，以提升淀区桥梁及码头品位的总体思路，坚持做到"一村一品、一桥一景"，打造白洋淀特色景观，积极谋划了23座桥梁、32个码头的建设工程，预计总投资3300多万元。其中改建桥梁12座，装饰装修桥梁11座，新建码头32个。相关设计方案顺利通过了国土、环保、水利等部门的审核批准。

3. 围坟植绿

为进一步改善淀区环境，安新县在重点村周边、主航道及大淀观光游线路两侧开展围坟植绿工作，涉及墓地169片，坟头656个，共种植柳树4150棵、桧柏5530棵、金叶榆1000株、卫茅3500株、紫穗槐60000株，该项目共投资95万元，已于5月份全部完成。

（四）完善配套基础设施

1. 游客服务中心

在推进白洋淀连片美丽乡村建设过程中，安新把发展旅游产业，拓宽百姓就业渠道，提高旅游经济收入作为延伸，谋划了崭新的旅游产品——"梦中水乡"之旅（大淀观光游），为使游客得到更好的服务，安新在大淀观光游线路上的大淀头、东淀头、邵庄子、赵庄子、王家寨等5个旅游精品村建设了高标准游客服务中心。游客服务中心采用"一柱三板"式轻钢结构的新材料，具有保温、隔热、抗震、环保、耐用、施工简单等特点。目前，所有游客中心均已完工。

2. 村史馆与文化墙

安新县深度挖掘白洋淀历史文化、民俗文化、红色文化、渔耕文化、生态文化，投资240万元在9个第一批示范村重点打造凸显各村文化特色的高标准村史馆。将村史馆作为白洋淀水区人文历史的宣传阵地、文化遗产的传承基地、民俗风情的展示场地。目前大淀头、东淀头等8村的村史馆已完成装饰布展，正在完善细节；寨南村文案已完成，待主体建设完成后，立即进行装饰布展。同时，为推进农村精神文明建设，安新县先行在22个重点村绘制具有浓郁白洋淀特色的文化墙，该项目总投资200万元。

3. 村庄标识

45 个村共需设置村标 71 个、街路牌 1460 块、道路指示牌 63 组、胡同牌 2522 块、门户牌 31712 个，总投资 200 万元。

4. 三线入地

为提升各重点村整体改造效果，安新县结合实际谋划了电力、通信、有线等线路入地工作。2015 年先抓 9 个示范村，工程总投资 983.45 万元，共新增和移位变压器 13 台，敷设高低压电缆 44.23 公里，安装集中式落地表箱及分线箱 242 台，新建、迁改光缆线路 31.075 皮长公里，工程已全部完工。

5. 规划展馆

为展示美丽乡村规划建设成果，安新县投资 2000 万元启动了位于县城旅游路北侧的白洋淀连片美丽乡村规划馆建设。由天津渤海展览展示有限公司设计建筑外立面方案和内部布展方案、保定市卓越建筑设计有限公司进行建筑设计。该展馆分两层设计，总占地面积约 2700 平方米，建筑面积 1567.38 平方米，展馆内设美丽乡村建设、规划成果、城市规划、第六产业、郊野公园、国家级农业观光公园规划、招商引资洽谈等多个展厅，对内部进行装修布展，配备沙盘、大型小型 LED 显示屏、声光电设备、宣传片播放器材等设备。

（五）做好陆地板块建设

1. 环淀林带

按照 366 平方公里的淀区范围，环淀周边打造成片森林、郊野公园、森林公园的目标。围绕遇水架桥、遇村绕村的思路，把环淀林带闭合起来，在林带中把绿道建起来，通过绿道把森林公园等景观节点连起来。在完成大堤堤顶绿道路基铺设的基础上重点完成了淀之梦郊野公园绿化建设，投资 1700 万元种植柳树、杨树绿化带 2000 亩，千屈菜 10.5 万株，花灌木及野花组合 330 亩，对改善地区小气候发挥了重要作用。

2. 绿道绿廊

安新主要投资 2640 万元推进了高速引线的绿化带建设，县域内长度为 10.7 公里，宽度为边沟以外各 40 米，面积约 1300 亩。已种植上紫薇、石榴、西府海棠、旱柳、雪松等各类植物 5.7 万株；野花组合、花叶芦竹种植面积达 25 万平方米；栽植蜀葵、八宝景天、鸢尾、宿根花卉及其他湿生植物 5.42 万平方米；栽植荷花 11 万丛、大花秋葵 1.68 万株、铺设柔性防水层 5.5 万平方米，安装护栏 3.86 延米、打造景观点 1 个。目前已经初见效果，3 年内达到最佳，最佳效果持续 10 年以上，届时将绿树成荫，绿草覆地，三季有花，四季常绿，冬季有色。

3. 路网改造

在认真细致的踏勘和测量的基础上，确定了投资 1300 万元的白洋淀大道东延、经金谷仓路连通白洋淀第二码头规划区 7.6 公里的道路；中标价 560 万元的安新镇小赵庄至端村西堤 7.6 公里中修道路（端村乡道）；总投资 2400 万元完成旅游码头沿新安北堤至容城留通环淀堤顶路 8.8 公里及大堤背水面 5 公里慢行路，并建设亲水节点 1 个。

（六）产业发展

1. 旅游开发

重点围绕美丽乡村建设主题，深挖本地特色的乡土文化，发挥自然资源与文化资源优势，大力发展民俗游、文化游，谋划了"梦中水乡"之旅——"大淀观光游"全新白洋淀旅游产品。该线路将王家寨、赵庄子、邵庄子、大淀头、东淀头等重点美丽乡村建设精品村进行串联，充分展示白洋淀生态、革命、历史、民俗和餐饮特色文化底蕴，着力打造成旅游示范村。在制定《安新县白洋淀淀区农家乐综合整治实施方案》《安新县白洋淀农家乐管理规定（试行）》的基础上，乡村两级联合成立农家乐旅游管理服务站，专门负责农家乐的规划设计、管理服务、教育培训、市场营销和旅游投诉等工作。鼓励村民将闲置房屋进行改造，达到县管理规定的，政府按照标准房标准床位 500 元的标准进行补贴。

2. 现代农业

为加快传统农业向现代农业转变步伐，将安新白洋淀地区打造成河北省最具特色的"第六产业"示范区。按照生态与经济、文化与旅游、加工与物流、科研与试验相结合的原则进行"串珠"式空间布局，通过一环三线将六区连接起来，打造"一环、三线、六区"发展格局。"一环"即白洋淀大道东延至第二旅游码头入淀，沿大淀观光游主线路至白洋淀旅游码头，经旅游路至保津高速引线与白洋淀大道连接，打造环县城周边水旱相结合的白洋淀明珠链；"三线"即白洋淀大道、徐新线、容蠡线三条公路；"六区"即观光采摘区、休闲疗养区、家庭手工业区、水生花卉和蔬菜种植体验区、湿地生态体验区、农副产品加工物流区。

3. 家庭手工业

以安新县白洋淀芦雁工艺品厂为龙头，加快形成寨南村龙头企业＋农户的家庭手工业示范村，在不断发展壮大芦苇画的同时，积极开发安新白洋淀精品席（花席）、苇制品包装以及集实用、观赏、装饰、收藏等为主要内容的苇篓、斗笠、挂饰等颇具白洋淀地方特色的民俗文化旅游产品。通过产学研相结合，培育和造就安新县一大批新型手工业技术人才，为当地经济发展服务，辐射和带动县城、端村、圈头、赵北口等水区村芦苇画和苇编的第二次创业。以安新县天阳苇制品专业合作社（端村供销社）为龙头加快形成端村镇、三台镇崔公堤、刘李庄、圈头四大苇箔生产基地。让安新白洋淀水区村传统家庭手工业焕发出勃勃生机，为白洋淀生态环境和美丽乡村建设增光添彩。

4.电子商务

主动适应美丽乡村建设和产业发展的新需求，谋划推进农村电子商务服务平台建设，打造现代流通新业态。出台了《关于电子商务进农村综合示范工作实施方案》。正在与淘宝、京东、购特网和1号店等知名电商进行沟通洽谈，力争年内在安新县设立电商平台，在每个水区乡镇建成1～2家电商体验店，10～20家个人网店。借助互联网＋，支持引导芦苇工艺画、荷叶茶、水生植物销售、造船等企业进入电商平台，畅通土特产品、手工艺品、乡村旅游等特色产品的销售渠道，实现品牌提升、农民致富的良好效应。目前，淀区村已建成网店1100多家，发展光淀、郭里口等电商村6个。

5.文化产业

重点开展《梦里水乡·白洋淀》大型水上实景演出项目、雁翎队打包运船实景参与项目、湿地文化展馆项目、县城文化一条街项目、圈头音乐会保护发展项目、陈调元庄园修复保护项目等一批文化产业项目的开发。重点抓好修复保护古秋风台、康乾行宫、陈调元庄园、安州古镇，为游客提供了解安新县历史文化的平台；以雁翎烽火体验红色文化，建立画家、音乐家、摄影家基地，提供采风、雅集场所；建设白洋淀湿地文化展馆，将白洋淀湿地的各种动植物集于一馆，宣传普及湿地知识；打造县城文化一条街，为高等院校、科研单位提供科研基地；挖掘和保护好国家级非物质文化遗产圈头音乐会和寨里、东向阳高跷会，充分展示白洋淀历史文化、红色文化、生态文化、民俗文化。

（七）机制建设

1.创新工作推进机制

把全民参与作为推进工作的重要前提和强大保障，制定出台了《关于落实"三严三实"精神推进美丽乡村建设"约法三章"和"八不准"要求（试行）的通知》，要求各级干部以"三严三实"专题教育为契机，把美丽乡村建设作为全县一号工程来抓，切实增强责任意识，转变工作作风，严格落实"约法三章"和"八不准"要求，举全县之力，集全民之智，勇于担当，敢于碰硬，高标准、高质量完成好美丽乡村建设的各项任务，打了一场美丽乡村建设的整体战和攻坚战。一是加强领导，层层明责。成立了县连片美丽乡村建设指挥部，下设4个分指挥部和7个专项工作组，制定了《工作任务分解表》，对9个示范村逐一明确了分包县级领导和乡镇干部，对相关工程分别确定了责任部门，实行乡镇部门捆绑考核。并逐村派驻省、市、县工作组，形成了指挥部全面抓、分指挥部重点抓、工作组协助抓、分包领导具体抓的工作格局。同时，实行了"一带四"分包责任制，即9名县级领导在抓好分包示范村的基础上，再分别分包4个连片村，确保45个村工作全面推进、取得整体效果。二是凝心聚力，全员发动。工作中坚持农户筹资筹劳、集体补助补贴、企业支持支援、工作组帮扶帮建的全民动员机制，出台了《美丽乡村建设部门包村、企业帮村实施办法》，在76个重点村实施部门包村、企业帮村责任制，努力构建各级部门大力支持、社会力量广泛参与的工作格局，促进干部作风转变，密切党群干群关系。驻村工作组每月驻村时间不少于20天。目前，省、市、县工作组共帮建项目60余个，落实帮扶资金410余万元，企业帮建资金3000余万元，全县共出义务工16万余人次，节省建设资金2000余万元，形成了全社会、多元化支持和参与美丽乡村建设的工作格局，为工程推进注入了动力。三是重心下移，现场办公。坚持"走下去""面对面"推动工作，特别是县级领导带头，做到了基层现场办公"常态化"。2015年以来，县委、县政府主要领导先后深入淀区村现场办公70余次，督导工作，解决问题。包村县级领导每周至少3天驻村办公，乡镇包村干部全程蹲点，村干部24小时在岗在位全力配合，其他县级领导不等不靠，深入所包村现场督导、解决问题。县"两办"督查室和美丽乡村办督导组联合巡回督导，建立监督台账，确保干部履职到位。同时，县人大、县政协充分发挥职能，先后多次组织人大代表、政协委员对美丽乡村建设规划、施工过程现场视察和督导，有力地推动了工作开展。

2. 创新资金筹措机制

美丽乡村建设需要大量资金，安新县通过市场运作、银行贷款、政策支持等方式，多方筹资，为美丽乡村建设提供了有力保障。一是搭建融资平台。成立了由县委常委、常务副县长任组长，有关部门为成员的县投融资平台领导小组，依托安新县白洋淀投资有限公司搭建了投融资平台。通过对财政性资产进行市场化"资本运作"，盘活整合现有资源，真正把好钢用在"刀刃"上。目前，安新县已完成了可抵押资产、资金的摸底，相关贷款程序正在加快推进。二是挖掘政策红利。在政策范围内，把农村危房改造与美丽乡村建设民宿改造相结合，整合国家和省市县专项资金，通过优先为符合条件的美丽乡村民宿改造户申请危房改造补助，解决部分资金缺口，最高每户可获得危房改造资金约2万元。2015年，全县农村危房改造任务为503户，用于美丽乡村建设的指标超过了60%，为美丽乡村建设提供了有力保障。目前，全县共整合利用政策资金500余万元。三是创新污水垃圾处理模式。采取由政府、社会资本合作的PPP模式，将污水处理与垃圾处理统筹考虑、捆绑推进，通过公开比选方式，交由第三方公司运营管理。具体操作中，由政府负责前期污水管网和垃圾处理设施建设，污水处理设施购置及后期管理运营交由第三方公司，垃圾处理设施建成后由企业作价回收，抵顶运营成本。通过建管分离，既便于做群众工作、保障工程进度，又利于后期管护运营、减轻政府资金"包袱"。初步测算，这种模式至少可节省设备采购和运营成本 5600 万元。

3. 创新产业提升机制

把产业富民作为美丽乡村建设的根本立足点和"生命线"，在改善淀区生态环境的基础上，按照宜游则游、宜农则农、宜工则工的原则，大力发展特色富民产业，将"美丽资源"变成"美丽产业"，努力推动城乡统筹发展。一是加快发展乡村旅游。借助美丽乡村建设成果，按照"淡化景点、突出生态"原则，大力发展乡村游、农家乐，努力打造白洋淀全域景区。成立了县乡村三级农家乐管理办公室，在示范村建成了游客服务中心。同时，以王家寨（望月岛）为试点，谋划成立宅基地合作社，由旅游行业经验丰富的公司运营。目前，王家寨（望月岛）、赵庄子民俗村、"水上人家"酒店已被评为省级"乡村酒店"。二是壮大特色产业。把壮大白洋淀特色产业作为群众增收的重要途径，按照"一村一品""一村一业"的基本思路，结合美丽乡村资源条件和乡村游发展，加大政府支持力度，大力发展芦苇工艺画、制船工艺、荷叶茶、苇编制品、菱角米、芡实米、咸鸭蛋等白洋淀特色产业。目前，淀区家庭手工业从业者发展到 9600 多户，较 2014 年增加 3000 多户，实现收入近 3 亿元。

4. 创新长效保障机制

美丽乡村建设，难在长效管理，重在标准提升。在推进美丽乡村创建的同时，安新按照"环境美、生态美、精神美、产业美"的要求，积极探索长效管理和标准提升，不断深化美丽乡村内涵。一是推行运营管护机制。成立了县美丽乡村建设管理办公室，负责全县美丽乡村运行日常监督管理、业务指导、统筹协调等工作，不断巩固建设成果。各乡镇成立了美丽乡村建设办公室，并作为常设机构，下设美丽乡村建设物业管理中心，负责各村公厕、管网、道路、路灯等基础设施及绿化等景观节点的管护维修，并配合运营公司维护污水垃圾处理设施。各村也健全了配套工作制度，明确专人负责村内基础设施及环境卫生的日常巡查、运行管理和一般维护，确保美丽乡村正常规范运转。二是探索经费筹措机制。采取财政补贴、集体筹资、个人缴纳形式落实美丽乡村长效运营经费。政府承担合作公司运营费用、保洁员工资及美丽乡村基础设施日常维护费用的 50%，村集体结合实际，向村内企业、农家乐、乡村酒店等经营场所收取卫生保洁费，并适当向村民收取保洁费。同时，为推进水区村民宿改造全覆盖，探索"以奖代补"激励机制，用政府投入撬动民间资本。拟采取以奖代补的方式对自主开展美丽乡村建设的村庄进行补贴，每年列入县创建计划的重点村，对能纳入国家、省、市建设资金支持的项目，由县政府有关部门协助申请上级政策资金；不能申请国家、省、市资金支持的建设工程，由县级财政按建设项目实际资金投入的 60% 给予奖补，充分调动群众开展美丽乡村建设的积极性和主动性，引导村级组织科学有序地开展村庄建设，争取利用 3 年时间完成全县美丽乡村建设任务。目前，全县共投入奖励资金 2000 多万元，撬动民间投资近 2 亿元。三是建立环境保护机制。将规划执法延伸到基层一线，在各乡镇成立了规划建设管理委员会，制定了《乡镇规划委员会议事规则》，严格界定了淀区村房屋建设的区域、规划、标准及水面利用的范围和用途，对淀区村建设行为规范流程、严格审批、强化监管，为改变淀区村无序建设、保护淀区地貌提供了保障。同时，整合旅游局、执法局、湿地办等相关部门力量，成立了县旅游局综合执法科，加大淀区资源保护力度，开展常态化监察，及时发现并处置各类违法违规行为，对情节严重的及时交司法部门处理。通过加强环境保护，淀区野生鸟类数量也明显增多，湿地植物资源正在逐步恢复。

5. 强化组织保障机制

一是打造美丽乡村"八好四型"党建示范区（示范点）。按照分类打造、统筹推进的原则，整合各方资源，集中倾斜，重点帮扶，对 45 个核心村，在班子建设、队伍建设、场所建设、制度建设等方面集中用力，连线成片打造有亮点、有特色、有影响的美丽乡村"八好四型"（"八好"即领导班子好、党员队伍好、工作机制好、阵地建设好、经济发展好、村庄环境好、社会风尚好、群众反映好；"四型"即旅游带动型、特色产业型、为民服务型、规范管理型）党建示范区。45 个核心村之外的其他 6 个乡镇，每乡镇也要培树 2 个以上党建示范点，以点带面，整体提升，为建设生态、宜居、休闲、旅游名城和秀美京南水乡提供坚强组织保障。二是强力推进村级组织"五位一体"建设。按照先行试点、逐步推开的原则，选取端村镇东淀头村、寨南村，赵北口镇赵庄子村，圈头乡邵庄子村、光淀村、大田庄村、东田庄村，安新镇王家寨村 8 个第一批示范村进行"五位一体"建设试点工作，"五位一体"即村级党组织、村民代表会、村民委员会、村民监督委员会、农民专业合作社和行业协会（简称村党支部、村代会、村委会、村监会、农民专业合作社和行业协会）建设，在总结试点经验的基础上，在全县推广，实现全覆盖。三是着力打造"三级平台""两个代办"升级版。出台了《关于实行星级化管理打造为民服务全程代办升级版的实施意见》，对农村便民服务室提出了星级评定标准，重点从场所建设、事项拓展、丰富形式、加强队伍建设等方面抓好提升。同时，在各村设立"便民家政服务室"和"群众说事室"，建立"干部驻室、听群众说事"制度。目前第一批 8 个试点村已全部建成了高标准的"五星级"便民服务室。

四、白洋淀地区美丽乡村规划愿景

（一）规划目标

1. 城市战略定位

城市总体定位——京津冀都市圈重要生态旅游休闲中心，保定市城市东部重要组团，以旅游服务及科技创新产业为支撑的生态宜居城市。

水区定位——宜居、宜业、宜游的生态涵养旅游休闲片区。

2. 特色资源

水乡泽国——白洋淀作为保存完好的原生态水乡泽国、超大型浅沼湿地湖泊，是华北地区最大的淡水湖，生息繁衍着众多鸟类、鱼类，更哺育着 8.2 万人口。

苇海荷风——纵横交错的芦苇荡、一望无际的接天莲叶，四季景致交错，各有韵味，是有别于国内多数湖泊景区的罕见组合。

渔村水镇——不仅拥有浩瀚的水面，还有分散在淀区的几十个村庄岛屿，加上舟楫代车马、耕苇牧渔的生活方式，孕育了特有的北国水乡民俗风情。

3. 规划愿景

依托现有的特色资源，以华北明珠为旅游背景，以红色文化为时代精神，以面貌改造提升为契机，打造中国最美湖淀聚落，即"苇绿荷红碧波漾、村美水清人幸福"的河北省农村面貌改造提升连片整治示范区。

（二）产业发展规划

1. 产业发展策略

（1）集聚发展现代农业

白洋淀由于受制于资源的高度短缺和生态环境的压力，只有大力发展绿色农业，优化农业产业结构、提高农产品附加值，才能逐渐摆脱对资源的粗放开发利用。而土地适度集中是发展现代农业的基础，通过资金集聚、设施集聚、科技集聚、效益集聚、功能集聚，大力开拓农业的产品供给、就业增收、生态保护、观光休闲、科普教育、文化传承等多元功能，着力构建现代高效农业产业体系。

（2）多元发展旅游服务业

日益趋紧的资源与生态约束使得大量小城镇基本不具备继续重复传统工业化道路的条件，同时，高密度城市区域大量涌现的生态、休闲消费需求为具备一定资源特色的小城镇开辟了新的发展道路。自主性旅游模式的快速兴起，尤其是城市区域内短途自驾出行的盛行，使得农村地域的生态、休闲和体验经济逐渐凸显。通过建设的引导和控制保持乡村风貌特征，利用美好的乡村意象、生态景观、田园生活，发展乡村体验休闲、养生居住、商务会所等，形成层级多样、受众广泛的服务产品。

（3）挖掘传统手工业

传统手工艺是中国传统文化不可缺少的一部分，挖掘传统文化资源的现代经济价值，实现传统手工业与现代商业的嫁接，是当今实现和传承手工艺可持续发展的道路。通过产品创新，开发顺应时代发展趋势的产品，解决好民间工艺行业中特色与规模化生产的矛盾；此外借助互联网的威力，做大做强传统手工艺，开拓更广阔的市场。在发展文化产业过程中，盘活传统文化资源，走一条经济和文化双赢发展的途径。

（4）外迁淀内制造业

对淀区现有工业企业一律不保留，应及时关、停、并、转，限制工业三废排放；无污染的企业，应相对集中，变单打独斗为抱团出击，引导企业进行技术改造、入驻县工业园区，推动企业规模提升。以建设绿色现代轻工产业和循环经济产业园区为目标，并积极与首都地区和沿渤海地区进行产业对接、政策对接，抓住全球产业发展的新一轮结构调整契机。

2.产业发展目标

（1）现代农业发展引导

①现代农业

高效农业——通过高标准农业集中区的建设，形成精细化的经营模式，构筑粮食安全的重要屏障。通过优化农业产业结构、分类布局，引导各产业集中连片发展、规模经营、特色经营，整合各种要素资源集中投入建设。使规划区农业朝着优质、高效、生态、安全的方向发展，提高农业综合生产能力和农民生产生活水平。

休闲农业——强调参与性、娱乐性及绿色发展，形成以农业生产、农产品加工为载体的休闲产业。结合农林牧副渔生产、农业经营活动、农村文化及农家生活，为人们休闲旅游、体验农业、了解农村提供场所。

观光农业——结合规模化的苇田、荷花种植，形成独具特色的大地景观艺术创造，打造荷塘月色、风吹苇田等活动，将大地艺术与乡村旅游相融合，增强游客的视觉冲击，丰富乡村旅游体验。

②水产养殖

依托白洋淀的水资源优势，构建精品高效水产养殖，逐渐引导散户集中发展规模养殖，由过去的散户养殖向标准化健康养殖模式转变，培育专业合作组织，推动特色品牌塑造，形成定向投入、定向服务和定向收购，最大限度提高农业抵御自然风险和市场风险的能力；建设规模养殖园区，达到"四配套"，即机械配套、休闲设施配套、主导品种批发市场配套和质量检测配套，并结合第三产业，发展旅游示范观光，打造垂钓园、水上农庄等项目，鼓励参与式体验。

③林果种植

结合旅游度假区、高等级公路、村庄周边土地整理进行建设，提高观赏性、经济性。同时打造蔬果生态观光体验活动，依托村庄现有基础，发展文化主题的生态果园，形成融观光、采摘、休闲、餐饮于一体的农事体验园。

（2）服务业发展引导

①乡村旅游

乡村休闲——以特色村作为传承平台，将村庄作为景区景点来建设，通过丰富的活动设计，开展新村新貌和特色产业参观体验、农业DIY、农耕体验等丰富多彩的乡村旅游活动，同时促进建设品位。对于结合特色村的民俗展示，鼓励村民通过民俗活动，对非物质文化遗产进行创新和传承。

乡村农庄——以水乡格局、田园景观为背景，依托丰富的乡村物产，发展特色农庄，建设"周末农场"或"观光农园"等特色鲜明的专项产品。形成以淀区文化为基底，集观光、体验、娱乐于一体的农业主题旅游区，结合水乡采摘等活动，让更多的城市居民能够在这里体验乡村生活、品尝农业劳动成果，住乡村民居、观自然景、体民俗情、享田园乐。

配套服务——针对景区景点客源，配套农家餐饮、住宿、土特产销售等产品，集咨询、投诉、信息、休息、展示、管理、购物、参与等多功能于一体，形成休息养生中心、度假山庄、会议中心等多功能游客接待服务中心，倾力打造舒适惬意、品位高档的设施服务环境。

②商贸服务

一方面依托集镇区，培育公共服务功能，为淀区旅游提供公共服务配套。另一方面，做大商业氛围，转变商业类型，结合景区服务，将传统商贸向特色商贸、现代商贸方向转型。

（3）传统手工业发展引导

①芦苇制品

挖掘芦苇编织、芦苇画等非物质文化遗产，注重品牌的打造。将保护和开发相结合，打造诸如乡村博物馆等旅游体验项目，结合芦苇画制作等活动吸引游客参与，为游客提供了解、学习、感受和亲身体验的场所。使文化能够主题化、场景化，为游客提供一种真实的、感性的、可观的、可参与的文化体验空间。

②传统食品制造

围绕近几年流行的有机农业，打造集有机农产品种植、加工、餐饮为一体的产业链，制作无污染和丰富营养价值的有机产品，吸引高端人群来消费。同时通过策划营销，带动产业发展，打造龙头品牌，加粗产业链，促使农民由小农经济参与者向农业产业工人转变，实现生产效率的提高。

（4）工业转型发展引导

淀区现有工业企业应及时关、停、并、转，满足节能环保要求的统一搬迁至安新县经济开发区，不保留和新增任何工业制造业企业。一方面在县经济开发区建设标准厂房，已出租的形式提供给从事工业品制造的家庭作坊；另一方面引导现有家庭作坊向无污染的传统手工业改造。

3. 产业空间布局

规划将环白洋淀地区分为五大板块。分别为北部高效农业区、中部旅游度假区、东部水乡游赏区、南部水产养殖区、淀南农业观光区。

（1）北部高效农业区

依托大王镇便捷的交通优势，积极发展高效农业、立体农业，积极打造1.5产业，将传统农业与农产品加工、商贸融合，由此加粗原有单一的农业产业链，提高产业附加值，提升农民收入。

（2）中部旅游度假区

依托镇区完善的服务配套，发展旅游相关的三产服务业。将景观体系营造纳入城市建设中，形成城景交融、可娱、可游、可住、可休闲度假、可体验华北水乡风情的湿地生态新城。

（3）东部水乡游赏区

以端村、赵北口为核心，充分整合苇荡、荷塘、淀泊资源，开发渔乡水镇风情体验、精品生态度假旅游。同时整体规划开发白洋淀文化苑—荷花大观园—王家寨—光淀，构建白洋淀湿地公园。

（4）南部水产养殖区

以现有的水产养殖、养鸭产业为依托，发展绿色高效农业，打造品牌效应，并结合三产服务业为景区提供餐饮、住宿等方面支持。此外，积极推广芦苇制品等传统工艺的传承，结合订单式销售，发展成完整的产业上下游，使产品规模化。

（5）淀南农业观光区

结合刘李庄良好的农业基础，打造现代农业生态示范园，将农业与旅游业相互交融形成观光农业，满足游客食、住、游、购、娱等多方位的需求。

（三）旅游发展规划

1. 旅游发展定位

环白洋淀地区村庄密集，经济社会基础一般。旅游发展的主要目的是带动村庄发展、提高农民收入，进而提升地区的整体实力。要达到以上目的，必须科学定位旅游发展模式，积极带动村庄、村民参与旅游业，大力发展乡村旅游。

2. 开发模式

乡村旅游的开发模式众多，包括城市依托型、资源依托型、交通依托型、产业依托型等。环白洋淀地区拥有宝贵的自然、人文资源，是典型的资源依托型乡村旅游发展基地。依据资源类型不同可分别发展依托自然生态景区、依托历史文化和依托民俗文化三种具体的模式。

（1）依托自然生态景区

借助白洋淀风景区的资源优势发展乡村旅游，突出乡村生态旅游的特征，给游客带来一份悠然自得的绿色心情，开发过程中要注重自然、生态与休闲性、参与性活动的结合。

（2）依托历史文化

重点打文化牌，可依托北宋水师、元妃赏荷、康乾水围、雁翎抗日等历史开发乡村文化博物馆和民俗度假村，让游客体会到清新空气、淳朴民风的同时感受环白洋淀地区深厚的历史文化底蕴。

（3）依托民俗文化

依托本地区的乡村居民、人文遗迹、古建筑、文物等物质形态以及地方民间文艺、民俗节庆活动、地方民间文化庙会等文化形态，开展参与性较强的观光游览活动。

3. 发展模式

根据环白洋淀地区的实际条件和特色，选取以下几种较为适宜的乡村旅游发展模式：

（1）农家乐模式

农家乐形式的乡村旅游可以开展民俗民居农家乐、农业观光农家乐以及农家菜品尝农家乐等项目，主要是依托乡村农家小院、农家产品以及乡村风光吸引游客前来游玩。

（2）农业游模式

以农业生产活动为旅游吸引力，重点开发荷花游、苇荡游、渔业游、水乡游等不同特色的主题活动，满足游客体验农业、回归自然的心理需求，主要包括观光和体验两方面。

（3）民俗风情游模式

民俗风情游的吸引力是环白洋淀地区的民俗文化、风土人情，以民间技艺、乡村文化、民俗节庆为主题的民俗文化游形式展开，主要依托本地区的非物质文化遗产芦苇画、音乐会等。

（4）休闲度假旅游模式

依托优美的淀泊湿地风景、独特的地热温泉、生态的绿色空间，结合周围的乡村景观和民俗文化，为游客提供休憩、度假、娱乐、餐饮、健身等服务，主要类型有：休闲度假村、休闲农庄和乡村酒店等。

（5）科普及教育旅游模式

迎合消费者学习的动机，在旅游的过程中获取一些农业、生态科技等知识是现当代望子成龙的家长们共同的心愿，因此这也是以这种模式发展乡村旅游的初衷，以科技生态园、农业展览馆、农业博览园等形式开展。代表性景区：无锡现代农业博览园。

4.发展目标

以彰显村庄特色、传承乡村文化、带动农民增收致富为核心目的，积极发展环白洋淀地区的乡村旅游。

打响白洋淀作为"华北明珠"的品牌，在巩固京津冀地区旅游市场的基础上，扩大全国市场。积极探索文化与资源嫁接、景区与乡村联动的模式，培育以乡村旅游为主导的新型旅游业，对接休闲旅游时代的新型经济产业链条，带动环白洋淀地区的乡村实现跨越式发展。充分发掘当地的资源特质，把本地区建设成为全国示范性的湿地乡村旅游基地，成为乡村湿地科学开发、可持续发展的典范。

5.旅游发展布局

（1）开发强度

白洋淀地区旅游开发强度共分为3个层次，具体说明如下：

①适宜开发区域

包括湿地自然保护区试验区及其内部的村庄。该区域旅游综合开发条件良好，原则上可用于较高强度旅游项目开发，但要注意控制容量。

②有限开发区域

包括湿地自然保护区缓冲区及其内部的村庄，开发水体必须控制在村庄周边向外延伸的适度范围内。该区域属于可以有限开发旅游的区域，原则上只能依托岛屿，以周边水域为背景，有效开发乡村旅游综合服务，外边水域不得用于旅游项目开发。

③禁止开发区域

包括湿地自然保护区核心区及其内部的村庄。该区域属于禁止的旅游开发的区域，除了适度开发空中游览项目外，禁止开发任何旅游项目。

（2）空间布局

根据《白洋淀旅游发展总体规划》，将白洋淀地区划分为"1带5区8节点1延伸"，即：1条休闲观光带——西部休闲观光带；5个游览片区——温泉水岸养生区、中部深度休闲区、圈头旅游度假区、北部生态观光区和南部生态观光区；8 大客流集散 / 服务 / 补给节点—主入口（建设路—白洋淀大道交叉）、旅游码头、小田庄、王家寨、赵庄子、圈头、漾堤口—东关码头、寨南。

1 个延伸控制区——西部延伸控制区

根据《安新县城乡总体规划》，规划安新县旅游总体空间布局形成"一城一带一淀，点线面结合"的空间布局格局：一城——中心城区，是全县客源市场辐射地，也是旅游接待设施基地；一淀——白洋淀旅游区，是安新县白洋淀旅游的主体部分，打造温带湖泊湿地度假购物旅游区；一带——临淀旅游发展带，是进出白洋淀的"门户"和游客集散中心，也是白洋淀度假休闲、主题娱乐项目的聚集发展地，还是拓展旅游产业链条的空间平台。

结合以上规划的空间布局方案，与环白洋淀乡村地区的具体范围和乡村旅游模式的基本定位，规划本地区形成"一淀为心，两岸为翼，多点串联"的总体布局。

①一淀为心：以白洋淀核心景区为中心，周边村庄的旅游发展紧密结合景区建设，发挥配套衍生功能，突出生态资源优势，挖掘历史民俗文化，打造环白洋淀地区的旅游核心。

②两岸为翼：从旅游核心沿淀区西侧岸线纵向展开，分别在安新镇沿岸和端村镇沿岸拓展旅游业。向北带动安新镇和大王镇的相关村庄，联合温泉湿地资源综合发展；向南带动端村镇、圈头乡乃至刘李庄镇的部分村庄，联合各地人文资源综合发展。

③多点串联：借助旅游景观路规划和水上游线组织，将环白洋淀地区有条件发展旅游的村庄进行有机串联，通过打造自身特色和联合周边村庄，将本地区的乡村旅游点进行整合，形成完善的乡村旅游体系。

（四）历史文化保护与利用规划

1. 开发原则

（1）生态优先，突出特色

将生态保护放在第一位，以治理污染、保护环境现行，在环境整治、修复生态的基础上进行适当开发。特别针对环白洋淀地区的原生态湿地湖泊资源，在相关历史文化开发中应科学规划、合理利用，结合文化要素展现白洋淀生态环境与历史文化相融合的特色。

（2）以人为本，还原生活

正确处理经济社会发展和历史文化开发的关系，把发展村庄生产、富裕村民生活，作为规划的重中之重。历史文化开发不能以破坏村民生活习惯为代价，而应该通过历史文化的合理开发，有效改善村民生活水平、带动乡村旅游发展，构建和谐而美丽的乡村。

2. 分区引导

在相应原则的指导下，规划选择 4 种当地重要的、适宜打造的文化类型塑造景观风貌，并根据村庄自身的地域条件，形成不同空间的文化分区，通过分区引导彰显地方文化特色。

（1）苇海荷风文化

白洋淀整个淀区有 12 万亩芦苇荡，占植被覆盖度的 30% 以上，苇田星罗棋布，被 3700 条沟壕水道分割，形成中国罕见的禾草植物景观风光带。整个淀区种植及野生荷花达 8 万余亩，种类达 366 种，是国内荷花种植面积最大、品种最多的旅游区。荷花大观园是中国种类繁多、规模最为庞大的荷花种植园区。荷塘与芦苇荡形成良好的资源、景观组合，是一种难得的特色景观文化。

规划依托白洋淀核心景区周边的安新镇相关村庄，直接利用原生态的苇海荷风景观，彰显苇海荷风文化。在景观风貌打造上，注重生态环境的保育和植物景观的维护，合理组织景观界面，以滨水和水上观光的形式为主，在游赏的过程中展现风貌。

（2）雁翎红色文化

抗日战争期间，活动在白洋淀的抗日武装"雁翎队"，利用淀区芦苇荡遍布及沟壕纵横交错的有利地形，开展机动灵活的水上游击战，袭扰打击日本侵略军。这段历史为环白洋淀地区留下了丰富的红色文化，"小兵张嘎"家喻户晓，战斗遗址、革命文物、英雄故事举不胜举，具有很高的爱国主义教育的价值。

规划依托赵北口镇的相关村庄，基于历史文化基底条件，在环白洋淀地区的北部形成雁翎红色文化区，策划情境演绎与主题体验型项目：嘎子印象、雁翎奇兵、打汽船等。结合相关项目，在景观建设中融入历史场景和红色元素，再现红色文化风貌。

（3）渔村水乡文化

白洋淀自古有"北国江南""鱼米之乡"之称，孕育了当地乡村男人捕鱼、女人织席的北国水乡民俗风情。芦苇荡是淀区重要经济作物，渔业养殖是淀区的重要经济来源，形成了耕苇牧渔的特色生活场景。苇田是淀区的特有经济作物，苇席产量占全国 40%。捕鱼、收苇、织席等生产劳作场景形成了当地特有的文化风景。

规划依托淀区中部端村镇和圈头乡的相关典型水区村庄，发挥地理条件和传统民俗优势，发扬渔村水乡文化，开发渔家乐、渔俗、渔歌、渔家美食、依渔家节庆、渔乡文艺等特色乡村旅游项目。在项目的开发建设中突出水乡要素，展现文化风貌。

（4）乡村田园文化

作为乡村地区，环白洋淀的村庄有着一般乡村所共有的田园风貌，乡村景观、农耕文化、特色农产品等都成为一种特色资源。规划依托刘李庄镇的相关村庄，基于较大的用地空间，重点发挥乡村田园文化特色，展现乡村田园风貌。通过农业现代化的推进，建设休闲农业、观光农业和高效农业，强调参与性、娱乐性及绿色发展。在产业发展的过程中进一步塑造和展现乡村田园风光。

重点建设方案二：
大淀观光游游览方案设计

　　大淀观光游是安新白洋淀景区转型发展、品质提升的重要标志。为全面恢复和保护安新白洋淀生态环境，积极响应国家全域旅游建设的要求，有效维持安新白洋淀美丽乡村建设的成果，切实发挥旅游带动乡村发展致富的效应；更为了白洋淀景区发展的转型升级和品质提升，安新白洋淀景区借鉴全域旅游发展的基本思想，以整合淀内旅游资源为手段，通过整合淀区生态、现有景点、淀区乡村等核心资源要素，推出了大淀观光游。

　　首先，白洋淀景区要摆脱传统的依靠少数景点的游览模式，真正开发"全域游、休闲游、体验游"，必须灵活利用现有的旅游资源，进行整合和再创新。从游船的角度来看，利用灵活的小机动船和木船进行大淀风情体验游，避开主要交通航线，参观游览原生态的大淀景观，甚至单纯在大淀中无目标地漫游，都可以带来新奇的旅游体验。白洋淀历史悠久，世代白洋淀居民在此地繁衍生息形成的文化积淀形成了淀区水乡特有的生产生活方式，淀区特殊的自然环境造就了淀区特殊的别具特色的生产文化、交通文化。传统水运中的手划木船、竹筏和现代水运中的快艇、冲锋舟、摩托艇等马达船都是象征着淀区特殊历史的文化元素，其中有些虽然稍显落后，但却是未来淀区旅游核心吸引力的重要元素。

　　从市场需求角度来看，到白洋淀体验原生态"野趣"的游客逐年增多，多数游客不愿意仅仅在景点停留，白洋淀广阔水域中的自然风光对他们来说是越来越感到新鲜有趣的吸引物。据调查，越来越多的游客对渔家传统的划船、织网、捕鱼、割苇等劳作活动表示出极大的兴趣，并主动参与体验。本着"以人为本"的思路，白洋淀景区应该顺应消费者的意愿，在保障安全的前提下，化单纯的游览为休闲体验，在景区内的旅游观光可以和渔家传统的张网捕鱼、鱼鹰捕鱼等活动集合起来，使游客实地体验渔民生活。因此在白洋淀内设计开展新的旅游项目体验游活动。如何设计出一条合适的体验观光路线和区域，在时间和方位上能与现有的游览路线相结合，而又与正常交通航线不冲突，需要仔细斟酌。同时，游客的安全问题也必须放在首位。

　　其次，对于几个重点村庄周边游线，要结合有吸引力的游览活动，设计成体验而不仅仅是简单的观光，还要对环境卫生彻底整治。

北

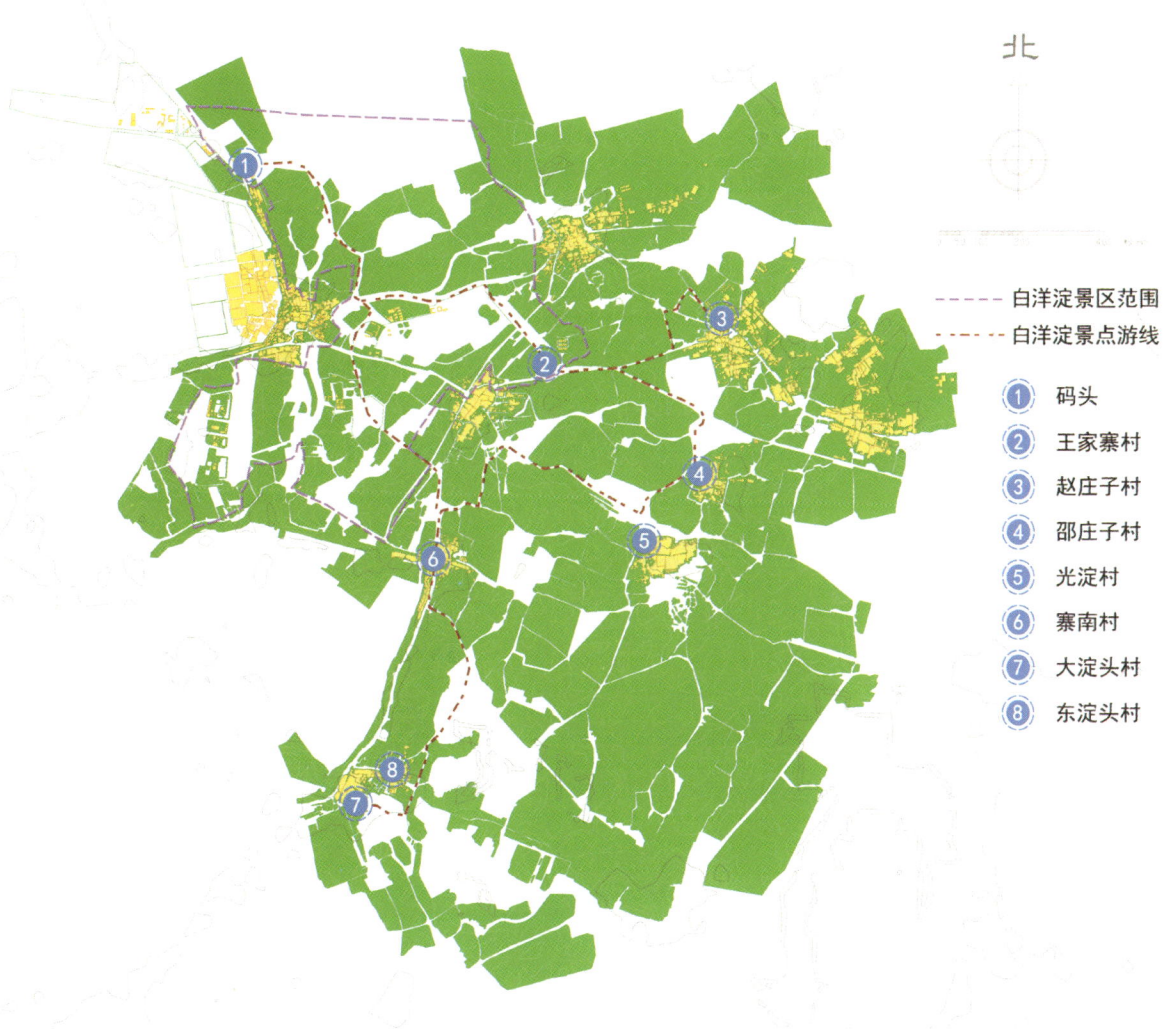

---- 白洋淀景区范围
---- 白洋淀景点游线

① 码头
② 王家寨村
③ 赵庄子村
④ 邵庄子村
⑤ 光淀村
⑥ 寨南村
⑦ 大淀头村
⑧ 东淀头村

白洋淀乡村旅游游线

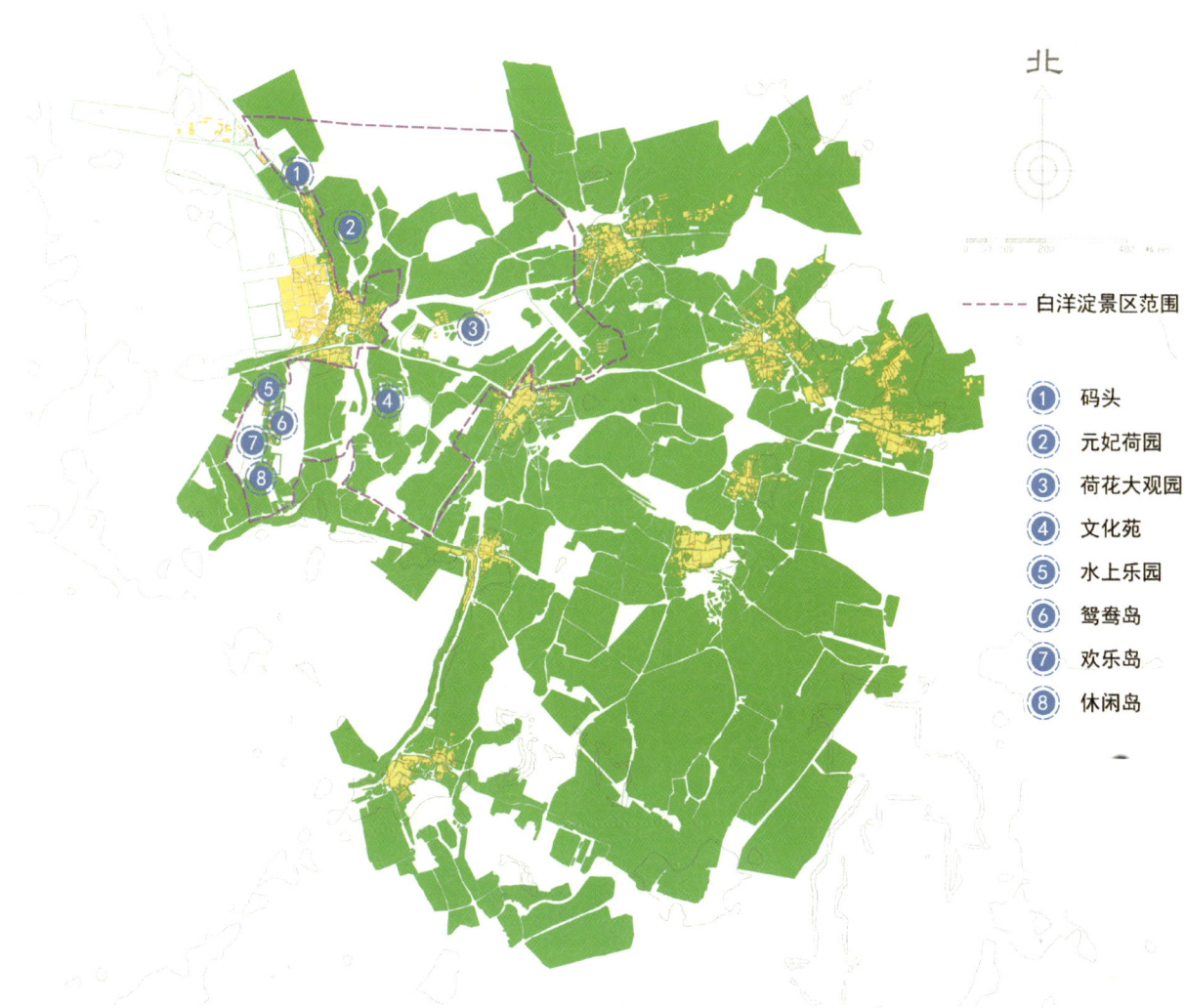

北

- - - - - 白洋淀景区范围

① 码头
② 元妃荷园
③ 荷花大观园
④ 文化苑
⑤ 水上乐园
⑥ 鸳鸯岛
⑦ 欢乐岛
⑧ 休闲岛

白洋淀 5A 级景区景点游线

一、游线方案设计

大淀观光游以白洋淀水乡风光游览体验为核心内容，设置两条游线方案，白洋淀乡村旅游线路和白洋淀景点游线。

（一）白洋淀乡村旅游游线

白洋淀乡村旅游线路是通过积极对接美丽乡村建设成果，通过对典型美丽乡村的旅游化改造，以大淀观光游线路将这些乡村进行串联，形成以白洋淀水乡风貌观光体验为特色的独特旅游线路。

该条线路以安新白洋淀景区北部航线为主，以安新县码头为起点，游线为大观园—大观园东门—望月岛—赵庄子村—邵庄子村—寨南村—大淀头村—东淀头村—文化苑东门—旅游码头，串联赵庄子、邵庄子、寨南、大淀头和东淀头，全程时长约4小时。其中赵庄子、邵庄子、大淀头和东淀头是停靠点；目前，寨南只作为大淀观光游航线途中景观观赏点，不设乡村旅游点。具体来讲，该线路可欣赏一望无际的烧车淀禽鸟观光区、体验神秘芦苇荡、经停白洋淀景区两个王牌景点大观园、文化苑，穿越白洋淀大水面典型湿地，经停5个美丽乡村（王家寨、赵庄子、邵庄子、大淀头、东淀头），体验淀区水乡生活风貌和民俗风情。

（二）白洋淀景点游线

白洋淀景点游线以安新县码头为起点，主要串联荷花大观园、白洋淀文化苑、欢乐岛、休闲岛、鸳鸯岛、水上游乐园和元妃荷园等现有景点和王家寨民俗村，形成以景点体验游为特色的淀区旅游线路。

二、游览项目策划

大淀观光游在于恢复和保护白洋淀淀区自然生态环境和水乡民俗生活风貌，通过旅游业态和元素的嫁接，促进白洋淀的转型和可持续发展。因此，大淀观光游的游览项目重点在于大淀水区生态风光的塑造、维持和保护；也在于挖掘乡村文化，打造特色水乡乡村旅游节点，以激活乡村活力，拉动乡村社会的再繁荣和乡村经济的再发展。

（一）大淀水上观光游览项目

白洋淀历史悠久，世代白洋淀居民在此地繁衍生息形成的文化积淀形成了淀区水乡特有的生产生活方式，淀区特殊的自然环境造就了淀区特殊的别具特色的生产文化、交通文化，乘坐船只在大淀中缓行漫游，参观原生态的大淀景观就可以为游客带来新奇的旅游体验。因此，大淀水上观光游览项目主要以白洋淀淀区自然生态环境为背景和主要内容，选择淀区风景优美的区域开辟专门的水上漫游航线或者芦苇荡探幽航线，通过木船（小游艇）＋专门航线的组合推出大淀野趣漫游体验项目。

◆ 湿地自然风貌

在大淀观光游线路沿线区域着重建设和恢复白洋淀湿地生态环境，塑造芦苇随风舞，荷花映日红，蓝天白云飘荡，野鸭碧水嬉戏的水乡优美风貌。

湿地风貌

◆ 淀区乡民捕鱼风情

白洋淀居民世代在此地繁衍生息，形成了淀区水乡特有的生产生活方式，也成为北方少有的水乡民俗文化。

沾网捕鱼

◆ 淀区水乡婚俗

"你用船儿接我出嫁，十八弯的水路到你的家……"优美的歌声渐行渐近，大红花装饰的木质船队与豪华游船擦肩而过，仿佛时空交错的相遇。这是在主要淀区航道内进行的水乡婚俗表演，也是淀区水乡独特的民俗文化。

水乡婚俗表演

（二）水乡旅游节点项目

1. 赵庄子——水乡温泉休闲体验游

赵庄子旅游资源基础丰富：拥有特色突出的村落文化资源，村庄内部建筑特色明显，保留有马鞍脊等特色建筑形式，空间以传统的街巷胡同居多，在旅游开发过程中，可结合胡同、老民居等塑造传统的村落风貌形象；历史悠久的渔家文化资源，赵庄子村历史上曾经是个传统的渔村，渔民悠然自得，渔船随波渐远，渔民满载而归；典型的红色文化资源，赵庄子村是"张嘎子"原型赵波的故乡，赵波墓就在赵庄子村；独特的地热资源，区别于白洋淀其他资源文化，赵庄子村拥有独特的地热资源，已打温泉井 2500 米，可供村民日常使用或打造温泉旅游度假产品。

赵庄子依托温泉资源、村落文化资源和乡村酒店等基础服务设施，欲打造以中低端游客市场为主的水乡温泉休闲体验旅游。

◆ 温泉度假中心

在现有温泉度假区建设基础上，对其内部休闲养生产品进行完善，以温泉养生为核心，融入膳食、调理、睡眠、健身、娱乐等内容，形成综合立体温泉养生体系。同时，加强内部基础／服务设施建设，增加植被绿化。

温泉度假中心

◆ 水乡民宿

目前，赵庄子建设了一个由 16 户村民和村委会共同组建的股份制农家乐企业，建设了 90 多间房间的乡村酒店风格的民宿酒店，其中 16 户村民共持股 80%，村委会占股份的 20%。

◆ 赵庄步行街

步行街依次包括赵庄子码头（乡村酒店一区）、村委会、村小学学校、居民区、村庄小广场（计划打造评剧广场）、水上餐厅等业态。

乡村酒店

酒店风格的民宿

村落文化——胡同、民居、乡村酒店等。以现有保存的胡同、旧民居为依托，对其外观和环境进行整饬，形成白洋淀水乡胡同和民居特色观赏街。

商业街

旧民居

◆ 乡村休闲广场

在赵庄子村小广场内定期举办各种剧目、演出、节庆等活动，以展示白洋淀乡村民俗文化生活风貌。

乡村广场

乡村评剧表演

◆ 水乡生活

在赵庄子村西的水域上，利用芦苇、荷花等资源打造划龙舟、放河灯等、捕鱼、垂钓等水乡体验活动。

晨起垂钓

划龙舟

亲子游乐

放河灯

◆ 嘎子墓

在嘎子墓周边种植松柏，美化其周边环境，可供游客方便地凭吊。

嘎子墓　　　　　　　　　　　　嘎子墓整理后

2. 邵庄子——水乡艺术家村

旅游资源方面，邵庄子内的自然旅游资源基本与大白洋淀景区的自然旅游资源一致，村庄及周边水域的荷花、芦苇等构建出了典型的"苇绿荷红"的水乡自然风貌；人文旅游资源多红色旅游文化资源，村内现有安新县委旧址、薛耀伦故居、邵德才故居、王向前故居等红色文化遗址。

由于邵庄子乡村公寓基础设施比较完备且建设集中，而温泉取暖也解决了冬季乡村取暖的问题，因此，邵庄子在白洋淀乡村旅游体系中以打造艺术家创作基地为主要方向，培育修学旅游市场。

◆ 邵庄子艺术周

旅游发展的后期,在邵庄子举办艺术周活动,活动可以围绕行为艺术、涂鸦艺术、芦苇画艺术、水乡摇滚艺术等展开。

3. 大淀头

大淀头美丽乡村建设成果被称为美丽乡村建设的典范,村庄的硬件建设方面具备了良好的旅游发展的条件,同时大淀头村曾经是"白洋淀诗群"三剑客(芒克、多多、根子)的插队村庄,以此开发诗歌文化资源,打造诗歌文化艺术采风区,塑造"中国现代诗歌文化之乡"的形象。以水乡休闲观光、诗歌文化艺术采风和特产旅游购物为主题。

◆ 八大淀亲水长廊

大淀头八大淀亲水长廊

◆ 大淀头村周边风貌

大淀头村周边风貌

◆ 大淀头商业街

大淀头商业街

4.东淀头

东淀头紧邻大淀头，村内船务漕运文化历史悠久，还保存有建筑风貌完整的药王庙，村庄东侧有记载明代田增救驾的古石碑刻，村庄内部的一处古民居门口留有"瓶生三载"的石碑雕刻。在旅游开发中，东淀头村以漕运船务文化为主题，计划建设漕运文化展示馆，芦苇画艺术展览馆，芦苇工艺观赏体验产品，白洋淀村庄民俗文化展示等产品，以及特产商业步行街等业态产品，与大淀头休闲观光、购物游相互补充，打造文化观光体验游。

◆ 东淀头步行街

东淀头步行街为东淀头村的中心大街，沿街选取具有代表性的居民点进行商铺化改造，商铺装饰和经营内容应以白洋淀传统水乡风貌为主要特色。

中心大街现状与改造后的商业街
图件来源于《白洋淀美丽乡村片区旅游特色村专项规划》

店铺小品

由村民房屋改建的水乡茶室

不同年代的水乡旧居对比

◆ 漕运文化展示馆

挖掘和搜集关于东淀头漕运文化的相关历史资料和遗留旧物，打造白洋淀的漕运文化展示馆，以实物展示和图片、视频展示等手段向游客展示白洋淀漕运文化风貌。

漕运文化风貌

◆ 芦苇画艺术展览馆

集中展示白洋淀芦苇画艺术展，向游客推介宣传芦苇画，并向游客销售或者设计体验性的活动，使游客与芦苇画艺术形成充分的互动。

白洋淀芦苇画

◆ 东淀戏楼①

将门口留有"瓶生三戟"石碑雕刻的古民居改建成仿古戏楼，主要向游客进行白洋淀传统曲艺节目（河北梆子、老调、民间音乐会等）的表演，演员以东淀头村和周边村庄的居民为主。前期筹备阶段，可邀请专业剧团的演员对村民开展教学式表演。村庄作为组织者向进村游客免费发放入场券，游客在场内消费茶水、饮料、食品等需付费。

---

① 来源于《白洋淀美丽乡村片区旅游特色村专项规划》。

传统曲艺节目及戏楼

◆ 休闲三角地

将村广场附近的邻水空地进行整饬改造，建设邻水休闲三角地，通过以小型或者可移动式咖啡厅、水吧、酒吧、书吧等精品微业态的嫁接和整合，打造东淀头休闲三角地，供游客休憩，放松。

东淀头村内台地设计

◆ 药王殿

将村内的药王殿进行修建改造，殿内陈设保持原貌，重现古代寺庙风格。可向游客提供日常养生、健康保养建议和咨询服务。

药王殿

并于每年的四月十九至二十一举办拜水节，以药王殿为庙会举办的核心场地，再现水乡出航拜水的传统盛会。庙会可召集周边村庄共同参与，安新县的所有水村均可组织村民演出队伍前来参与。

药王殿庙会

二、游船策划

白洋淀历史悠久，世代白洋淀居民在此地繁衍生息形成的文化积淀形成了淀区水乡特有的生产生活方式，淀区特殊的自然环境造就了别具特色的生产文化和交通文化。传统水运中的手划木船、竹筏，现代水运中的快艇、冲锋舟、摩托艇等马达船，以及旅游开发中的游艇、画舫、大船等都是白洋淀居民生产生活方式的阶段性历史展现，在白洋淀全面向旅游经济发展转型的阶段，依托白洋淀游船规模现状，结合现时代旅游者消费需求特点，整合不同历史阶段的特色船只，打造白洋淀独特文化标记的游船产品显得尤为重要。

（一）白洋淀游船现状

目前，白洋淀景区内有各种旅游船只约700艘，船队26个。其中快艇181条、小游艇168条、大游艇22条、小画舫4条、大画舫3条、环保船68条、单人划木船230条、双人划木船32条、三人划木船6条，详见表1。

表1 白洋淀游船规模现状

船型	每条船限乘人数	船只数量
单人划小木船	6	230
双人划小木船	8	32
三人划小木船	14	6
快艇	11	181
小游艇	5	168
大游艇	20	22

（续表）

船型	每条船限乘人数	船只数量
小画舫	35	4
大画舫	50	3
小环保（22）	22	5
小环保（33）	33	5
中环保（48）	48	7
中环保（52）	52	7
大环保（80）	80	35
总计	9056	705

从每条船的限乘人数来看，小游艇、单人划小木船和双人划小木船三种类型属于小型游船，每条船限乘人数分别为5人、6人和8人，结合现代自驾散客游市场逐渐火热的趋势，这些小型船成为自驾游客的最佳选择；从船只的类型来看，木船系列属于传统的人力船只，速度较慢，较为适合短线漫游。

（二）白洋淀游船策划

根据白洋淀大淀观光游的内容和游线，策划不同的游船类型。

1. 长线游船

通过整合现有船只，将11座以上的快艇、游艇、画舫和环保船只用于长线游线，主要接待团队游客和散客。

长线游船

2. 短线游船

在白洋淀短线区域，依托木船向游客提供漫游白洋淀的水上休闲活动。

木船

3. 特殊游览区域游船

在特定区域或者邻村区域开辟白洋淀野游探奇体验项目，以小木船、竹筏、竹排等传统工具，开展捕鱼捞虾、捉田螺、捡野鸭蛋、采荷叶的野趣游乐项目。

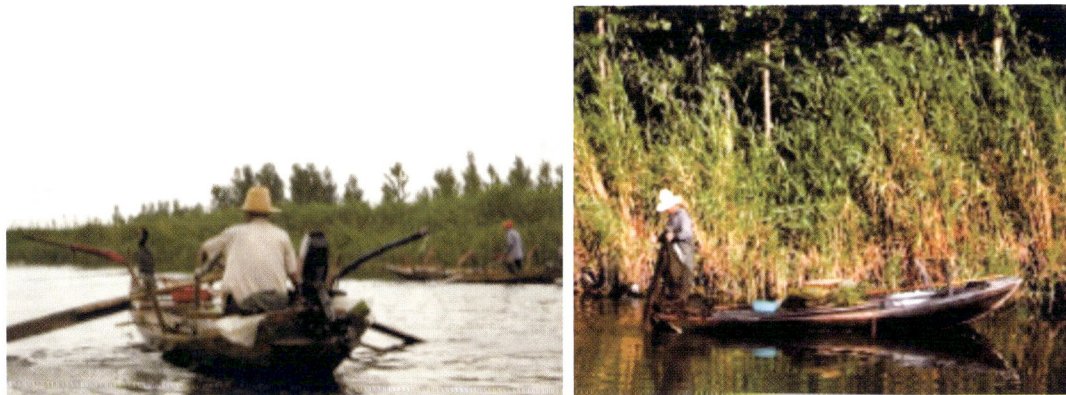

特殊游览区域游船

重点建设方案三：白洋淀景区门票 "一票制"总体方案设计

一、历史经验——记 2007 年 "一票制" 改革

对白洋淀景区未来的发展规划，尤其对于新的 "一票制" 方案的设计，离不开对历史经验的借鉴和梳理。在白洋淀景区的发展历程中，有一件事不得不拿出来详细叙述，它是安新县力推白洋淀景区改革决心的一次有力体现，也是牵动了周边县市利益的一次大事件，同时也暴露出了白洋淀船只船工管理甚至整个大景区改革中的重要问题。这就是推行仅两周多就被迫停止的 "一票制" 改革方案。

（一）"一票制" 改革的背景

进入 2000 年以后，安新县白洋淀景区在省旅游局的主持下与任丘、雄县达成了共同收取入淀资源费（类似景区大门票，现在为 40 元 / 人）、并按一定比例分成的资源共享协议。在此前提下，白洋淀的门票就变成了 "入淀费 + 景点票 + 船票"，购票程序颇为烦琐，给游客带来了诸多不便，也使得景区的管理更加复杂。

因此，为了进一步提升旅游体验，降低旅游成本，规范景区管理，提高服务水平，促进 5A 级景区旅游发展，在 2007 年，安新县旅游局推出了白洋淀景区 "一票制" 及班船制实施方案。

（二）"一票制" 改革方案具体内容

"一票制" 方案具体定义是："安新县白洋淀景区实现一张门票通行全景区；拟开通班船（同时保留包船）；建议实施淡旺季票价制：每年 5 月 1 日至 10 月 7 日为旺季，10 月 8 日至次年 4 月 30 日为淡季，淡旺季票价不同"[①]。具体计划则是从 2007 年 5 月 1 日开始，进入景区不再分收景点门票和船票，而是收取统一门票，"一票制" 改革方案除了对门票的修改，还涉及其他诸多方面，我们将分几部分进行介绍。

---

① 详细实施方案见安新县旅游局提供的《安新县白洋淀景区实行 "一票制" 及班船制的实施方案（草案）》。

　　首先，方案对票价进行了规定，并就景区的利润在景点、船队和管委会之间合理分配：

　　1.票价拟定为 198 元／张：其中景点收益 90 元，船费 20 元，景区建设维护费 20 元，旅行社返点 60 元，管理费 8 元。

　　2.收益分配由三部分组成：（1）景点，90 元；（2）船队，船（班）费 20 元；（3）管委会 28 元（含景区建设维护费 20 元，管理费 8 元）。旅行社返点以外散客不返点收益 60 元归管委会；有关制票费用、税费、管委会和任丘、雄县行政管理费用从管委会收入中支出。"[①]

　　有了总的收益分成，还要对具体的各项进行更进一步的分配。关于各主要景点的利润分配方法如下：

　　景点收益是指总票价 198 元中的 90 元，以下分项所涉及数据百分比都以 90 元（100%）为基数。

　　1.景点收益中的 8% 作为景区整体广告宣传费用。主要用作对白洋淀的旅游资源进行整合宣传，以增加客流量，增加各景点收益。该费用由管委会和各景点共管，透明公开运行，宣传促销前由管委会定方案，经各景点同意后实施。

　　2.景点收益中的 68.5% 按比例分配到各景点，具体分成依据各景点的投资额、往年门票价格、观赏功能和客流量四个评价指标，评定各景点所占比重，详见表1。

表1　一次分配各景点所占比例

景点	比例（%）	景点	比例（%）
荷花大观园	23	白洋淀文化苑	21
异国风情园	9.5	鸳鸯岛（含白洋淀之窗）	8.5
渔人乐园	1.5	元妃荷园	2
休闲岛	2	民俗村	1

　　景点经营过程中因故停业或被管委会和其他执法单位勒令停业整顿的，停业期间取消相应天数的一次分配，所扣发的资金转入二次分配基金。

　　3.景点收益的 23.5% 和其他转入的资金作为二次分配基金，全部用于二次分配。

　　二次分配实行积分制，即根据游客进景点数量加分和量化管理考核减分进行，分多多得，分少少得加分依据为每进景点 100 人加 1 分（按统一管理电脑网络系统记录结果计算）；减分依据量化管理考核细则（另附）。

　　……

[①] 摘自《安新县白洋淀景区实行"一票制"及班船制的实施方案（草案）》。

为确保景点升级改造的顺利进行，各景点按比例分成后，实际收益数额的15%将由管委会专户储存，款项的所有权归各自景点所有，专项用作各景点的维修、改造、升级，任何人不得以任何形式任何借口挪作他用。[①]

而船工的收益也不仅仅是"挣多少，拿多少"的分配方式，对于船工："班船船费20元/人。扣除管理费（4元），分三部分分配：班船队出船船工的工资；运营成本，即每天出船船只的油汽费（木船计人工费）；效益分配"。[②]

在班船制下具体的船工收入分配方法如下：

（1）管委会收取班船收入的20%（4元作为管理费）。

（2）支付每天出船船工的工资和机动船的油汽费（表2）。

表2　各船种汽油费一览表

船种	油汽费（元）
木船	10（人工费）
小游艇	30
快艇	50
环保	70

（3）拿出班船运营利润［除去（1）、（2）后的收入］的40%用于补贴班船船队以外的各种船只（其中3/4用于补贴快艇、小游艇、木船、二人划、三人划；1/4用于补贴环保船、大游艇、画舫、半封闭），按系数对各种船种进行分配。其系数确定以快艇为单位，其他船种参照快艇确定分配系数（表3）。

表3　各船种分配系数一览表

船种	分配系数
环保	2.2
画舫	1.8
大游艇	1.4
半封闭	1.3
快艇	1
小游艇	0.6
木船	0.4
二人划	0.5
三人划	0.8

---

① 摘自《安新县白洋淀景区实行"一票制"及班船制的实施方案（草案）》。
② 摘自《安新县白洋淀景区实行"一票制"及班船制的实施方案（草案）》。

收入分配的计算方法为：

$$应得补贴钱数 = \frac{用于补贴的总钱数}{每种船的只数 × 相应系数积的和} × 相应系数$$

（4）班船运营利润的60%归班船船队，按系数对各船种进行分配。其系数确定以快艇为单位，其他船种参照快艇确定分配系数（表4）。

表4　各船种分配系数

船种	分配系数	船种	分配系数
木船	0.4	小游艇	0.6
快艇	1	环保	2.2

收入分配计算方法为：

$$应得利润钱数 = \frac{用于分配的总钱数}{每种船出船次数 × 相应系数积的和} × 相应系数 × 相应出船次数$$

（支线运营的小游艇和木船的出船次数，参照快艇出船次数确定）

……

13. 财务管理

在管委会财务科设专门账户管理班船收入，班船管理费、人工费、油汽费及归班船的运营利润（即运营利润的60%），每周分配；用于不参与船种的补贴（即班船运营利润的40%），旅游旺季结束（10月7日）后统一分配。[①]

由于整体改革方案中保留了包船制，所以，针对包船制的改革调整如下：

1. 继续实行原有的管理，运行体制。

2. 鉴于实行"一票制"后，旅游线路和游客参观游览时间随之延长，包船时间应随之延长，机动船由原来的4小时延长到6小时，木船由原来的6小时延长到8小时。

3. 船费。由于延长了包船的时间，各包船船种船费在现有的基础上，上浮20%左右（表5）。

表5　各船种价格调整

船种	原船价（元）	调整价（元）	船种	原船价（元）	调整价（元）
快艇	220	260	小游艇	140	170
大游艇	320	380	环保船	500	600
小环保	340	400	小环保	380	450
中环保	450	540	大环保	600	720
双体	400	480	大画舫	500	600

---

① 摘自《安新县白洋淀景区实行"一票制"及班船制的实施方案（草案）》。

船种	原船价（元）	调整价（元）	船种	原船价（元）	调整价（元）
小画舫	380	450	半封闭	300	360
三人划	180	210	二人划	110	130
一人划	80	100	单人划	—	—

4．管理费。

机动船在现有的基础上上下浮10%，扣费比例为20%。

木船在现有的基础上上下浮10%，扣费比例为10%。[①]

除了内部收益分配，改革方案还针对另一棘手问题，即与任丘、雄县的旅游管理部门的协调、合作问题，做出了相关方案表述：

"鉴于已取消30元的入淀费，建议雄县、任丘和我县同一标准，来客按8元／人提取管理费返给二县市，如雄县、任丘管理费用高出我县。可考虑由管委会按双方协商数额给予定额补偿。"

其次，除了对改革后景点、船工的利益分配做出调整，在景区管理体制方面，景区管委会也做出了许多调整。为了保证"一票制"能够落实，防止其成为一纸空谈，首要任务就是控制私拉游客以及逃票漏票现象，因此，管委会规定：

（一）制票、售票和检票

"一票制"履行制票、售票、检票"三统一"的原则进行。

1．制票：由管委会统一制作。

2．售票：在旅游码头和雄县、任丘入口处由管委会统一网络出售。

3．检票：在各检票口统一网络检票。实行出入分口制。除旅游码头外，在雄县、任丘入口处的适当位置建设售票、检票站，网络系统上分设检票、销票程序，进景区检票、出景区销票，如在景区留宿，办理登记手续的同时将票录入系统加以确认。

设置景区管理电脑监控网络。管委会设总监控室，各景点入口分设检票系统、监控系统、电话等，有管委会总监控室随时查验掌握客流情况。景区内所有检票人员由管委会派出（不含景区内登记住宿刷卡人员）。

（二）门票实行一次有效。门票设条形码，经系统识别在景区游览，景点入园一次有效

1．进入景区的游客当日出景区的，出景区时经电脑检票系统确认后即全票作废。

2．进入景区的游客在景点内住宿的，住宿登记时经扫描确认，至次日乘班船，入其他景点有效，直至游遍9个景点。

3．出现丢失、无出园销售记录的门票，经系统确认后当日晚全票作废。[②]

---

① 摘自《安新县白洋淀景区实行"一票制"及班船制的实施方案（草案）》。

② 摘自《安新县白洋淀景区实行"一票制"及班船制的实施方案（草案）》。

由以上条例我们可以看到，新制定的"一票制"改革方案对票务系统有着极为详细的规定，对于检票更为严格。这对整个旅游秩序有着极大的提升，可以有效打击非法逃船逃票的行为，但更为重要的一点是，这项规定给邻近的任丘、雄县船工们的回扣收入造成了巨大影响。我们将在下一节中进行详细叙述。

最后，一票制方案还对船务运行机制进行了规划，并得出了较为合理、适应白洋淀景区运行特征的新船务机制：

为配合"一票制"的实施，结合白洋淀实际，经反复研究、论证，最终提出白洋淀的旅游船只实行"班船""包船"相结合的双轨运行体制。"

……

1.成立班船船队。船队的构成，52座环保船8条、12座快艇40条、小游艇10条、木船10条。

2.班船、包船分别运行，单独管理并分别调度。

3.班船运行线路分干线和支线

（1）干线：往返于码头—元妃荷园—荷花大观园—白洋淀文化苑—异国风情园。

（2）支线：大观园—王家寨

　　　　　元妃荷园—渔人乐园

　　　　　异国风情园—鸳鸯岛—休闲岛

干线运营的船只为52座环保船、12座快艇；支线运营的船只为小游艇、木船。

4.班船运行时间

早班8：00，末班17：00。

最晚返航时间18：00。班船间隔时间半小时，视客流量增加班次。[①]

以上是"一票制"改革方案的具体内容，方案设计可以说对白洋淀景区整体的提升改造有非常大的裨益，不论在细节还是总体战略层面上都很好地切合了白洋淀发展提高、申办"5A"的决心。但是这样一个看似完美的方案却并没有"善始善终"，反而最终被取消，这又是为何呢？我们将进一步分析，以更深入地了解。

二、总结回顾——"一票制"改革失败原因分析

（一）"一票制"改革的终结

安新县有着大大小小700多艘游船，而同样紧挨白洋淀的任丘和雄县也各有着

---

① 摘自《安新县白洋淀景区实行"一票制"及班船制的实施方案（草案）》

两三百条各式游船，这些船工在白洋淀旅游事业中发挥着举足轻重的作用，其力量不可小觑。而白洋淀景区的重要景点和主要游览区域均在安新县境内，任丘、雄县两地没有占有太多白洋淀的旅游资源，所以任丘、雄县两地的船工均要将游客送至安新县境内参观游览。由于这种特殊的情况，具有更多旅游资源的安新县对船工的管理就更为规范，这里的船工都有着正式的船队，在旅游管理部门也有着统一备案，且会缴纳一定数额的管理费[①]，而且在从事旅游接待业务的过程中也有着统一的服装、行为规范等，管理较为严格。而雄县和任丘两地的船只则不归安新县管理，当地旅游局的管理也极为松散，没有过多的统一要求，这两地的船工也不用像安新县的船工那样缴纳管理费用。贫乏的旅游资源再加上天然的成本优势，使得任丘、雄县的船工有更大的激励以低船价吸引游客，再将游客拉至安新县境内的景点赚取景点返给的回扣。而出于这两地松散的管理和对高利润的追求，各大景点（尤其是两个最大的景点"荷花大观园"和"白洋淀文化苑"）也非常愿意与这两地的船工结成"同盟"，共同进行折扣门票的贩售。[②]

而"一票制"的试行恰恰会侵犯到这一利益团体的核心利益，由以上的规定我们可以看到：一方面，以后如果想要进入安新县境内的白洋淀景区，就一定会经过安新县旅游管委会设置的检票口，也就是必须要遵从"一票制"的规定购买统一门票，而这也就意味着"一票制"截断了雄县、任丘船工与安新县白洋淀景区内各主要景点的直接联系。另一方面，一张票通行景区的原则将使景点自身不能再售票，景区失去了门票出售权，船工也就不能再通过出售景区低价卖给自己的门票给游客，规范而严格的制度使得船工断了"财路"。因此，在5月1日开始实行一票制后不到两周的时间，任丘（以及少许雄县）的船工就组织了人马到省信访局上访，理由为安新县独占白洋淀旅游资源（后经向安新县政府工作人员调查了解，此次上访活动很可能是白洋淀几大私营景点由于其收益受到"一票制"的威胁，在背后挑唆雄县任丘船工反对一票制）。由于上访人数众多，影响比较大，且牵扯到两个市之间的利益纷争，所以省信访局联合了省旅游局和省物价局对此事做出了协调，结果是安新县在自己县内的白洋淀景区实行"一票制"，而在任丘和雄县继续实行以前的"景点＋门票"的制度。

但除了"外患"，改革也出现"内忧"。在对外政策失利后不到一周，安新县对自己辖区内的白洋淀景区所实行的"一票制"和班船制方案也宣布停止，轰轰烈

---

① 具体缴纳比例及数额已在前文中详细叙述，可见《安新县白洋淀景区实行"一票制"及班船制的实施方案（草案）》。

② 各主要景点会给船工以数额极大的回扣，以吸引船工载游客前来。具体数额、方式等见报告第二部分的分析。

烈的"一票制"改革彻底宣告失败。

(二) 改革失败原因的深层分析

那么，是什么导致了这次改革的最终失败呢？可以说是内、外两方面的原因造成的。首先，对外的核心问题是与周边县市利益分配不合理。雄县、任丘两地旅游局对自己的船工组织并没有有效的管理约束作用，也就更无法要求船工遵守安新县做出的规定，而船工核心利益的触动又得不到其他的补偿，就会对改革造成很大压力，而且面对上访，省一级政府部门的处理方式也有待商榷，对稳定的追求却错失了加强对牵扯到两市三地的白洋淀景区统筹规划的良机。这样，改革就没有一个有利的外部条件。其次，对内，各私营景点①的收益分配在"一票制"之后将完全处于旅游局和景区管委会的统筹和监督之下，失去了自己景点的售票权，也就失去了通过竞争（多为超低价销售的恶性竞争）获取超额利润的机会和空间，因此，对"一票制"实行之后客源流失的担忧也使得其与景区管委会之间的矛盾加剧。但是，这些原因可以解释"一票制"无法适用于雄县、任丘，可在安新县境内，并无船工上访或者明目张胆的反对抗议行动；景点方面，如果此次改革真的可以消除景点间的恶性竞争，对其也不失为一件好事，因此可能存在获利的空间，那为何在安新县，"一票制"也无法存活下去呢？

经过我们对经历了白洋淀"一票制"和班船制改革的船工的采访，我们发现，就安新县白洋淀景区内部而言，改革的失败一是因为制度的执行不够彻底；二是因为没有适应游客的需求，游客的"不买账"是改革不能继续进行的根本原因。

改革后的白洋淀景区内部交通实行的是"班船""包船"相结合的双轨运行机制。不过虽然方案中声明要成立专门的班船船队②，实际各个行驶班船路线的船只都是从原来的船队中临时抽调出来的，没有专门的班船船队组织。而且班船制也并非准时、准点发船，而是等人上齐了之后才发船，这样的发船方式对游客的时间是极大的损耗，并已经违背了当初班船制的初衷。此外，我们还发现，此次改革留给船工的利益过少，在"一票制"198元门票收入当中，留给船工的收入只有20元，且收入中的20%还要上交管委会作为管理费用，实际收入就只有16元，远远低于原来"景点＋门票"的制度下的收入③。而包船的游览时间增加了2小时④，票价也只是增加了一小部分。尽管在仅持续两周的"一票制"改革中，安新县船工并未出现抵触行为，也暂时没有阻碍班船制和"一票制"的实行，但采访中船工们透露出的担心与不满

---

① 尤其是文化苑与荷花大观园。
② 见《安新县白洋淀景区实行"一票制"及班船制的实施方案（草案）》。
③ 详见本报告第三部分的船工收入报告。
④ 机动船由4小时延长到6小时，木船由6小时延长到8小时。

情绪，很可能成为隐忧。设想如果"一票制"没有受到外力的冲击从而继续维持下去，会不会最终因为船工利益受损而失败，也是非常值得思考的问题。因此，作为白洋淀旅游主要参与者的船工的利益得不到保障，改革也就难以推行。

就景区的自然条件来说，由于白洋淀景区水域面积大，旅游时间较长，而游客又大多为一家人或与亲朋好友一同出游，所以普遍青睐线路和时间安排更为灵活包船出游，因此，班船的生意惨淡，"时常一天等不到几个游客"[①]。综上可见，改革后的班船既没有包船的私密性，也失去了包船的便利性，还没有班船的规律性。因此从船工和游客的供给侧、需求侧两个方面讲，使用班船的积极性都不高，"一票制"和班船制也就没有有利的内部条件。

因此，此次"一票制"改革面对着内外双重阻力，**既没有协调好与其他县市的关系，又没有解决好核心利益群体的收益，也没能针对消费者的核心需求设计出人性化的运行机制**，种种原因，使得改革仅仅持续一周就无法维持，临时叫停。这一过程既令人叹息，又引人深思。在今后的景区升级改造中，一定要围绕这几个方面，妥善安排、协调好各方利益，并秉持"以人为本"的宗旨，设计出符合消费者需求的规划和设计。吸取这次改革的失败教训，将为安新县以及整个白洋淀景区未来的改革发展、创新升级提供宝贵的经验以及坚实的保障。

三、面向未来——新"一票制"方案设计

"园中园，票中票"的景区模式无法适应新的形势发展，也与国家的规定不符。烦琐的程序、复杂的步骤都会使得白洋淀景区的游览体验大大下降，因此，新方案的制定也迫在眉睫。根据 2007 年"一票制"失败的经验教训，根据调研过程中发现的各种问题和隐患，也根据国家最新的政策动向和行业发展趋势，本调研组认为，白洋淀景区的新"一票制"方案在制定过程中需要遵循以下几个原则：

一是景区整体游览模式和管理体制的改造升级是新方案设计的首要任务。白洋淀景区"一票制"方案的设计牵一发而动全身，没有整个景区的整体升级，一个简单的门票制度改革很难一马当先，打响头阵。白洋淀景区虽然历经多年改革发展，但是原有的景区经营管理模式正面临诸多挑战，现有的旅游发展模式的综合带动作用也非常有限。只有在各项制度日趋完善、景区管理日渐成熟、游览路线日新月异的情况下，"一票制"改革方案才能顺利执行，这反过来也一定会成为整个白洋淀

[①] 根据对船工的采访内容整理而得。

景区管理体制建设的有机组成部分。

二是"以人为本"，以游客的核心需求为导向进行规划和设计是方案的根本前提。市场趋势是客观规律，不能逆势而上，更不能闭门造车。在市场需求快速转变，游客要求日益提高的今天，必须认真研读消费者的消费心理和游览行为，游客究竟喜欢包船还是喜欢班船？喜欢景点游还是大淀观光游？喜欢一日游还是两日甚至三日游？散客和团队游客有什么特殊需求？这些问题无一不需摸清楚，弄透彻，只有在科学理论的指导下深入理解其真实需求，才能使新的方案适合大众、顺应潮流，不至于像上一次的"一票制"改革，看似全面周到的方案设计却因缺乏游客的捧场而功败垂成。

三是不侵害船工和村民的原有正当利益，是方案设计的核心诉求。水区内大量居民的存在是白洋淀景区有别于许多其他景区的特殊之处，这一因素使得白洋淀景区的发展不可能甩开白洋淀的原有居民而"单飞"。白洋淀的发展面临着民生、环保、经济发展等多重压力，可以说景区、政府、企业和居民是一荣俱荣、一损俱损的，在政府主导制订的"一票制"改革方案中，只有充分考虑到水区居民的利益，包容、善用船工、居民自组织体系的民间治理力量，用旅游带动发展进步，或至少不让旅游活动的副效用过多影响到原有的生活环境，才能实现旅游发展的根本目标。这样的方案才能减少摩擦和阻力，构建出一个和谐共赢的局面。

四是综合考虑、全面协调与周边县市利益是白洋淀景区"一票制"方案成功制订和稳定有效执行的必要保障。尽管白洋淀水域大部分面积位于安新县境内，而且核心景区均为安新县所有，但由于白洋淀特殊的地理环境，经由周边县市如任丘、雄县进入白洋淀的游客数量也不可小觑，由此形成的利益群体——尤其是任丘和雄县当地船工的利益，也不得不纳入新方案考虑的范围当中。由之前"一票制"的失败经验可以知道，一个能够总揽全局、综合统筹领导各县市涉旅事宜机构的设立和实际发挥作用是多么的重要。基于目前的现实，从安新县政府和旅游部门的角度来看，加强与周边县市的沟通交流，并建设定期长效联系机制，通过协商解决问题，是景区发展的中正之道。

除此之外，从实践层面上讲，也应注意以下问题：

一是票价票制改革宜循序渐进，不宜贪快求全。由于白洋淀景区面临的问题较为复杂，面对着不同的利益主体，从具体操作角度来看，应首先抓住问题的主要矛盾，并从这些问题中找到突破口，实现重大进展。在上一次的"一票制"改革中，一次性触动了船工、景点和周边县市各方利益，这样加大了解决问题的难度，虽求毕其功于一役，但解决不好的话，阻力也会空前加大。所以，面对多种票价票制，可从最好解决的船票入手，稳扎稳打，逐步推进改革。

具体来讲，可分几个步骤进行船只票价制定工作。首先，将不同类型的航船游艇进行分类，按船队分配不同的工作任务，例如包船游览或承担统一的班船航运；之后，进行游船运营成本核算，包括购置、保养船只的相关费用，相关许可证、资格证书费用，船只的油费以及人工成本等，为票价制定和分成比例确立准确有效的事实基础；再次，通过大数据分析确定不同航线、不同航段、不同时段、不同种类游客所需的船只数；最后，综合分析以上问题，按照相关物价法规标准，确定最终价格。

在统一了船票之后，可着手进行下一步的"大淀观光游"门票设计和入淀费标准设计。在政府可全面把控的价格方面确立价格后，再与相关私营景点进行讨论协商，确立最终白洋淀的全部门票价格。这样的渐进式避免了与相关利益群体的一次性全面摩擦，也掌握了改革的主动权，更有利于新"一票制"的确立与实施。

二是班船制方案的设计应和票制改革相配合。一票制、班船制这两方面可以说是相辅相成。在曾经的改革中，"一票制"方案的流产很大一部分原因是班船制制度设计存在缺陷。根据实际情况来讲，开班船的船工会等待游客全部上齐之后再开船，而非定时开船。而这样的班船既失去包船的私密性、便利性，也失去了正常班船的规律性，可以说这种设计违背了班船开通的初衷。班船和包船这两种乘船方式代表着不同类型游客的需求，不同方式更是直接影响着白洋淀景区游览模式，在统一门票、实现大淀观光游模式升级的目标下，将游船统筹整合，改变原有的乘船方式，可以说在实践环节至关重要。游船作为白洋淀景区的"血液系统"，不仅被游客的游览偏好所决定，同时也影响着游客的决策。目前，自驾游游客明显增多，而这部分游客喜好小型包船以满足家庭出游的便利性，所以，将最新情况考虑进方案中，并在"一票制"改革中注重班船制的合理设计，将起到四两拨千斤的效果。

三是提升景区软件和硬件服务质量和水平才能为"一票制"保驾护航。从供给侧的角度讲，在"互联网+""大数据"和智慧城市等概念的冲击下，使用多样化的数据搜集、统计、分析手段，指导景区旅游工作的开展，正成为势不可挡的时代潮流。在"一票制"的改革过程中，利用好各种现代化、信息化的软件和硬件，为景区内各船只、各景点、各村庄提供实时客流信息，统计接待游客量、游客消费量等各项数据，是实现科学管理、精细操作的前提。这些数据的收集和运用将为景点分成，逃票漏票检查，船工景点勾结收取回扣等行为的监督管理提供重要依据，避免不必要的摩擦，使得景区管理建设快速迈入新高度，并能为以后的"智慧旅游""全域旅游"工作做好充分的对接准备。

附录：白洋淀生态建设与旅游发展研究

引言

白洋淀位于我国华北平原中部，是华北平原上最大的淡水湖泊，白洋淀总面积366平方公里，东西长39.5公里，南北宽28.5公里，白洋淀被3700条沟壑，12万亩芦苇，10万亩荷花分割成大小不等形状各异的143个淀湖，素有"华北明珠"之称。白洋淀毗邻两市五县，大沽高程8米时，其中85.6%水域面积在安新境内。

白洋淀地貌属太行山东麓永定河冲积扇和滹沱河冲积扇相夹持的低洼地区，自然景观以水、沼泽、芦苇为主，水体面积占白洋淀总面积约50%。白洋淀湿地是华北地区面积最大的湿地，也是亚洲地区最典型和最具代表性的天然湿地之一。白洋淀在缓洪滞沥、涵养水源、调节区域间气候，尤其是在保持生物多样性、丰富和扩大物种种群，维持生态平衡方面发挥着极其重要的作用。白洋淀堪称"华北之肾"。

白洋淀地处中国东部暖温带季风气候区，地理位置独特，年平均降水量534.9毫米，年平均蒸发量1773.4毫米，加上淀水渗漏，白洋淀平均一年吞吐水量多达3亿立方米，这对于缓解华北地区干燥气候，改善温湿状况，涵蓄水源等方面有着重要意义，尤其是在夏季南风占主导风向时，对北京的温度与湿度调节及减少风沙有着一定的作用。

白洋淀上承九河（唐河、府河、清水河、瀑河、漕河、萍河、孝义河、潴龙河、白沟引河），下注渤海，是海河流域重要的蓄滞洪区，是大清河水系重要的水利调节枢纽，年平均径流量35.66亿立方米。丰水期，白洋淀担负着保卫京九、京沪铁路、华北油田以及下游地区人民生命财产安全的重任；枯水期，白洋淀补给地下水，提高地下水位，解决冀中平原地区严重缺水问题。

一、白洋淀生态环境特征

（一）水生植物特征

白洋淀淀内生长的芦苇、蒲草等水生植物和微生物是天然的"净化剂"，这些水生植物和微生物通过聚集作用、淤积作用、脱氮作用，吸收、固定、转化和降解水中营养物质和有毒污染物，净化水体，改善水质，降低水体富营养化程度，从而保证白洋淀湿地良好的生态环境。

1. 白洋淀大型水生植物

白洋淀大型水生植物按生态类群分类，有沉水植物 16 种，占 35%；浮叶植物 8 种，占 17%，漂浮植物 4 种占 9%；挺水和湿地植物 18 种，占 39%。上述生态类群中挺水和湿地植物最为复杂。白洋淀大型水生植物不同生态类群的种类组成有：沉水植物、浮叶植物、挺水和湿地植物。

（1）沉水植物：拟轮藻、轮藻、丝网藻、菹草、马来眼子菜、光叶眼子菜、篦齿眼子菜、小眼子菜、仙人眼子菜、大茨藻、小茨藻、轮叶黑藻、苦草、金鱼藻、狸藻、聚草，占 35%；

（2）浮叶植物：田字萍、两栖蓼、莲、睡莲、茨实、菱、荇菜、荼菱，占 17%；

（3）漂浮植物：槐叶苹、苹菜、小浮萍、紫背浮萍，占 9%；

（4）挺水和湿地植物：水车前、慈姑、白菖蒲、马斑草、菽蔠、芦苇、稗、水蜈蚣、牛毛毡、飘拂草、 草、荆三棱、莎草、旱苗蓼、荁草、水芹、地笋、菰，占 39%。

2. 白洋淀湿地代表植物芦苇

白洋淀芦苇的生长面积约 12 万亩，是白洋淀分布面积最大、最典型的水生植被。芦苇可以调节气候、净化污水、澄清水质、抑制藻类和维持生物多样性，在湿地功能的发挥过程中起着不可忽视的作用；芦苇还是重要的轻工业原料和建筑材料，既可以造纸又可以编织，芦苇产业是白洋淀淀区农民的主要收入之一。芦苇属于多年生植物，杂草是影响芦苇产量和质量的关键因素之一，深入了解芦苇田面积较大的安新镇、端村镇、赵北口镇、大王镇、圈头乡、寨里乡，明确白洋淀芦苇田杂草的发生种类及发生概况，对于有效防除芦苇田杂草具有重要意义。

白洋淀湿地芦苇的地上部分、地下部分生物量与地下/地上生物量比值均较大，且波动范围较小，显示出白洋淀湿地为芦苇提供了相对稳定的生境；白洋淀湿地具有较高的芦苇地上、地下部分生物量，从而具有较高的生态系统净初级生产力。白洋淀湿地芦苇地上部分各构件氮含量随着物候期而发生变化，最大值都出现在 4 月，此时为芦苇的生长初期，其后随着植物体的生长和生物量的增加，氮元素在植物体内的分布出现"稀释"效应，表现为氮含量随时间的推移而逐渐降低；根状茎作为芦苇的存储器官，氮含量随时间推移的变化较小，最高值则出现在 8 月，此时生长季已经基本结束，地上部分即将进入凋谢期。上述现象符合植物的生长特征与物候规律。白洋淀湿地芦苇植株地上部分的氮、磷储量最大值均出现在 6 月，在以净化水质、吸收营养元素为目的的人工湿地中，此时是收割植株地上部分以实现氮、磷净化效果的最佳时间。但白洋淀湿地作为海河流域最重要的湖泊湿地之一，具有调节区域气候、缓洪滞沥等重要的生态服务功能，芦苇作为该区域分布面积最大、最典型的水生植被，在上述功能的发挥过程中起着不可替代的作用。

芦苇植株发达的根茎、密集着生的叶片以及高的蒸腾作用强度，可减弱呼吸作用。降低叶面温度从而储藏较多的净光合作用产物。所以，白洋淀湿地芦苇具有较高的储碳、固碳能力。

3. 白洋淀典型景观植物荷花

荷花为白洋淀优势挺水植物，耐污能力强，分布面广，易成活，具有景观与经济双重价值，对水体中氮和磷有很好净化效果。利用适宜种植密度的荷花控制水体富营养化可取得很好效果。不同荷花种植密度对水体中氮和磷都有一定净化效果，荷花种植密度为 3 株 / 平方米对水体总氮、氨氮和总磷的净化效果最优，对总氮、氨氮和总磷的去除率分别为 47.11%、49.14% 和 42.88%，对绿藻细胞生物量抑制率为44.46%。荷花能改善水体水质，因荷花在生长过程中需吸收营养盐，用于自身生长所需。荷花种植密度过低，其对水体中营养盐吸收效果较差；荷花种植密度过高，导致伴生沉水植物光合作用受阻，生长受限。当荷花种植密度大于 3 株 / 平方米，荷花主要伴生种金鱼藻会大量消失，金鱼藻生产缓慢，不能吸收足够的营养盐，部分植株因竞争而死亡，腐败植物会造成水体中氮、磷元素含量升高，同时会加剧湖泊沼泽化趋势。白洋淀，种植不同密度的荷花能在一定程度上治理水体富营养化，对水体中的总氮、总磷和氨氮都有明显的去除作用，抑制藻类生物量效果显著。合理种植密度能有效改善水质，荷花种植密度为 3 株 / 平方米时，其对水体的净化效果最好。

表 1　白洋淀水生高等植物名录及生活型
Table 1　List and life forms of aquatic higher plants in Baiyangdian Lake

科名 Family	中名 Chinese name	学名 Latin name	生活型 Life form
苹科	苹	Marsilea quadrifolia	浮叶
槐叶苹科	槐叶苹	Salvinia natans	漂浮
满江红科	满江红	Azolla imbricata	漂浮
蓼科	旱苗蓼	Polygonium lapathifolium	挺水
	两栖蓼	P. amphibium	浮叶
	红蓼	P. orientale	挺水

（续表）

科名 Family	中名 Chinese name	学名 Latin name	生活型 Life form
	水蓼	P.hydropiper*	挺水
	细刺毛蓼	P. barbatum var. gracile	挺水
	莲	Nelumbo nucifera	浮叶
睡莲科	睡莲	Nymphaea tetragona	浮叶
	芡实	Euryale ferox	浮叶
金鱼藻科	金鱼藻	Ceratophyllum demersum**	沉水
	五刺金鱼藻	C. oryzetorum	沉水
毛茛科	石龙芮	Ranunculus sceleratus+	挺水
虎耳草科	扯根菜	Penthorum chinensis	挺水
菱科	野菱	Trapa incisa*,**	浮叶
	菱角	T.bispinosa	浮叶
	乌菱	T.bicornis**	浮叶
小二仙草科	（聚草）	Myriophyllumspicatum	沉水
	轮生	M.verticillatum	沉水
杉叶藻科	杉叶藻	Hiopuris vulgaris	挺水
伞形科	水芹	Oenanthe javanica△	挺水
唇形科	地笋	Lycopus lucidus△	挺水
龙胆科	荇菜	Nymphoides peltatum	浮叶
玄参科	石龙尾	Limnophila sessiliflora	挺水
胡麻科	茶菱	Trapella sinensis	浮叶
狸藻科	细叶狸藻	Utricularia minor**	沉水
	狸藻	U. vulgaris+,**	沉水
葫芦科	合子草	Actinostemma Lobatum	挺水
香蒲科	香蒲	Typha angustifolia	挺水
黑三菱科	黑三菱	Sparganium stolohiferum**	挺水
眼子菜科	眼子菜	potamogeton distinctus	沉水
	微齿眼子菜	P.maackianus	沉水
	篦齿眼子菜	P.pectinatus	沉水
	马来眼子菜	p.malainus	沉水
	菹草	P.crispus	沉水
	光叶眼子菜	P.lucens	沉水
	小眼子菜	P.pusillus**	沉水
	角果藻	Zannichellia pedunculata**	沉水
茨藻科	小茨藻	Najas minor	沉水
	茨藻	N.major	沉水

（续表）

科名 Family	中名 Chinese name	学名 Latin name	生活型 Life form
泽泻科	泽泻	Alisma orientale**	挺水
	慈姑	sagittaria sagittifolia	挺水
花蔺科	花蔺	Butomus umbellatus	挺水
水鳖科	水鳖	Hydrocharis dubia	漂浮
	水车前	Ottelia alismoides	沉水
	苦草	Vallisneria gigantea	沉水
	轮叶黑藻	Hydrilla verticillaia	沉水
禾本科	李氏禾	Leersia hexandra	挺水
	粞壳草	L. sayanuka**	挺水
	菰	Zizania caduciflora	挺水
	芦苇	Phragmites communis	挺水
	旱稗	Echinochlia crusgalli	挺水
	孔雀稗	E. crusgalli var. crus-pavonis	挺水
	瘦瘠伪针茅	Pscudoraphis depauperata	挺水
	扁穗牛鞭草	Hemarihria compressa	挺水
	牛鞭草	H.compressa var. fasciculata	挺水
莎划科	藨草	Scirpus triqueter	挺水
	剑苞藨草	S. ehrenberrgii	挺水
	扁杆藨草	S.planicnlmis	挺水
	水毛花	S.mucronatus*	挺水
	羽状刚毛藨草	S.subulatus	挺水
	复序飘拂草	Fimbristylis bisumbellata	挺水
	头状穗莎草	Cyperus glomeratus	挺水
	旋鳞莎草	C.michelianus	挺水
	红鳞扁莎	Pycreus snaguinolentus**	挺水
	华湖瓜草	Lipocarpha chinensis*	挺水
天南星科	菖蒲	Acorus calanus	挺水
浮萍科	紫背浮萍	Spirodela Polyrhiza	漂浮
	浮萍	Leman minor	漂浮

　　"＊＊"根据河北省农业大学标本；"＊"是中国科学院动物研究所标本；"＋"周根生和曹子余采的标本；"＊＊＊"王启无先生采的标本；"△"河北省水产学校标本。

（二）水生动物特征

白洋淀野生鱼类资源有 54 种，主要有鲤鱼、黑鱼、黄颡等，鲤科种类最多。哺乳动物 14 种，其中国家保护动物 5 种。浮游植物 406 种，27 变种，浮游动物 41 种，底栖生物 38 种。

1. 白洋淀底栖动物

淡水湖泊中底栖动物的主要类群包括软体动物、环节动物和水生昆虫等，由于底栖动物对环境变化反应敏感，当水体受到污染时，底栖动物群落结构及多样性会发生改变，因此，其种类和群落特征作为环境评价指标在湖泊水质监测中得到广泛应用。

白洋淀有底栖动物 23 种，分属软体动物门、环节动物门、节肢动物门，其中软体动物 17 种，环节动物 2 种，水生昆虫幼虫 4 种。中国圆田螺、中华圆田螺、绘环棱螺、羽摇蚊幼虫为全年分布种。可以看出，中国圆田螺、中华圆田螺、梨形环棱螺、绘环棱螺、椭圆萝卜螺和羽摇蚊幼虫在各采样点均有出现。鸳鸯岛、南刘庄、烧车淀、王家寨、枣林庄、光淀、圈头、采蒲台、端村采集到的底栖动物种类依次是 13、9、10、11、12、11、17、13 和 13 种，圈头的底栖动物种类数最多，各采样点之间差异不显著。但环节动物在各采样点分布差异比较明显，仅在鸳鸯岛、王家寨、圈头、采蒲台和端村采样点存在。据报道，环节动物种类的比率与水体的污染程度呈正相关。

表 2 白洋淀底栖动物名录

种类	采样点									
	12月	3月	4月	5月	6月	7月	8月	9月	10月	11月
软体动物 Mollucato										
中国圆田螺 Cipangopaludina chinensis(Gray)	+	+	+	+	+	+	+	+	+	+
中华圆田螺 C.cathayensis(Heude)	+	+	+	+	+	+	+	+	+	+
球圆田螺 C.amptlliforis			+							
梨形环棱螺 Bellamya puriflcata(Heuda)			+	+	+	+			+	+
绘环棱螺 B.limnophila(Mabille)	+	+	+	+	+	+	+	+	+	
方形环棱螺 B.Puadrata(Benson)			+		+					
椭圆萝卜螺 Radix swinhoei(H.Adams)		+	+	+	+	+	+	+	+	+

（续表）

种类	采样点									
	12月	3月	4月	5月	6月	7月	8月	9月	10月	11月
背角无齿蚌 Anodouta woodina woodiana(Lea)					+	+	+	+	+	+
大沼螺 Parafossarulus eximius(Frauenfeld)									+	+
方格短沟蜷 Semisulcospira cancellata(Benson)			+					+	+	
大瓶螺 Ampullaria gigas Spix									+	
凸旋螺 Gyraulus conuexiusculus(Hutton)	+		+		+	+	+			
大脐圆扁螺 Hippeutis humbilicalis(Benson)		+		+	+					
尖口圆扁螺 Hippeutis cantori(Benson)		+		+	+			+	+	+
静水椎实螺 Lymnaea stnagnalis(Linnaeus)	+		+	+	+					
泉膀胱螺 Psysa foncinalis(Linnaeus)			+							
河蚌 Corbicula fluminea(Muller)	+									
环节动物 Annelida										
霍普水丝蚓 Limnodrilus hoffmeisteri								+	+	+
八目石蛭 Erpobodelle octoaclata(Linnaeus)									+	+
水生昆虫 Aquatic insects			+	+	+					
羽摇蚊幼虫 Chironomus gr.plumosus(Linnaeus)	+	+	+	+	+	+	+	+	+	+
长腿水叶甲幼虫 Donaci prouocsti(Faimaire)		+	+				+	+	+	
黄蜻幼虫 Pantala flauescens(Fabricius)		+						+		
豆娘 Zygoptera sp.										+

表3　底栖动物在白洋淀各采样点的分布

种类	采样点								
	鸳鸯岛	南刘庄	烧车淀	王家寨	枣林庄	光淀	圈头	采蒲台	端村
软体动物 Mollusca									
中国圆田螺 Cipangopaludina chinensis(Gray)	+	+	+	+	+	+	+	+	+
中华圆田螺 C.cathayensis(Heude)	+	+	+	+	+	+	+	+	+

（续表）

种类	采样点								
	鸳鸯岛	南刘庄	烧车淀	王家寨	枣林庄	光淀	圈头	采蒲台	端村
球圆田螺 C.ampulliformis	+					+			
梨形环棱螺 Bellamya purificata(Heuda)	+	+	+	+	+	+	+	+	+
绘环棱螺 B.limnophila(Mabille)	+	+	+	+	+	+	+	+	+
方形环棱螺 B.Puadrata(Benson)		+					+		
椭圆萝卜螺 Radix swinhoel(H.Adams)	+	+	+			+	+	+	+
背角无齿蚌 Anodonta Woodiana woodiana(Lea)			+	+		+	+	+	
大沼螺 Parafossarulus eximius(Frauenfeld)					+		+	+	+
方格短沟蜷 Semisulcospira cancellata(Benson)							+	+	+
大瓶螺 Ampullaria gigas Spix						+			
凸旋螺 Gyraulus convexiusculus(Hutton)	+		+	+	+		+		
大脐圆扁螺 Hippeutis humbilicalis(Benson)			+				+		
尖口圆扁螺 Hippeutis cantori(Benson)			+	+	+	+	+	+	+
静水椎实螺 Lymnaea stagnalis(Linnaeus)					+	+	+	+	
泉膀胱螺 Physa foncinalis(Linnaeus)					+				
河蚬 Corbicual fluminea(Muller)							+		
环节动物 Annelida									
霍普水丝蚓 Limnodrilus hoffmeisteri	+			+		+		+	
八目石蛭 Erpobodella octoaclata(Linnaeus)								+	+
水生昆虫 Aquatic insects									
羽摇蚊幼虫 Chironomus gr. plumosus(Linnaeus)	+	+	+	+	+	+		+	+
长腿水叶甲虫 Donacia proxosti(Farrmaire)	+	+		+	+			+	+
黄晴幼虫 Pantala flaxescens(Fabricius)	+	+							
豆娘 Zygoptera sp.	+								
软体动物种类数 Nnmber of Mollusca	8	6	9	8	10	10	14	10	9
环节动物种类数 Nnmber of Annelida	1	0	0	1	0	0	1	1	2
水生昆虫种类数 Nnmber of Aquatic insects	4	3	1	2	2	1	2	2	2

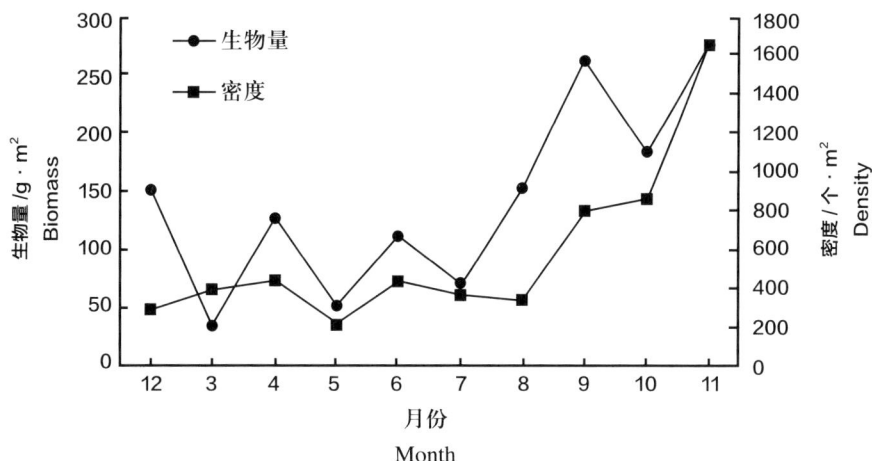

图 1　白洋淀底栖动物生物量和密度年变化趋势对比

2. 白洋淀鱼类

通过对白洋淀鱼类近 50 年的相关调查文献进行整理，白洋淀鱼类较完整的名录，共 11 目 18 科 55 属 63 种，以中国江河平原区系复合体为主，其中鲤科 38 种，占绝对优势。历次调查所得种类数与平均入淀水量见图 2，可以看出白洋淀鱼类总数与入淀水量变化趋势几乎一致，总体呈下降趋势。郑葆珊等于 1958 年调查共得 11 目 17 科 50 属 54 种，此时因水利工程尚未开始大规模兴建，白洋淀有数条支流，50 年代平均入淀水量为 18.27 亿立方米，入淀水量极为丰富，又以大清河作为出口，与海河相通，淀内水生植物、浮游生物和底栖动物繁茂，鱼的种类和数量都很丰富，尚存在洄游性的鱼类，如鲻科 (Mullet)、鳗鲡科 (Anguillidae) 等，反应了上游水库调蓄作用前的情况，比较接近自然状况，调查结果可以作为该区域背景值。

由于 1958 年—1960 年在入淀河系上游相继建库拦洪，仅 100 万立方米容量水库就有 10 个，如王快、西大洋、横山岭水库等，小型水库 134 座，总库容量 36.19 亿立方米。超过了流域多年平均径流量 23.66 亿立方米 (1956 年—2005 年)。对建库前后典型年水量比较可见（表 4），在同样降水条件下，建库前和建库后的入淀水量有显著区别。在年降水量相似情况下，1957 年入淀水量是 1968 年的三倍之多，而 1986 年入淀水量甚至为 0；而 1988 年的降水量在近乎两倍于 1957 年的情况下，其入淀量才与之相当。因此上游拦洪建库加上大清河下游筑坝和围水造田，已彻底改变了白洋淀原来的环境条件。不但阻截了顺河入淀的鱼类，切断了洄游鱼类的入淀通道。而且使白洋淀除汛期排洪外，很少有水入淀，20 世纪 70 年代平均入淀量为 11.43 亿立方米，较 50 年代下降了 37%。

因此这种情况下，1975 年—1976 年调查仅得到 35 种鱼类，所减少的主要是沿海河溯水入淀和上游河流产卵入淀的鱼类，如鳗鲡、梭鱼、银鱼、鳜、赤眼鳟和青鱼等。进入80年代后，上游生活、灌溉用水大幅增加，入淀水量持续下降，平均仅为2.77亿立方米，甚至在1983年—1988年连续干淀，导致环境进一步恶化，鱼类资源遭到严重破坏，在1988年8月重新蓄水后，1989年—1991年的两次调查分别仅得到24种鱼类，为历次调查最低值；经过数年的恢复，到2001年—2002年调查得到33种，但仍然没有洄游性的鱼类。

最近调查为2007年—2009年，仅仅得到鱼类7目11科25种，且很多为人工养殖种类，与1958年调查结果相差甚远，除了洄游性鱼类，一些大型的经济鱼类也相继消失。为统计淀内现有鱼类种类与灭绝种类的数量，对2000年以来的三次调查结果综合统计以避免单次调查的疏漏，将结果作为现存鱼类，与整理的名录进行对比，未出现的种类视为在淀内灭绝，现有种类仅剩39种，而消失的种类达到24种，占总种数的38.1%，其中洄游性的鱼几乎全部消失。

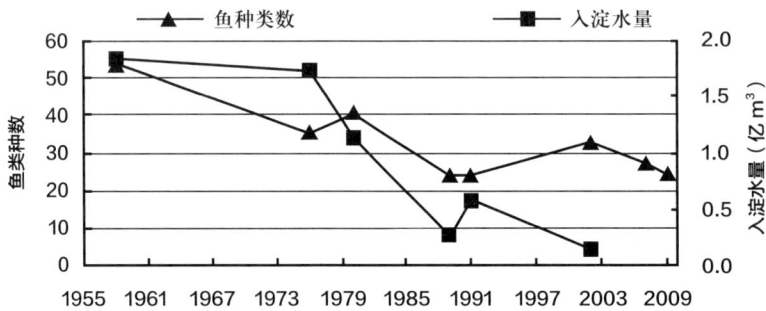

图2　白洋淀近50年来鱼类种数及入淀水量变化

表4　建库前后典型年水量比较

典型年	1957	1968	1986	1988
年降水量（mm）	433.80	436.90	431.60	819.30
年入淀量（亿 m³）	11.65	3.47	0	12.51

（三）鸟类特征

1.白洋淀是鸟类的繁殖地

白洋淀湿地生物多样性资源十分丰富，既是华北地区天然的博物馆，又是鲜活的动植物物种基因库。经野外调查和现有资料表明，白洋淀湿地内分布有鸟类200种，其中夏候鸟86种，留鸟19种，旅鸟88种，冬候鸟7种，属于国家一级重点保护鸟类有丹顶鹤（全球仅存2000只）、白鹤、大鸨、东方白鹳4种，国家二级重点保护鸟类有灰鹤、鹊鹞、大天鹅、鸢等26种。白洋淀属于内陆淡水湿地，具有独特的自然景观和沼泽、水域等生态系统，保护区内水面开阔，饵料丰富，水生植物群落面积大，分布广，使这里成为 97 种鸟类的繁殖地。

2. 白洋淀是鸟类迁徙的重要驿站

重要的是，白洋淀湿地也是澳大利亚与东北亚、日韩与西伯利亚地区候鸟迁徙的重要驿站，每年 2—5 月份，大量珍稀濒危候鸟从远方飞来这里栖息觅食、生殖繁衍。在人类活动较少的核心区和缓冲区，经常会看到上百只灰鹤在水边漫步，美丽的白鹤展翅起舞，大小天鹅引颈高歌，雁鸭鸥类嬉戏成群，一派生机盎然的自然景象。

3. 白洋淀的野鸭

根据安新县白洋淀湿地自然保护区管理处 2011 年调查结果，白洋淀湿地自然保护区内鸟类已达 200 种，隶属 16 目 46 科 106 属，其中东方大苇莺是白洋淀最常见的夏候鸟之一。白洋淀的野鸭自农历八月就陆续从北方飞来。稻子成熟后，不论种类和数量都逐渐增多，随着气候的变冷，数量和种类又渐渐稀少，等到来年初春河水解冻，又形成野鸭种类和数量的高潮。

（四）底泥特征

1. 白洋淀底泥中重金属

白洋淀底泥中重金属总量的范围分别是：Co 6.89-14.21mg.kg-1，Fe12612.26-21895.63 mg.kg-1，Mn299.91-1227.43 mg.kg-1，Pb9.85-27.4 mg.kg-1，Zn36.47-528.52 mg.kg-1，其中以 Mn、Zn 变化范围最大，在 4 倍以上，尤其是 Zn 达到了 14.5 倍。白洋淀底泥中 Co 的形态以有机结合态和残渣态为主，Fe 的形态以残渣态为主，Mn 的形态以酸可溶态及残渣态为主，Pb 的形态以铁锰氧化态为主，Zn 的形态以有机物结合态为主，残渣态也占有相当的比例。部分淀区底泥中重金属 Co、Pb、Zn 含量随着埋深增加总体呈降低的趋势，这 3 种金属在 0-2cm 底泥的含量最高。Mn 的含量在 6-8cm 达到最小，>8cm 时，Mn 的含量逐渐增加，至 14cm 时含量达到最大。地累积指数分析表明白洋淀淀区底泥中 Co、Mn 两种重金属元素主要为无污染或轻度污染，Zn、Pb 府河入口外主要为轻度污染，府河入口处的 Zn、Pb 为中度污染。

2. 白洋淀全新统与主要沉积物

白洋淀地区全新统发育较完整，分布比较广泛，厚度也较稳定。根据老河头剖面全新统沉积物的粒度、古生物及 14C 测年等综合研究，以气候分期为依据，以全新世气候适宜期的起止时间 (8.5ka，3.0-3.5ka) 为界限，可以将白洋淀全新统分为三段。下段，约 10.6 ～ 8.5ka，白洋淀开始出现湖沼相沉积；中段，约 8.5 ～ 3.2ka，普遍为黑色粘土 / 泥炭，含丰富的双壳类化石，湖泊沉积为主；上段，约 3.2ka，沉积环境变化较频繁，以河流 - 沼泽相沉积为主。

白洋淀地区全新世中部广泛发育黑色黏土／泥炭，为典型的湖沼相沉积，富含陆相介形类及双壳类化石，反映气候温暖湿润，为全新世气候适宜期的沉积，可以作为区域地层划分与对比的标志层，建议命名为"白洋淀组"，可以作为陆相中全新统的代表。中全新世湖相白洋淀组的建立，将为研究华北地区全新世湖泊演化、气候与环境变化、古地理变迁、地层划分与对比等提供新的证据。

（五）浮游植物特征

1. 白洋淀中浮游植物

白洋淀中存在浮游植物8门133种（属）。其中春季8门78种（属），群落组成以绿藻、硅藻和蓝藻为主，其中绿藻门最多，为33种（属），占藻类总种数的2.3%；硅藻门15种（属），占藻类总种数的19.2%；蓝藻门11种，占藻类总种数的14.1%；裸藻门7种，占藻类总种数的9.0%；甲藻门2种，占藻类总种数的2.6；黄藻门2种，占藻类总种数的2.6%；隐藻门5种，占藻类总种数的6.4%；金藻门3种，占藻类总种数的3.8%。夏季共鉴定到浮游植物8门109种（属），浮游植物群落组成以绿藻、蓝藻和裸藻为主，其中绿藻门最多，为57种（属），占藻类总种数的52.3%；蓝藻门21种，占藻类总种数的19.3%；裸藻门15种，占藻类总种数的13.8%；硅藻门6种（属），占藻类总种数的5.5%；甲藻门3种，占藻类总种数的2.8%；黄藻门2种，占藻类总种数的1.8%；隐藻门4种，占藻类总种数的3.7%；金藻门1种，占藻类总种数的0.9%（图1）。春季白洋淀优势种为绿藻门的小球藻，出现频度为100%，亚优势种为隐藻门的尖尾蓝隐藻和蓝藻门的不定微囊藻，出现频度分别为87.5%和100%。

2. 白洋淀夏季优势种

有绿藻门的小球藻，出现频度为100%，亚优势种为蓝藻门的粗状细瞄丝藻和绿藻门的肾形藻，出现频度分别为70%和88%。白洋淀夏季浮游植物的种类比春季多，但无明显的优势类群，群落组成以蓝绿藻为主，且靠近居民区或靠近网箱养鱼区、畜禽养殖区等受人类活动影响大的采样点浮游植物种类较多，位于淀区出水口、静水蓄积区的采样点种类较少，这与以往对白洋淀浮游植物研究的结果一致。

表5　白洋淀浮游植物密度及优势种变化

年份	种数（种）	密度（×10⁴cells/L）	优势类群	种数（种）	百分比（%）	优势类群	种数（种）	百分比（%）
2005	152	664.4	绿藻门	80	52.6	蓝藻门	28	18.4
2006	155	518.2	绿藻门	81	52.3	蓝藻门	29	18.7
2009	133	2084.6	绿藻门	65	48.9	蓝藻门	22	16.5

3. 白洋淀近年浮游植物密度及优势种变化

从表 5 可以看出，白洋淀近几年来浮游植物密度及优势种的变化情况，以 2005 年为参考点，2006 年浮游植物春、夏季平均密度下降 0.22 倍；2009 年浮游植物春、夏季平均密度上升 2.14 倍。在这三次调查中，优势门类均以绿藻和蓝藻为主。藻类各门年变化趋势各不相同，浮游植物种类数呈下降趋势，浮游植物密度呈上升趋势。在此次调查中，浮游植物密度出现显著的上升，这是因为白洋淀水体营养盐负荷发生改变，采样时间处于藻类的一个生长繁殖期，随着温度的不断升高，光照作用的增强，水体环境越来越适合浮游植物的增长，促进了浮游植物数量的增加。通常来说，中营养型湖泊中常以甲藻、隐藻、硅藻类占优势，富营养型湖泊则常以绿藻、蓝藻类占优势。

由此判断，绿藻门的小球藻属、蓝藻门的不定微囊藻成为优势种，表明了白洋淀水体已成为富营养型水体，且有机质含量有逐年增加的趋势。

二、白洋淀水环境主要污染源

白洋淀位于华北平原的中部，多年平均降雨量 522.7 毫米，降水量集中于 7、8 月，淀区平均水深 2～3 米，近年来随着气候干旱趋势以及工农业用水量增加，白洋淀入淀河流水量减少，大多数河流已经断流。特别是府河作为径流量最大的入淀河流，主要受纳保定市地区的生活污水和工业废水，白洋淀府河中氮污染物的主要来源为保定市生产生活废水。由于府河每年直接向白洋淀输送大量营养盐，严重威胁到白洋淀水环境和水生态安全。

（一）水环境存在的主要问题

白洋淀上游建库截流、不合理开采地下水以及北方的干旱少雨，导致其水资源问题和水体污染问题。

1. 上游流域修建水库，基本控制了入淀河流的泄水量，加上近些年干旱少雨，地下水不合理开采，造成白洋淀水耗量大大高于补给量，出现干淀现象，使其生态环境遭到严重破坏，影响了淀区的生态平衡，为白洋淀可持续发展埋下了隐患，给整个华北地区自然环境带来不利影响。

2. 20 世纪 70 年代以后，随着白洋淀流域内工农业的发展、人口增长，城镇工业废水、生活污水猛增，使白洋淀水域遭受污染，水体富营养化问题严重。污染源主要来自保定市日排 26.9 万立方米生活污水和处理后的工业废水，其次是白洋淀周边地区、县各工厂的排污水。

3. 上游水土流失造成白洋淀泥沙淤积，淀面萎缩，水位下降，总面积由 20 世纪 50 年代的 561.6 平方公里减小到现在的 366 平方公里，部分区域呈现沼泽化状态。

4. 多次干淀、水体污染及生态环境破坏造成生物种群锐减，1991 年发生了严重富营养化。

（二）水环境污染的主要原因

1. 淀外污染源。白洋淀的外来污染物主要是通过府河、唐河等 9 大河系汇入淀内，其流域包括河北、山西、北京部分地区，总面积 3.12 万平方公里，人口 1000 万左右。20 世纪 60 年代末期上游天然水截流，除府河外其余 8 条河流流量不稳定，受季节控制，部分河段成为生活污水和工业废水的排污去向。府河是保定市生活污水和较清洁工业废水的排放渠道。除唐河、潴龙河水质略好外，拒马河水质较差，其余 4 条河即府河、漕河、孝义河、磁河入淀水质均更差。

2. 淀内污染源。白洋淀淀内有 39 个纯水村，周边有 84 个半水村，主要在水上从事种植、养殖业等经济活动。生活污水、排泄物及雨水冲刷村落、街道、家禽畜牧业废弃物、粪便直接或间接入淀，且发展了大量网箱养鱼，水中投放的饵料含大量 Pr、N 和 P，其中少量被鱼食用，大部分剩余物沉积水体，已成为严重污染源，同时造成底泥污染。

3. 营养物质的淀内循环。淀内大量水生植物死于湖底，腐败分解，连同外来悬浮物、淀内废弃物一同进入湖底，带来大量 C、N、P 和其他营养物质，N、P 释放加速了水体的富营养化，藻类生长、动植物呼吸及有机物氧化又增加了需氧量，水质加速缺氧，急剧恶化，生态环境严重破坏。

4. 水体污染与水量关系密切。白洋淀基本成为封闭的淀泊，由于水源奇缺，补允水大体与蒸发、渗透量相抵，很少有水入淀，造成污染物只入而很少排出，致使白洋淀富营养化。

5. 居民环境意识较差。一些企业单位或个人，因所谓"经济效益"等原因受到层层保护，"理直气壮"地行使着他的排污"权利"，以牺牲环境和资源为代价换取经济增长，造成水体严重污染，对淀内及周边百姓的身心健康造成严重伤害，对白洋淀经济持续发展起到制约作用。

三、白洋淀生态环境评价

（一）白洋淀水质分析

根据安新县环境监测站从 2013 年到 2015 年对白洋淀地表水监测数据分析，白洋淀水质状况如下：

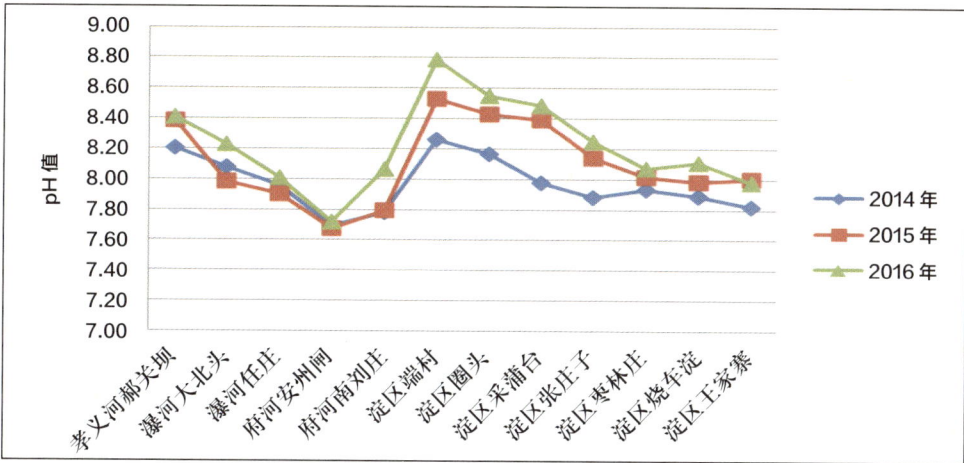

图3　2014-2016年安新县地表水pH状况

　　由图3可知：2014-2016年安新县地表水pH值变化区间为pH=7.60～8.80之间，整体属于地表水环境质量标准Ⅰ类地表水。2016年pH值偏高，2016年pH值 >2015年pH值 >2014年pH值。淀区端村断面、淀区圈头断面和淀区张庄子断面较其他断面pH值偏高。

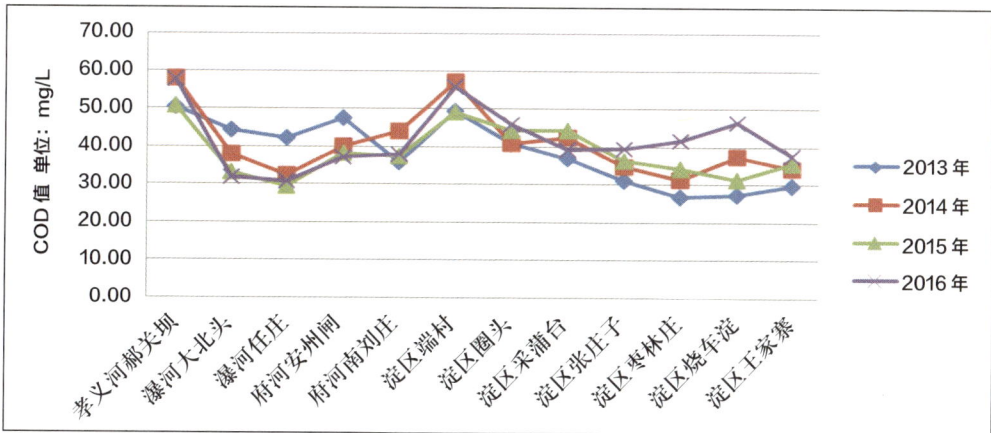

图4　2013-2016年安新县地表水COD状况

　　由图4可知：2013-2016年安新县地表水COD值变化区间为COD=30.00～60mg/L之间属于劣Ⅴ类～Ⅳ类地表水。2014年与2016年COD值较其他年份偏高，孝义河郝关坝断面与淀区端村断面较其他断面COD值偏高。

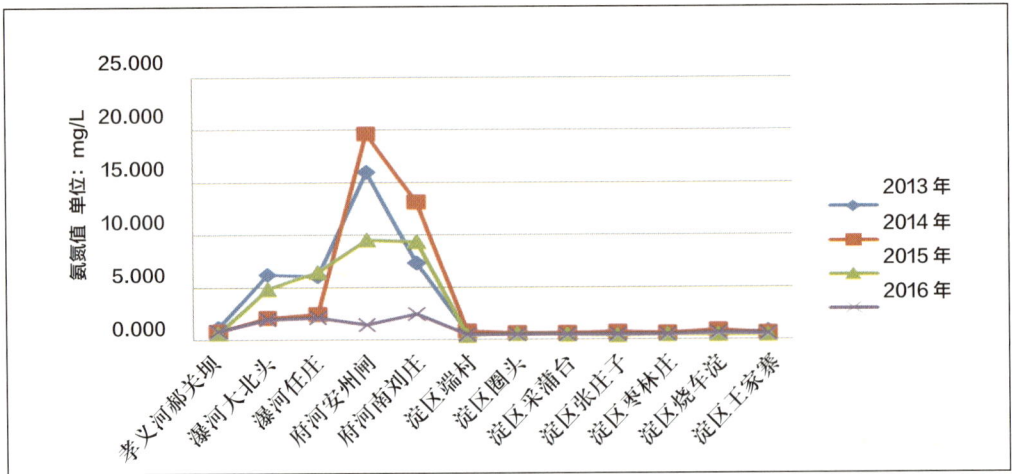

图5   2013-2016年安新县地表水氨氮状况

由图5可知：2013～2016年安新县地表水氨氮值变化区间为NH3-N=0.466～20.000mg/L之间属于劣V类～Ⅱ类地表水。2013年与2014年氨氮值较其他年份偏高，府河安州闸断面与府河南刘庄断面较其他断面氨氮值偏高。

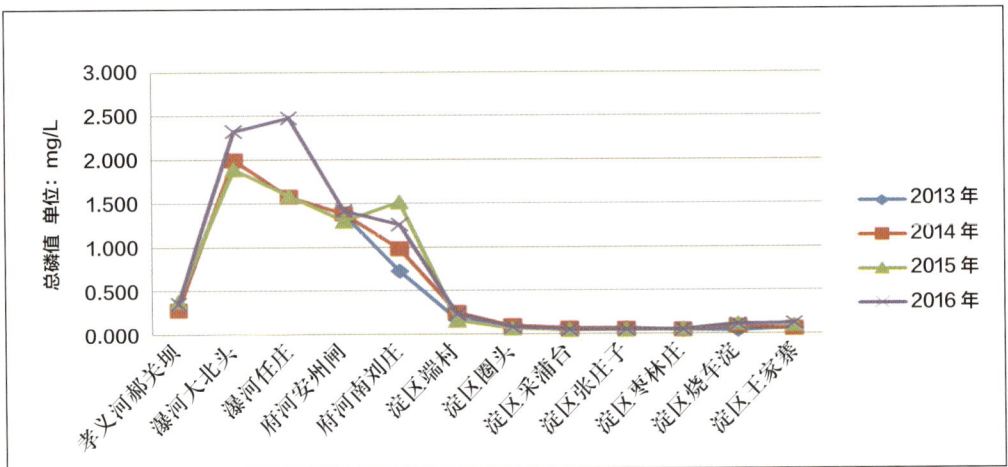

图6   2013-2016年安新县地表水总磷状况

由图6可知：2013～2016年安新县地表水总磷值变化区间为TP=0.286～2.500mg/L之间属于劣V类～Ⅳ类地表水。2016年总磷值较其他年份偏高，瀑河大北头断面、瀑河任庄断面、府河安州闸断面、府河南刘庄断面较其他断面总磷值偏高。

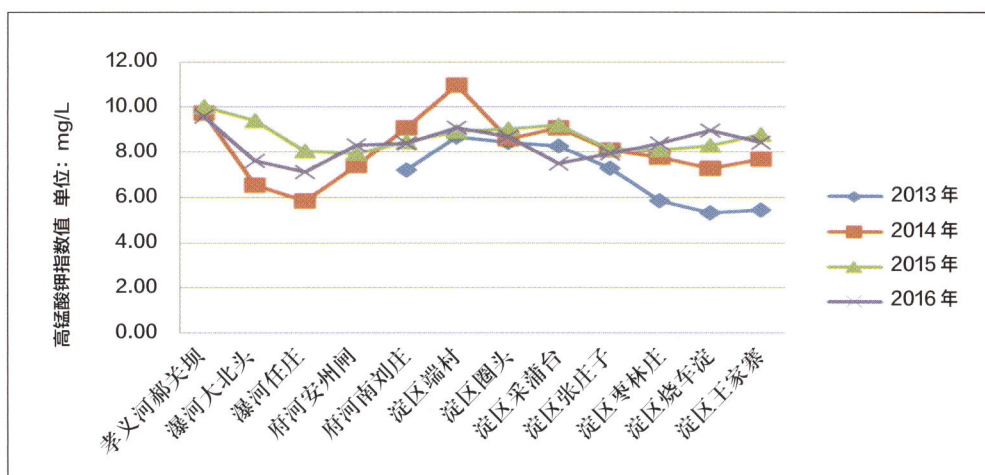

图7 2013-2016 年安新县地表水高锰酸钾指数状况

由图 7 可知：2013-2016 年安新县地表水高锰酸钾指数值变化区间为高锰酸钾指数 =5.30 ～ 10.98mg/L 之间，整体属于地表水环境质量标准Ⅴ类～Ⅲ类地表水。2014 年、2015 年和 2016 年高锰酸钾指数值偏高。孝义河郝关坝断面、淀区端村断面较其他断面高锰酸钾指数值偏高。

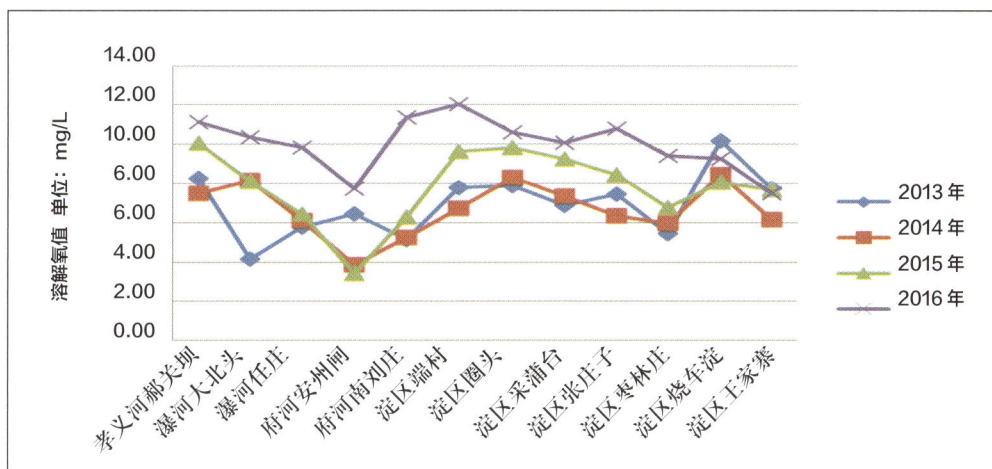

图8 2013-2016 年安新县地表水溶解氧状况

由图 8 可知：2013 ～ 2016 年安新县地表水溶解氧值变化区间 DO=3.44 ～ 12.00mg/L 之间，整体属于地表水环境质量标准Ⅳ类～Ⅰ类地表水。2013 年、2014 年溶解氧值偏低。瀑河任庄断面、淀区烧车淀断面较其他断面溶解氧值偏低。

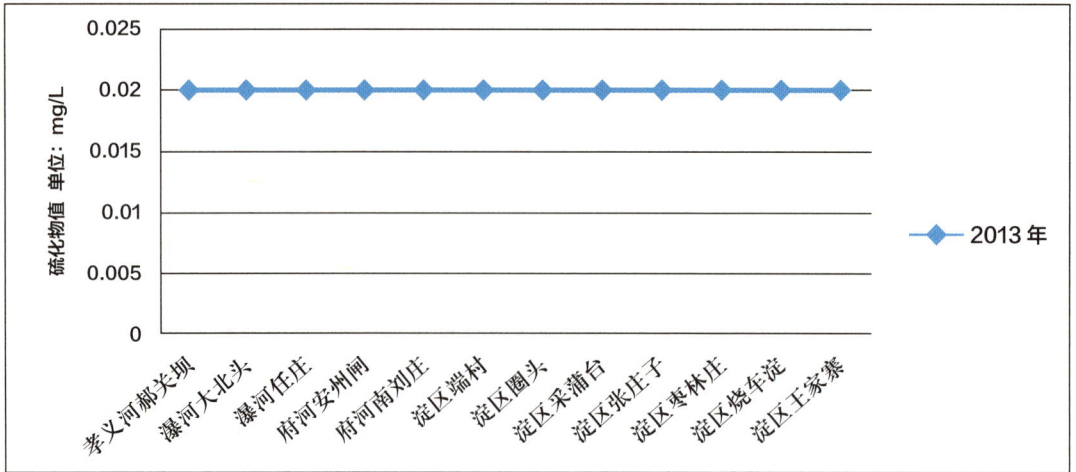

图 9　2013 年安新县地表水硫化物状况

由图 9 可知：2013 年安新县地表水硫化物值变化基于稳定等于 0.02mg/L，整体属于地表水环境质量标准Ⅰ类地表水。

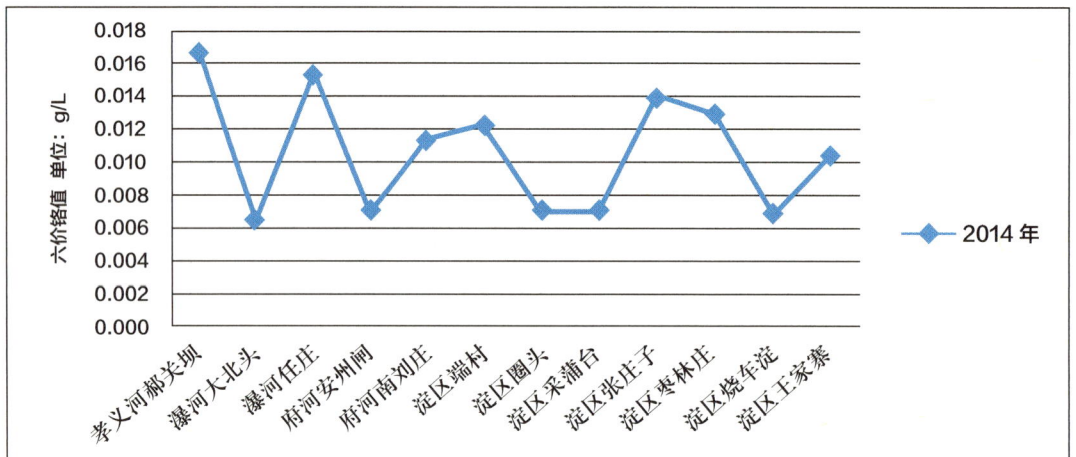

图 10　2014 年安新县地表水六价铬状况

由图 10 可知：2014 年安新县地表水六价铬值变化区间为六价铬 =0.006 ~ 0.017mg/L 之间，整体属于地表水环境质量标准Ⅱ类 ~ Ⅰ类地表水。孝义河郝关坝断面、瀑河安州闸断面、府河南刘庄断面、淀区端村断面、淀区张庄子断面、淀区枣林庄断面、淀区王家寨断面较其他断面六价铬值偏高。

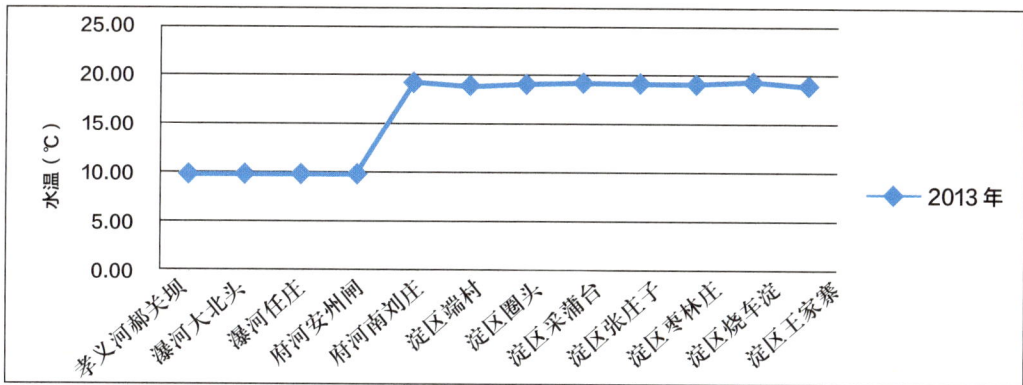

图 11　2013 年安新县地表水水温状况

由图 11 可知：2013 年安新县地表水水温值变化区间 10℃～20℃，孝义河郝关坝断面、瀑河大北头断面、瀑河任庄断面、府河安州闸断面水温相近约为 10℃，府河南刘庄断面、淀区端村断面、淀区圈头断面、淀区采蒲台断面、淀区张庄子断面、淀区枣林庄断面、淀区烧车淀断面、淀区王家寨断面水温相近约为 20℃。地表水环境质量标准 GB3838-2002 规定，人为造成的环境水温变化应限制在：周平均最大温升≤1℃，周平均最大温降≤2℃。

（二）白洋淀水质评价

根据白洋淀水系的水质监测结果，对其进行三种水质评价工作，包括综合分类算术平均指数评价法、综合水质标识指数评价法和水体自净能力评价。白洋淀地表水各断面水质监测结果如下表。

表 6　白洋淀地表水各断面水质监测结果

	断面	DO(mg/L)	COD(mg/L)	NH3-N(mg/L)	TP(mg/L)
2013 年	孝义河郝关坝	8.26	50.66	1.147	
	瀑河大北头	4.17	44.37	6.181	
	瀑河任庄	5.76	42.12	6.066	
	府河安州闸	6.47	47.53	15.992	1.369
	府河南刘庄	5.17	35.80	7.323	0.720
	淀区端村	7.79	49.40	0.624	0.171
	淀区圈头	7.89	40.92	0.567	0.099
	淀区采蒲台	6.88	36.95	0.615	0.071
	淀区张庄子	7.47	31.00	0.782	0.066
	淀区枣林庄	5.42	26.84	0.532	0.050
	淀区烧车淀	10.19	27.25	0.501	0.040
	淀区王家寨	7.72	29.77	0.802	0.064

（续表）

	断面	DO(mg/L)	COD(mg/L)	NH3-N(mg/L)	TP(mg/L)
2014 年	孝义河郝关坝	7.50	57.98	0.791	0.286
	瀑河大北头	8.19	37.98	2.076	1.996
	瀑河任庄	6.09	32.46	2.492	1.578
	府河安州闸	3.84	40.08	19.590	1.383
	府河南刘庄	5.27	44.23	13.146	0.986
	淀区端村	6.76	57.15	0.802	0.253
	淀区圈头	8.29	40.97	0.679	0.096
	淀区采蒲台	7.37	42.43	0.677	0.070
	淀区张庄子	6.35	34.86	0.702	0.063
	淀区枣林庄	5.95	31.37	0.700	0.051
	淀区烧车淀	8.46	37.41	0.928	0.089
	淀区王家寨	6.16	34.32	0.680	0.060
2015 年	孝义河郝关坝	10.08	50.83	0.680	0.382
	瀑河大北头	8.14	33.15	4.803	1.896
	瀑河任庄	6.45	29.39	6.458	1.588
	府河安州闸	3.44	38.17	9.505	1.298
	府河南刘庄	6.28	37.43	9.412	1.514
	淀区端村	9.64	49.17	0.377	0.160
	淀区圈头	9.86	44.28	0.603	0.071
	淀区采蒲台	9.27	44.34	0.484	0.048
	淀区张庄子	8.47	36.34	0.411	0.052
	淀区枣林庄	6.79	34.10	0.471	0.061
	淀区烧车淀	8.05	31.28	0.516	0.122
	淀区王家寨	7.69	35.68	0.480	0.104
2016 年	孝义河郝关坝	11.14	57.82	0.814	0.351
	瀑河大北头	10.36	31.78	1.953	2.326
	瀑河任庄	9.85	30.68	2.084	2.478
	府河安州闸	7.75	37.03	1.420	1.407
	府河南刘庄	11.36	37.88	2.427	1.257
	淀区端村	12.05	55.90	0.495	0.230
	淀区圈头	10.59	45.93	0.485	0.078
	淀区采蒲台	10.07	39.28	0.466	0.050
	淀区张庄子	10.80	39.68	0.479	0.053
	淀区枣林庄	9.43	41.68	0.516	0.045
	淀区烧车淀	9.25	46.63	0.691	0.111
	淀区王家寨	7.48	37.75	0.538	0.125

1. 综合分类算术平均指数

基于单因子污染指数值，采用算术平均值（即平均污染指数 P）对水质现状进行评价。水质污染程度按以下标准分类：P ≥ 2.0，严重污染；1.0 ≤ P < 2.0，重度污染；0.7 ≤ P < 1.0，中度污染；0.4 ≤ P < 0.7，轻度污染；0.2 ≤ P < 0.4，尚属清洁；P < 0.2，清洁。

以国家《地表水环境质量标准》(GB3838-2002) Ⅲ类水体标准为评价依据，选取 DO、COD、NH3-N、TP 作为参评因子，计算出单因子污染指数，加和平均计算得出平均污染指数 P，并进行水质分类。

2. 综合水质标识指数评价

综合水质标识指数法是在单项水质标识指数法基础上建立起来的水质评价方法，不仅体现了水质类别、水质综合污染情况，还弥补了单因子污染指数评价法评价指标单一的不足，更有意义的是综合水质标识指数法还可对劣Ⅴ类水质进行评价，判断其黑臭情况 [19]-[20]。综合水质标识指数法是基于单项水质标识指数加和平均而来 [23]，即：

$$lwq = 1/n \quad \sum_{1\text{-}1}^{n}(X1.X2) \tag{1}$$

式中：(X1.X2)i 为第 i 项单因子水质标识指数。综合水质类别分类标准见表3。综合水质类别按以下标准分类：1.0 ≤ X1.X2 ≤ 2.0，Ⅰ类；2.0<X1.X2 ≤ 3.0，Ⅱ类；3.0<X1.X2 ≤ 4.0，Ⅲ类；4.0<X1.X2 ≤ 5.0，Ⅳ类；5.0<X1.X2 ≤ 6.0，Ⅴ类；6.0<X1.X2 ≤ 7.0，劣Ⅴ类但不黑臭；X1.X2>7.0，劣Ⅴ类并黑臭。选取 DO、COD、NH3-N、TP 作为参评因子。

3. 水体自净能力评价

水体的自净能力是指水体受到污染后，经物理、化学、生物等因素作用，污染物的浓度和毒性逐渐降低，一段时间后，恢复到受污染前状态的自然过程。水体中的氮的形式主要为有机氮和 NH3-N 时，水体的自净作用开始；当 NO3 -N 相对含量较高，NH3-N 和 NO2 -N 少时，则水体的自净作用将要完成；水体中的 NO2 -N、NO3 -N、NH3-N 含量都较高时，说明有污染物进入，因此可根据水中"三氮"的相对含量判断其自净状态。评价水体自净能力时，引入氧化态氨与还原态氨的比值 K 作为评价参数（以 NO2 -N、NO3 -N 作为氧化态的氨，NH3-N 为还原态的氮）。K 值越大，则自净能力越强。具体为

$$K = N_1 / N_2$$

式中：N_1——氧化态无机氮 (mg/L)；N_2——还原态无机氮 (mg/L)。

4. 结论

安新县地表水 pH 值变化区间为 pH=7.6 ～ 8.8 之间，整体属于地表水环境质

量标准Ⅰ类地表水；安新县地表水 COD 值变化区间为 COD=30 ~ 60mg/L 之间属于劣Ⅴ类~Ⅳ类；安新县地表水氨氮值大部分变化区间为 0.2 ~ 20mg/L 之间属于劣Ⅴ类~Ⅱ类；安新县地表水总磷值大部分变化区间为 0.01 ~ 0.3mg/L 之间属于Ⅳ类~Ⅰ类，极少部分总磷值变化区间为 0.5 ~ 2.5mg/L 之间属于劣Ⅴ类；安新县地表水溶解氧值大部分变化区间为 2 ~ 12mg/L 之间属于Ⅴ类~Ⅰ类；安新县地表水水温值大月变化趋于稳定，符合地表水环境质量标准 GB3838-2002 里面的要求，人为造成的环境水温变化应限制在：周平均最大温升≤ 1℃，周平均最大温降≤ 2℃；安新县地表水硫化物值基本为 0.02mg/L，Ⅰ类地表水；安新县地表水六价铬值大部分变化区间为 0.006 ~ 0.018mg/L 之间属于Ⅱ类~Ⅰ类；安新县地表水高锰酸钾值大部分变化区间为 6 ~ 11mg/L 之间属于Ⅴ类~Ⅲ类。

（三）白洋淀生态系统健康评价

1. 评价标准

本文针对白洋淀富营养化的特点，根据 Xu 等提出的表征湖泊健康的指标体系，选择结构指标：浮游植物生物量（BA）和浮游动物生物量 / 浮游植物生物量（BZ/BA）；功能指标：浮游植物群落初级生产量（P）；系统指标：能质（Ex）、结构能质（Exat）和浮游植物对 TP 的缓冲能力（βp）共 6 项指标进行白洋淀健康评价。

根据 Jrgensen 和 Xu 等，健康的湖泊生态系统应具有相对较高的浮游动物生物量 / 浮游植物生物量、能质、结构能质、生态缓冲能力及较低的浮游植物生物量和浮游植物群落初级生产量。然而，根据白洋淀实地监测数据，南刘庄和府河入口水域营养盐浓度较高，但浮游植物生物量和群落初级生产量较低，处于非响应状态，表明较低的浮游植物生物量和浮游植物群落初级生产量并不能指示健康状态。此外，作为富营养化的草型湖泊，白洋淀的大型水生植物生物量较高，处于过度生长状态。根据能质计算公式，大型水生植物较高的生物量和权重因子造成能质数值较高，表明较高的能质亦不能指示健康状态。因此，在应用上述指标集成健康综合指数时，以生态状况相对较好的枣林庄水域的指标数值为基准，越接近基准健康状态越好的原则进行归一化处理。浮游植物生物量（BA）、浮游植物群落初级生产量（P）和能质（Ex）属于固定型指标，即越接近某一数值，健康状态越好。

本文参考了张远等[14] 应用 B-IBI 进行健康评价的标准的设定方法，选择受评水域中位于前三位的 ICH 平均值作为亚健康等级划分的临界点，即若某水域的 ICH 值大于这一数值时，表示该水域处于亚健康状态；对于小于这一数值的分布范围进行二等分，确定出不健康和病态 2 个等级划分的临界值。白洋淀健康评价标准见表 9。

表7　白洋淀健康评价标准

健康	亚健康	不健康	病态
>1.921	1.344-1.921	0.766-1.344	<0.766

2. 结果分析

应用上述方法计算白洋淀 14 个水域的健康评价指标及健康综合指数（图12），并根据健康评价标准确定各水域健康等级（表8与图13）。受评的 14 个水域中，仅枣林庄和采蒲台 2 个水域处于亚健康状态，烧车淀、光淀张庄和东田庄 3 个水域处于不健康状态，其余 9 个水域均处于病态，表明白洋淀大部分水域健康受损较为严重。从健康状态的空间分布来看，位于东北和东南部的水域健康状态相对较好；北部、中部和南部水域健康状态次之；西部水域健康状态相对较差。

结合各水域人类干扰活动的分布可知，白洋淀健康退化的程度与人类干扰强度密切相关。枣林庄和采蒲台水域受人类活动干扰相对较少，健康状态相对较好，处于亚健康状态；受淀内及周边村庄居民生活污水直接排放的影响，烧车淀、光淀张庄和东田庄水域处于不健康状态；端村、圈头和捞王淀位于水产养殖密集分布区，网箱养殖投饵造成水体富营养化，水域健康受损严重，处于病态；鸳鸯岛水域靠近府河入口，同时位于淀内的旅游区，在旅游和府河入淀污水的综合影响下，水域处于病态；杨庄子、王家寨和寨南水域村庄分布密集，同时有部分水产养殖活动，因此水域健康亦受严重损害，处于病态。南刘庄和府河入口长年受府河入淀污水的影响，水体严重富营养化，营养盐浓度超出了适宜浮游生物生长的范围，造成浮游生物生物量下降，健康退化最为严重。

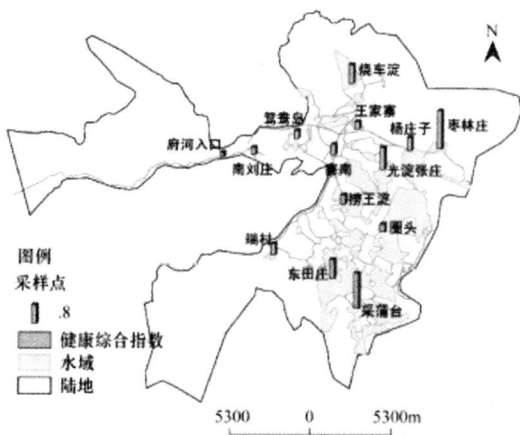

图 12　白洋淀 14 个水域的健康综合指数　　图 13　白洋淀 14 个水域的健康等级

表8　白洋淀健康评价结果

水域	浮游植物生物量	浮游动物生物量／浮游植物生物量	浮游植物群落初级生产量
烧车淀	46.29	0.008	1.694
王家寨	41.20	0.022	1.403
杨庄子	53.92	0.012	1.829
枣林庄	8.84	0.016	0.312
鸳鸯岛	62.96	0.024	2.401
南刘庄	12.45	0.011	0.426
府河入口	10.50	0.009	0.670
寨南	20.77	0.031	0.977
光淀张庄	17.10	0.019	0.568
捞王淀	22.25	0.008	1.148
圈头	17.27	0.045	0.699
端村	114.97	0.002	2.958
东田庄	19.07	0.017	0.643
采蒲台	11.32	0.065	0.498

四、白洋淀生态环境保护与修复及有效利用

近些年，白洋淀以生态文明和美丽乡村建设为契机，以发展生态旅游为导向，以保护白洋淀湿地资源，改善生态环境和生物多样性为中心，以确保白洋淀水质改善及生态系统的良性循环为目标，针对白洋淀流域生态环境中存在的突出问题和薄弱环节，从流域污染负荷削减、淀区水生态保育、流域生态安全管理等方面，落实好生态环境保护工程项目，取得明显成效，确保最终实现白洋淀水质改善及生态系统的良性循环。

（一）生态环境保护与修复总体目标

1.综合考虑上游保定市城市污水处理厂升级改造、白洋淀淀中村生活污染综合治理工程、安新县污水综合净化工程、安新县清理淀区网箱、网栏养殖工程实施后的效果，确定2013年绩效目标：以2011年为基础年，入河污染负荷COD、NH3-N(TN)、TP削减率分别达到10%、30%和35%；入淀污染负荷COD、NH3-N(TN)、TP削减率分别达到5%、5%和20%；府河安州断面（入淀控制断面）水质COD满足V水体要求，NH3-N、TP较现状明显降低，接近V类水体要求；淀区水

能质	结构能质	浮游植物对 TP 的缓冲能力	健康综合指数	健康等级
4062	6.22	0.007	0.790	不健康
2345	6.35	0.060	0.318	病态
2868	6.33	0.012	0.551	病态
4848	7.15	0.895	1.596	亚健康
3712	6.05	0.042	0.346	病态
2984	6.18	0.018	0.293	病态
2131	6.23	0.645	0.189	病态
3878	6.7	0.062	0.445	病态
4004	6.72	0.025	0.938	不健康
3.12	6.62	0.012	0.395	病态
2857	6.35	0.039	0.326	病态
3904	6.27	0.004	0.476	病态
3129	6.8	0.009	0.798	不健康
4261	6.99	0.686	1.497	亚健康

位大沽高程达 7.3 米时，淀区综合营养指数小于 53.5，淀区水质得到进一步改善。重点区域淀中村生活污水和垃圾处理率分别达到 50% 和 40%，重点区域内水面养殖利用比例降低至 18%，淀区重点区域生态修复面积累计至 45 平方公里。

2. 安新县清理淀区网箱、网栏养殖工程；白洋淀淀中村生活污染综合治理工程；草型淀泊沼泽化平衡收割生态调控工程；藻型淀泊生态调控工程；安新县污水综合净化工程等。

3. 加强生态环境提升建设，以"治污、美容、拆网、除埝、清淤、兴游、惠民"为指针，落实生态环境保护措施，使白洋淀野生动植物等自然资源得到有效恢复，实现白洋淀湿地保护区的健康发展；在生态系统有效保护前提下有序合理地利用旅游资源，把生态优势真正转化为经济优势；建立健全生态环境保护监管体系，加大执法和监管力度，实施环保一票否决制。到 2016 年，基本实现"苇绿、荷红、水清、村美、人幸福"的总体目标，全面改善白洋淀生态环境，使县域内的生态环境得到有效保护，把安新建成人与自然和谐发展、生态文明程度高、生态经济效益好、群众生活富裕的生态文明县。

（二）生态环境保护与修复基本原则

1. 统筹兼顾，综合治理。坚持人与自然和谐发展，统筹协调白洋淀生态环境与经济社会发展的关系，实施有效的保障生态安全的工程措施与非工程措施，努力实现经济、社会和环境效益的统一，促进白洋淀区域经济社会与生态环境的协调发展。

2. 因地制宜，突出重点。以白洋淀污染控制为核心，以水质超标严重、排污量大（或强度较高）的区域，湿地退化严重、未来生态安全风险较大的区域为重点，突出白洋淀生态安全保障的关键环节与薄弱部位，制定切实可行的污染控制和生态保育措施。

3. 部门联动，协调配合。各相关部门共同参与白洋淀生态保护和治理，并通过建立协调机制，加强各部门间的沟通和协作，互相支持，实现联合治污和生态恢复。

4. 强化监管，落实长效。建立生态安全提升效果评估体系和生态保护长效机制，通过动态的效果评估加强计划实施过程中的监督管理，严格评估与考核、严厉问责。充分发挥生态保护长效机制的作用，实现白洋淀生态保护的常态化管理。

（三）生态环境保护与修复措施

1. 安新县清理淀区网箱、网栏养殖工程

对规划重点区域内的大田庄等行政村所属的 140 户、3378 亩网箱和网栏养殖进行清理，主要包括对投饵网箱、自动投饵机、围栏的清理以及网箱、网栏养殖区的生态系统恢复处置。

投饵网箱、自动投饵机和网栏的清理主要使用机械拔桩和清卷进行，并配备铁皮船对清理出的废木桩和废网等向水域外进行转运，统一调配，用于其他建设。网箱、网栏养殖区的生态系统恢复主要是对养殖区内的养殖鱼进行统一清栏，并根据实际情况对网箱和网栏养殖区的水生植物进行保护，力争恢复该区域水生生物的有机食物链系统，恢复生态养殖、自然捕捞的经济模式。

2013 年度清理网箱和网栏面积达 3378 亩，占总体方案规划重点区域总水产养殖面积的 21.23%，项目实施将使得规划重点区域的水产养殖面积降低 21.23%，相对基准年水面养殖利用面积将降低 11.33%，为顺利实现 2013 年养殖水面利用比例达到 12% 的目标奠定坚实基础，同时实现淀区国控点点位采蒲台水质达到 IV 类较低水平。

2. 白洋淀淀中村生活污染综合治理工程

通过实施淀中村生活污水和生活垃圾污染综合治理工程，改变目前淀中村生活污染大部分直接入淀，引致水体富营养化的现状，大幅度削减白洋淀淀区内生活污染物入淀量。

①淀中村生活污水治理，2013 年度，该工程主要针对端村镇大淀头村和圈头乡桥东、桥南、东街、西街、桥西等 6 个村落开展，其中建设总容积不超过 600T 的分散式多功能污水处理装置，铺设管网 30600 米。

②淀中村生活垃圾处理，2013年度，该工程主要针对圈头乡桥东、桥南、东街、西街和桥西等5个村落开展，工程实施区域共涉及人口11089人，其中设置垃圾桶665个，安置垃圾生态处理装置共计39套。

③相关乡镇政府可结合2013年度实施方案要求和招投标情况，制定每个村的污染综合治理实施方案，并督促各村协助施工单位完成实施方案中的建设内容。

3. 草型淀泊沼泽化平衡收割生态调控工程

主要集中在水草密集区进行水草收割。采用自航式机械割草船进行水生植物收割。割下的水草放入水草清运船上，水草清运船将湿草运到岸边，用铲车将水草装到运输车辆上，运至专用晒草场经加工处理后，用于农田堆肥和饲料。水草收割面积为8.42平方公里。

4、藻型淀泊生态调控工程

投放区域主要针对规划重点区域清理网箱网栏及2014年拆除围堤围埝等养殖淀区进行，2013年度投放每尾50克的鲢鱼和鳙鱼鱼苗273.3万尾，约136.6吨；投放体长1厘米的青虾苗3000万尾。

5. 安新县污水综合净化工程

该工程主要针对沿河排污企业点源排放超排、直排等问题开展工程建设。由于进入河道水体污染负荷较高，沿河排污企业点源排放污水入河超标等现象严重，入河水质不能满足水体功能要求，因此在沿途排污企业集中建设20个污水处理设施，形成企业排放污水强化处理体系。该工程已竣工。

6. 水生植物修复工程

坚持白洋淀腐殖质打捞与清淤工程相结合，及时打捞腐烂后的蒲草等，科学测算所需车辆、船只、工具、劳动力、处理设施等，并做好淀区芦苇、荷花等植被栽植修复工作。在此基础上，建立白洋淀生态补偿机制，确定生态补偿范围，测算芦苇等补偿范围内作物的详细面积、补偿金额等数据，做出补偿。

7. 生态涵养工程

以维护白洋淀生态为目标，加大白洋淀水生植物等栽植力度，切实提高入淀河流沿线、沿淀堤坝等关键部位绿化覆盖率。栽植工作要制定标准、选好栽植苗木，科学测算工程量和投资概算。

8. 生态保护造林工程

划生态保护造林工程方案，对淀区周边、村庄周边及省道、县道、乡道、村道及环村路等重要节点，特别是在高速引线两侧500米、省道两侧500米、乡道两侧300米、环村周边合理距离，都要充分栽植树木。政府需要科学制定标准、选好树种，详细测算整个绿化工程量、投资概算及农民种地补贴。

9. 农村水环境污染治理措施

A. 源头控制措施

（1）加强城市污染控制，加快城市污水处理厂建设；严禁没有治理污染设施的低级产业企业从城市向农村迁移；严禁城市污染物运往农村处置；加强城市径流面源污染控制；加强城市河流污染治理力度，防止城市河流污水蔓延到农村区域。

（2）加强农业面源污染防治：在面源污染控制技术与综合对策方面，凡是能够导致农村水环境污染的因素都应有导向性治理方案和源头控制的预防战略。通过合理使用化肥、农药，将面源污染减少到最低限度，对畜禽粪便进行干燥处理、除臭处理、生物技术等无害化处理，根据农村水环境污染源分散、污水量少、资金有限、技术力量薄弱等特点，控制面源污染宜采用天然净化系统。可以利用雨洪资源冲淤、冲污、也可以结合一些工程措施，包括沉沙池、渗滤池、集水设施和水处理设施等。

（3）加强生态农业建设：建设生态农业，水资源配置将生态与环境用水作为供水目标，保持河流的生态要求，保护湿地生态系统和地下水系统，维护水体生态系统，维持水土保持所需的生态水量，从水分与能量、水量与泥沙、水量供与需四个方面进行区域调控，提高涵蓄保持水分、调节径流、防洪增枯、改善水质的水文效益。

（4）加强乡镇企业和居民区的污染源防治：乡镇企业是农村水环境污染的重要来源，乡镇企业具有污染源分布广、污染类型复杂等特点。为了防止农村水环境的进一步恶化，必须通过积极调整产业结构、推行清洁生产、发展环保高新技术产业、妥善有序地实现产业转移等措施控制乡镇企业的污染源。居民区的污染防治可以通过加强畜禽养殖业的管理、开发推广低成本的污水处理技术等措施加以控制。

B. 末端治理措施

（1）农村河流区域污染防治措施：在具有较大河滩的河段，在不影响防洪的前提下，建设小面积、多样性的人工湿地和滞留塘工程，通过过滤、吸附、沉淀、离子交换、植物吸附和微生物分解，实现对污染物的高效净化，以改善河流水质状况。通过综合调水，对河网水流进行科学调度，提高水体流动能力，提高河流的环境容量。充分利用现有水利设施原则，防汛与水环境保护并重原则。

（2）农村湖泊污染治理：有选择地对部分水域补种或栽种高等水生植物以及沉水植物，建设水上蔬菜种植园及水上花卉种植园，最大限度地提取水中的营养盐，并美化环境；限制围网养殖，调整养殖结构，逐步压缩吃食性鱼类养殖的面积和养殖产量，大力发展高效低污染渔业；控制库、湖周围区域人口增长；库、湖周围区域原则上禁止建乡镇企业；适时进行生态调水。

（3）农村地下水污染防治及水资源可持续利用对策加强水资源的统一管理：

优化开采布局，兴建地下水库，扩大地下水调蓄能力；进行人工回灌，增加地下水补给量；采取工程措施，提高矿坑排水利用率；加强用水管理，增强节约用水意识；治理污染源，防治地下水污染；建立完善的地下水水位、水量、水质监测网络，提高监测技术；完善地下水开发利用方案。

（4）加强污水资源化和污水灌溉的研究和管理：污水资源化既是一项节水措施，也是一项治污措施，兼有经济效益、社会效益和生态效益。针对当前污水灌溉所出现的问题，可以采取以下对策：尽快成立有关污灌管理的协调机构；水利与农业部门加强水质监测体系；全面调查，科学规划，严格控制废水污水超标排放；大力推行灌溉污水预处理技术；全面开展污水灌溉技术研究；建立健全污水灌溉的规范化管理体系。

（5）重视水富营养化问题：主要对策是从源头抓起，提高氮肥使用效率，推广无磷洗衣粉，削减氮磷排放等。加快农村湿地研究，找出环境容量、可利用时段和适宜的污水排放去向的优化配置方案，提高水体的纳污和自净能力。强化海域污水排放总量控制制度和削减计划。

（四）乡村生态价值与有效利用

生态文明视角下的乡村，承载了中国传统中"天人合一"的生活哲学，哺育着人类田园牧歌式的生活理想。自然、自足、自养、自乐，是乡村生活的最大魅力；顺应自然、有限利用资源、可持续发展以及智慧产业，则是乡村发展最宝贵的思想财富。因此，新型的城乡关系，一定是尊重城乡差异基础上的互补；而美丽乡村建设，则是把乡村建设得更像乡村，而不是用城市替代乡村，或在乡村复制城市。

1.建立乡村智慧农业是可持续的循环利用农业，不是单纯依靠化肥、农药、除草剂伤害环境或"有水快流"的掠夺性农业。

2.乡村生活不是"能挣会花"和"时间就是金钱"理念支配下的繁忙状态，而是与大自然节拍相吻合的自洽节奏；它崇尚的不是高消费，而是去货币化的低碳生活方式——一种近自然的有利于生态、生活和生命健康的可持续生活方式。

3.乡村体现的是人与自然、人与人的和谐关系，无论是生产、生活方式，还是信仰与习俗，都协调和维系着人与环境、人与生态的和谐。

4.乡村具有传统文化的保存功能，诸如尊老爱幼、邻里互助、诚实守信以及追求和谐等优秀品质，都在乡村环境中得以很好地保存和发展。

5.乡村生态系统应当是一个完整的复合系统，它以村落地域为空间载体，将村落的自然环境、经济环境和社会环境通过物质循环、能量流动和信息传递等机制，综合作用于农民的生产和生活。因此，乡村生态系统的结构相应包含三个子系统——自然生态系统、经济生态系统和社会生态系统。这三个子系统在各自层面上相对完整但并不独立，彼此交织、相辅相成，共同维持着乡村生态系统的稳定运行。

（五）生态旅游对游客行为的管理方式

不同类型的游客对生态旅游认知不同，对生态旅游环境管理态度也各异，而且游客生态旅游认知与环境管理态度之间有一定的相关性。

1. 游客对生态旅游理念的认识

总体上游客对生态旅游"基于自然""旅游对象受到保护""环境教育"认知率较高，对"社区利益"的认知率尚低，且不同类型游客对生态旅游认知不同，不同属性游客在生态旅游认知上存在某些差异；游客对"对环境负责任""保护环境资源""注意环境影响""重视环境教育""尊重地方文化"五类环境管理措施持积极态度，但对"加强游客管理"的环境管理措施持消极态度，其中对限制游客人数和提高门票价格的做法所持反对态度较为明显；游客属性中很多因素对游客生态旅游环境管理态度存在明显的影响，如"对环境负责任""注意环境影响""重视环境教育""加强游客管理"四类措施中，男性比女性游客有更为积极的态度；生态旅游的认知与其对某些生态旅游环境管理措施的态度直接相关，例如，认识到生态旅游"基于自然""旅游对象受到保护"和"社区利益"的游客更认同"重视环境教育"类旅游环境管理措施。游客的生态旅游认知及其对环境管理措施的态度如何，反映了游客对生态旅游理念的理解程度，体现了生态旅游区环境管理的有效性，对促进生态旅游区可持续发展具有重要意义。

2. 采取多种方式加强生态旅游内涵的教育

①游客对生态旅游内涵的理解程度总体不高，采取多种方式加强生态旅游内涵的教育与普及，增强游客对自然保护、地方文化传承和社区利益维护及其生态旅游关系的认识，从而使生态旅游在促进旅游业可持续发挥最佳的作用。

②不同类型的游客和对生态旅游持不同认知的游客，均对生态旅游环境管理措施的态度有影响，预示着生态旅游环境管理措施需要增强针对性和实效性，应从影响游客生态旅游的认知入手，根据相应的游客进行不同的认知干预措施，把一般的游客认知提升到生态旅游者的认知水平上来，从而增强旅游环境管理措施的认可度，进一步提高环境管理措施的有效性。

③从风景区内部环境保护理念的强化入手，建立科学的旅游环境解说系统，并深挖导游过程的环境教育潜力，从而强化环境教育直接和间接实效性和影响力；同时采取灵活的游客容易理解接受的管理措施，避免不恰当措施使游客产生逆反心理从而影响管理效果。

④生态旅游发展要关注"社区利益"并未深入人心，许多游客并没有意识到这是生态旅游的重要理念，该问题值得相关部门重视。今后应加强游客与社区的互动

和了解，引导游客社区文化体验的同时关注社区居民生存状态和生活水平的提升。

⑤生态旅游对游客行为的要求

参观游览前，讲解当地的自然和文化特点，不将自己的文化价值强加于人；尊重当地的风俗习惯；尊重自然，爱护自然，自觉做到不踏踩重要植物，不采集受保护和濒危的动植样品，不携归被保护生物及制品；不丢弃垃圾、不污染水土，去特殊地区要备用具，将垃圾运回；积极参加保护自然生态的各种有益活动；通过旅游实践，了解自然对人自身的要求，对自己的日常生活与环境的关系取得更清楚的认识，与自然和谐共生。

五、白洋淀片区美丽乡村构建

以打造"天蓝、水清、苇绿、荷红、村美、人幸福的秀美大景区"和生态、宜居、休闲、旅游名城和秀美京南水乡为目标，牢固树立"以人为本、生态优先、文化引领、产城融合、绿色崛起"工作理念，贯彻"解放思想、改革开放、创新驱动、科学发展"基本要求，大力实施"环境整治、民居改造、设施配套、服务提升、生态建设"五大工程，因地制宜，将白洋淀片区打造成美丽乡村的示范区、"第六产业"的示范区、农村改革的示范区、乡村治理的示范区、文化道德建设示范区、生态环境保护样板区、经济社会发展先行区，使白洋淀成为让河北人民引以为自豪，让世人心驰神往的"北国水乡"。

（一）基本原则

1. 政府主导，农民主体。

在县委、县政府主导下，各乡镇党委、政府及有关单位应积极推进美丽乡村建设工作，既注重整治村庄脏、乱、差，又注重基础设施和公共服务提升；既开展集中整治，又建立长效机制。充分尊重广大农民的意愿，依靠群众的力量和智慧建设美丽家园。优先解决农民反映最强烈、受益最直接及影响村庄环境最突出问题。

2. 分类指导，示范带动。

结合各村庄地理区位、资源禀赋、发展水平等条件，确定适宜的整治目标和方式，并正确处理近期建设与长远发展的关系。加强对不同区域、不同类型村庄的分类指导，科学有序实施农村面貌改造与提升。

3. 科学规划，注重特色。

统筹兼顾经济社会发展、城乡空间优化、生态环境保护、文化特色彰显等要求，优化村庄布局，完善村庄规划。切实强化规划的引导作用，倡导集约建设，突出整治重点，挖掘地方特色，展现乡村风情。

4.生态优先，绿色发展。

按照建设资源节约型、环境友好型新农村的要求，把改善农村面貌与优化农村生态环境结合起来，实现人与自然和谐相处。建设过程中注重采用节能、环保、低碳的新材料、新技术、新工艺，实现绿色发展。

5.整体协调，分步实施。

美丽乡村建设工作应依据城乡总体规划，统筹协调，重点示范与面上推广相结合。制订年度工作计划，重点区域率先突破，分类分批按计划实现预期目标。

（二）总体目标

1.村容村貌更加整洁。

生活垃圾、生活污水等得到有效治理，乱堆乱放得到全面清理，村容村貌得到普遍改善，环卫保洁机制基本建立。

2.生态环境更加优良。

各类污染得到有效控制，厕所改建到位，自然资源得到合理保护和集约利用，绿化美化水平显著提高，淀区环境得到明显改善，环境质量全面提升。

3.乡村特色更加鲜明。

水、田、苇、林等自然风貌得到保护，历史文化得到弘扬，建筑特色得到彰显，形成"水清村美、荷红苇绿"的特色水乡风韵。

4.公共服务更加完善。

推进乡村道路、给水排水、绿化环卫、清洁能源等基础设施达村到户，安全饮水、村庄公共管理、科技教育、文化体育、社会服务等设施齐全、功能完善。

（三）实施内容

1.环境整治工程

（1）"四清"及净化。各乡镇、村开展"四清"（清垃圾、清路障、清残垣断壁、清庭院）工作。同时，加强村庄出入口、码头、主干街道、航道护坡、公共活动场所环境卫生的整治、维护和完善提升，保持净化。建立健全农村卫生保洁长效机制，按每1000人配备2名保洁员的标准配备保洁人员，具体负责垃圾收集、环境保洁，做到生活垃圾日产日清，要统一购置垃圾清运车，由村委会负责管理。县委、县政府已对各乡镇、村的保洁员配备工作进行了调查摸底，并将125个村的保洁员纳入财政补贴范围，其他各村要多方筹集资金，用于保洁员工资发放，确保保洁队伍正常运转，做到生活垃圾定点存放，定时清运，也可探索建立农户轮流清扫制度。积极推行垃圾分类收集，源头减量，合理布局处理设施和填埋场，从根本上解决"垃圾围村""垃圾围淀"问题，确保村容村貌整洁卫生。

（2）绿化。村内街道可种植树木、花草、小灌木或其他经济树种，如柿子树、核桃树等；河道两岸、护坡绿化以种植垂柳为主；安新镇、端村镇、圈头乡等涉水乡镇，要在水面较浅、航道两侧、淀区沼泽等适当区域大面积栽植荷花、芦苇等水生植物。农业部门要在大淀观光游沿线、美丽乡村建设适当区域，打造若干个万亩荷塘。

（3）环村环淀林带建设。各重点村要以提升规划为依据，以环村林带、环村路建设为依托，确定村庄永久性村庄边界。环村林带建设要坚持因村制宜的原则，以种植乔木、灌木、花草和水生植物为主，宽度在6—18米左右，使村庄形成自然边界，严禁无序扩张，守住规划红线。可采取谁种、谁管、谁受益的方法，充分发动广大群众的积极性。环淀林带建设要与我县农业结构调整、农民增收和旅游景观结合起来，做成有经济收入的经济林带，同时要利用市场机制，提高绿量和水平，逐步建成白洋淀景观大道。

（4）芦苇扩容提质。在做好芦苇平衡收割和外出考察的基础上，抓好芦苇的扩容提质，积极引进新品种，如彩色芦苇、芦竹等，先行试点再逐步推开，让芦苇成为白洋淀的一道靓丽景观。

（5）亮化。还未安装路灯的村，统一规划、合理配置安装亮化设施；已安装路灯的村，结合各村实际和村庄规划，按照新的标准进行更新改造，做到风格统一。

（6）美化和标语广告整治。整治临街和航道两侧的建筑立面，粉刷墙壁并绘制具有白洋淀特色的文化墙，特别要针对当前民居外墙面广告标语泛滥的情况，开展集中清除整治，同时，每村可选择合适位置设立广告栏，统一信息发布。墙壁粉刷美化可根据各村实际情况采取分批分段、逐步完成的方法进行，可突出本村特色，但要整齐划一。

（7）村庄标识。从村庄地域特点、文化传承等实际出发，采用雕刻、雕塑、牌匾、门楼等形式，在每个村口或码头设立一个简洁、明快、体现白洋淀地域特点和内涵的村庄标识，村内要设置街路牌和门户牌，要突出村庄文化特色。

（8）清网。水区村要在完成今年第一阶段清网工作的基础上，总结经验，继续做好其他主航道及大淀观光游航线的网箱、网栏、围埝、围网的清除工作。

（9）清淤清障。

①清除主要航道内的淤泥，试点先行，用机械化的手段把淤泥打到苇田里，既可以增加芦苇养分，又可以增加主航道的深度，减少淤泥对淀区的污染。

②清除各重点村内的临街违建、残垣断壁和有碍观瞻的坍塌破房；

③清除大、小河道内私搭违建及护坡上的违规树木、违章建筑、砂石堆、垃圾堆等，确保村庄道路和河道整洁顺畅。

④严厉打击私挖乱采、毁苇造田等行为，公安机关、涉农部门和有关乡镇要发

现一起查处一起，顶格处理，形成高压态势。

2. 民居改造工程

（1）规划编制。在做好45个水区村规划编制的基础上，继续做好新增38个村的规划编制工作。大淀头、东淀头、邵庄子、赵庄子、王家寨、寨南、大田庄、东田庄、光淀等第一批示范村要制定详细的景观设计规划和方案，民宿、码头、护坡、绿地等重要节点，都要严格规划，高标准推进。

（2）民居改造。按照美观大方、结实耐用、冬暖夏凉，体现白洋淀特色和地域文化特点的要求，积极采用节能新材料、新技术、新装备、新样式，对现有民居就地改造提升。各重点村要坚持农户自愿的原则，每村选择10户（新建5户，改旧5户，新建户优先），作为"四新"示范户进行重点打造。要做到风格统一，即白墙灰瓦。第一批示范村要按照旅游示范村标准整体打造，细节要不吝笔墨，精雕细琢，确保整体效果上档次、出品位，充分体现白洋淀地域特色文化和水乡风情。主航道两侧视线范围内的屋顶，都要改成全坡或半坡屋顶，其他重点村可根据实际情况分批、分步进行坡屋顶改造。

（3）危房改造。认真落实农村危房改造政策，支持符合条件的困难家庭对危房进行改造，不断扩大农村危房改造覆盖面，加快改善困难群众居住条件。

（4）农户厨房改造。结合秸秆处理和新能源利用，推进厨房改造，推广使用秸秆压块成型设备及电力等先进炉具、灶具，提高热效能，减少污染物排放。

（5）清洁能源开发利用。要通过多种方式解决好重点村冬季供暖问题，减少污染排放。一方面要积极推广使用再生燃料锅炉、压块颗粒采暖炉等高新技术炉具供暖，以减少污染，另一方面可在适宜地区，以村为单位，探索地热供暖，同时要做到取热不取水。

（6）传统村落保护开发。着眼传承优秀历史文化，对村内古塔、古庙宇、古戏台、古祠堂、古民居等古建筑，精心保护修缮，彰显村庄文化底蕴。同时，要搞好开发利用，把一些历史文化元素多的村，打造成旅游文化村。

3. 基础设施配套工程

（1）农村路、水、电等基础设施建设

路网桥梁改造。积极开展道路硬化工作，主干道可修成柏油路和水泥路，其它的巷道可因地制宜地采用砖路、石板路等进行硬化，既要突出水乡特色，方便群众和游人出行，又要生态美观、实用。同时，大淀观光游A、B线航道涉及桥梁，要进行拆旧新建或改造升级，新建桥梁要突出生态化设计，老桥改造要注重生态化改装，达到"一桥一品，特色鲜明"的改造效果，把每一座桥都变成一道景观。

码头驳岸建设。码头驳岸建设不要千篇一律，要各具特色，原则上不要出现钢筋混凝土的驳岸，要多做生态驳岸，并适宜进行绿化，同时避免遭受人为因素的破坏。

航道护坡。各重点村航道及护坡要进行修缮清理，村庄内航道两侧要进行绿化美化，努力将护坡打造成既有抗冲刷效果，岸坡稳固，又有防止水土流失，美化环境效果的生态护坡，5月底前要全部完工，确保形成优美的航道景观。

饮水安全。抓好农村饮水安全工作，优先解决重点村的饮水安全问题。

电力通信设施。还没有完成农村电网改造升级的村，立即开展低压下户线改造，排除电网隐患，提升供电能力，保障农村用电需求。电力、有线和通信部门要做好沟通协调，扎实推进第一批示范村"三线入地"工作开展。

（2）农村污水垃圾处理设施建设

污水处理。多方筹措资金支持农村污水整治，积极探索适宜本地实际的治理模式，各重点村都要做到终端治理，每个村的污水最大限度地纳入污水管网，真正达到减少污染物排放的工作目标。要按照PPP模式运作，通过公开招投标，由有实力的施工公司，按统一标准和工程进度计划，有序推进。同时要积极发动群众，采取酬工酬劳的方式，让群众加入到污水整治的工作中来。

垃圾处理。按照源头分类减量化、生态处理资源化的垃圾处理模式，制定以户为单位进行分类减量的具体办法，并对垃圾处理的前期建设和后期运行成本进行测算，合理调整垃圾中转站覆盖范围和建设数量。推广PPP模式，对水区、半水区和交通干道沿线村建立城乡一体化处理格局，采用市场的办法，统一打包，公开招投标后，交由专业保洁公司运作。

（3）农村厕所改造。各水区重点村要加强对环境卫生差、年久失修或直排入淀的厕所进行拆除和改造，建设无害化公厕；其他重点村旱厕可根据本地实际推广双瓮式或三格式厕所，以推进粪便无害化处理。

4.产业发展及公共服务提升工程

（1）产业发展提升

坚持把"产业强村""产业富民"作为巩固美丽乡村建设成果的长效保障，加快推进特色产业发展。一要做到科学谋划，突出"大农业、大旅游、大园区、大市场、大资本、大平台、大发展"理念，重点扶植一批有地域特色和文化内涵，具有一定发展潜力的产业。水区重点村重点发展大淀观光游、民俗游和农家乐，同时在手工业上，做好苇编及芦苇工艺画改造升级，提高苇制品精品化、艺术化水平，形成旅游市场拳头产品，促进旅游产业转型升级。二要搭建好平台，商务、发改等有关部门要积极筹建安新电子商务行业协会，发挥协会与政府、企业之间的桥梁作用，规范监管、加强服务，维护电子商务活动的正常秩序。同时加强与电子商务平台的合作，集中力量建设一批电商村，对现有网店进行整合、扩容，搭建县乡村三级平台。水区重点村可广泛推介芦苇工艺画、荷叶茶、造船工艺品、鸭蛋制品等白洋淀特色产品，打造白洋淀特色品牌。其他重点村可根据自身实际，挖掘特色产品，推进电子商务发展。

（2）农村学校建设。

推进农村中小学布局结构调整，扶持农村幼儿教育发展。

（3）农村活动场所和文化设施建设

村民中心建设。因村制宜实施村民中心建设，要整合农村基层阵地建设、文化信息资源共享工程、农村文化建设专项补助资金、体育健身设施、标准化卫生室、农家书屋等专项建设资金打捆使用，建设高标准的村民中心。对基础较好的重点村村委会办公室、村民活动室、医务室、警务室等资源进行整合，完善服务设施，压缩村干部办公室面积，保障公共场所面积。在王家寨、赵庄子、邵庄子、大淀头、东淀头 5 个旅游基础较好的村建设游客服务中心，为广大游客提供相关服务。

文化设施建设。推进乡镇文化站、村史馆、村文化活动室等文化设施建设，为每个重点村培训文艺活动骨干、配送演唱材料、提供丰富的流动文化服务。深入推进广播电视村村通工程。

（4）农村标准化卫生室建设。

未完成标准化卫生室建设的村，都要建成一所标准化卫生室。

（5）农村互助幸福院建设。

各重点村按标准建成农村互助幸福院。

（6）集体公墓建设。

积极推进农村公益性骨灰堂建设和公益性公墓的生态化改造，做好航道两侧可视范围内围坟植绿工作。几个村可以联建骨灰堂或墓地，条件暂不具备的村深埋不留坟头，或用浓密的树木进行遮挡，栽上树和花草，移风易俗，节约保护耕地。

六、小结

总之，白洋淀生态环境优异且脆弱，对整个华北地区的生态环境维系发挥有重要的作用。然而白洋淀的淀区长期以来上游的生产以及生活污水的不断倾倒，以及白洋淀淀区与村民的生产生活相互交织在一起的客观环境，使得白洋淀的生态环境一度面临严峻的问题。在国家大力推动生态文明和美丽乡村建设的背景下，白洋淀地区不断以生态旅游发展为价值导向，旅游业发展首先需要以优美的生态环境为前提，因此成为推动淀区生态环境以及污染源治理的重要促进力量，同时在推动淀区村民转变生产生活方式，丰富谋生手段，促进村落环境整治和增加村民收入等方面都将发挥有积极的作用。

参 考 文 献

[1] 赵翔，崔保山，杨志峰．白洋淀最低生态水位研究 [J]．生态学报．2005，25(5):1033-1040.

[2] 王珺，高高，裴元生，6 杨志峰白洋淀府河中氮的来源与迁移转化研究 [J]．环境工程学报．2010,31(12):2906-2907.

[3] 童文辉．白洋淀大型水生植物及其资源利用．河北农学报 [J]．9(4):72-80.

[4] 任文君，吴亦红，田在锋等．白洋淀菹草不同生长期生物量及营养价值变化动态 [J]．草业学报．2012,21(1):24-33.

[5] 陈耀东，白洋淀水生植物区系初步分析 [J]．植物分类学报．1987,25(2):106-113.

[6] 谢松，黄宝生，王宏伟等，白洋淀底栖动物多样性调查及水质评价 [J]．水生态学杂志．2010,3(1):43-48

[7] 刘存歧，邢晓光，王军霞等，白洋淀轮虫群落结构特征 [J]．生态学报．2010，30(18):4948-4959.

[8] 陈龙，谢高地，鲁春霞等，水利工程对鱼类生存环境的影响——以近 50 年白洋淀鱼类变化为例 [J]．资源科学．2011,33(8):1475-1480.

[9] 赵志轩，严登华，耿雷华等，白洋淀东方大苇莺繁殖生境质量评价 [J]．应用生态学报．2014，25(5): 1483-1490.

[10] 王先敏，伊达云，高顺友，白洋淀的野鸭．

[11] 王永，闵隆瑞，董进等，河北白洋淀全新统沉积特征与地层划分 [J]．地球学报．2015，36 (5): 575-582

[12] 李必才，何连生，杨敏等，白洋淀底泥重金属形态及竖向分布 [J]．环境科学．2012，33(7):2376-2381.

[13] 王瑜，刘录三，舒俭民等，白洋淀浮游植物群落结构与水质评价 [J]．湖泊科学．2011, 23(4):575-580.

[14] Jrgensen S E. Exergy and ecological buffer capacities as measures of ecosystem health. Ecosystem Health, 1995, 1(3): 150-160.

[15] Xu F L, Tao S, Dawson R W, Li P G, Cao J. Lake ecosystem health assessment: indicators and methods. Water Research, 2001, 35(13): 3157-3167.

[16] 张远，徐成斌，马溪平等．辽河流域河流底栖动物完整性评价指标与标准．环境科学学报，2007，27(6): 919-927.

[17] 徐菲，赵彦伟，杨志峰等．白洋淀生态系统健康评价．生态学报，2013,33(21):6904-6912.

[18] 王瑾，张玉钧，石玲．可持续生计目标下的生态旅游发展模式———以河北白洋淀湿地自然保护区王家寨社区为例．生态学报，2014,34(9):2388-2400.

[19] 朱灵峰，王燕，王阳阳，等 (2012) 基于单因子指数法的海浪河水质评价．江苏农业科学，3, 326-327.

[20] Liu, S., Zhu, J.P. and Jiang, H.H. (2003) Comparison of several methods of environment quality using complex indices. Environmental Monitoring in China, 15, 33-37.

[21] 徐祖信 (2005) 我国河流综合水质标识指数评价方法研究．同济大学学报（自然科学版），4, 482-488.

[22] 孙伟光，刑佳，马云，等 (2010) 单因子水质标识指数评价方法在某流域水质评价中应用．环境科学与管理，11, 181-184.

[23] Tan, K., Chen, Q.W., Mao, J.Q., et al. (2007) The self purification capacity of the outlet of Daqing he experiment. Acta Ecologica Sinica, 11, 4736-4742.

[24] 杨丽蓉，陈利顶，孙然好 (2009) 河道生态系统特征及其自净化能力研究现状与发展．生态学报，9, 5066-5075.

[25] 郝英群，张璘，孙成，等 (2013) 江苏省城市河流黑臭评价标准研究．环境科技，6, 46-50.

[26] 文丽青．白洋淀水生态环境的变迁及影响因素．环境科学，1995, 16（增刊）: 50~52.

[27] 崔秀丽．白洋淀水体富营养化污染源调查．环境科学，1995, 16（增刊）: 17~18.

[28] 李秀霞，张卫东．水体污染与富营养化．山东教育学院学报，2000（4）: 61~62.

[29] 张国峰，于世繁，董志民等．白洋淀底质现状及对水体富营养化的影响．环境科学，1995, 16（增刊）: 24~27.

[30] 毛美洲，刘子慧，董惠茹．府河—白洋淀水及沉积物的污染研究．环境科学，1995, 16（增刊）: 1~3.

[31] 毛美洲，陈荣莉，钟晋贤．府河—白洋淀水及沉积物中有机物污染的初步研究．环境科学，1995, 16（增刊）: 4~6.

[32] 夏唏娟，竺乃恺，杜秀英．白洋淀和府河微生物及藻类种群的调查研究．环境科学，1995, 16（增刊）: 7~8.

[33] 刘淑芳，李文彦，文丽青．白洋淀浮游植物调查及营养现状评价．环境科学，1995, 16（增刊）: 11~13 10 赵芳．白洋淀大型水生植物资源调查及对富营养化的影响．环境科学，1995, 16（增刊）: 21~23.

[34] 刘树庆．保定市污灌区土壤的 Pb、Cd 污染与土壤酶活性关系研究．土壤学报，1996, 33（20）: 175~182.

[35] 文丽青．白洋淀水质污染分析及综合治理研究．河北环境科学，2001, 9(3): 46~48.

[36] 陈立群，戴绍军，王全喜．哈尔滨西郊泡沼的浮游生物．哈尔滨师范大学学报（自然科学版），1997, 13(5): 72~78.

[37] 谢建春．水体污染与水生动物．生物学通报，2001, 36(6): 10~11.

[38] 李明德．鱼类种数 [J]．天津水产，1999, (1): 25-30.

[39] 乐佩琦 , 陈宜瑜 . 中国濒危动物红皮书·鱼类 [M]. 北京 : 科学出版社 , 1998.

[40] 陈金平 . 鱼类的洄游 [J]. 大自然 , 2004, (1): 54-55.

[41] 许存泽 . 浅析水利工程对鱼类自然资源的影响及对策 [J]. 云南农业大学学报 , 2006, (12): 31-32.

[42] 谭德彩 , 倪朝辉 , 郑永华 , 等 . 高坝导致的河流气体过饱和及其对鱼类的影响 [J]. 淡水渔业 , 2006, 36(3): 56-59.

[43] Ebel, W. J. Supersaturation of nitrogen in the Columbia and its effects on salmon and steelhead trout [J].Fishery bulletin. United States Fish and Wildlife Service , 1969, 68:1.

[44] 白洋淀国土经济研究会等 . 白洋淀综合治理与开发研究 [M]. 石家庄 : 河北人民出版社 ,1987.

[45] 刘克岩 , 张橹 , 张光辉 , 等 . 人类活动对华北白洋淀流域径流影响的识别研究 [J]. 水文 , 2007, 27(6): 6-10.

[46] 吕彩霞 , 牛存稳 , 贾仰文 . 气候变化和人类活动对白洋淀入淀水量影响分析 [A]. 变化环境下的水资源响应与可持续利用——中国水利学会水资源专业委员会 2009 学术年会论文集大连 , 2009.

[47] 郑葆珊 , 范勤德 , 戴定远 . 白洋淀鱼类 [M]. 天津 : 河北人民出版社 , 1960.

[48] 王所安 , 顾景龄 . 白洋淀环境变化对鱼类组成和生态的影响 [J]. 动物学杂志 , 1981,(4):8-11.

[49] 曹玉萍 . 白洋淀重新蓄水后鱼类资源状况初报 [J]. 淡水渔业 ,1991,(5):20-22.

[50] 韩希福 , 王所安 . 白洋淀重新蓄水后鱼类组成的生态学分析 [J]. 河北渔业 ,1991,(6): 8-11.

[51] 曹玉萍 , 王伟 , 张永兵 . 白洋淀鱼类组成现状 [J]. 动物学杂志 ,2003,38(3): 65-69.

[52] 赵春龙 , 肖国华 , 罗念涛 , 等 . 白洋淀鱼类组成现状分析 [J]. 河北渔业 , 2007,(11): 49-50.

[53] 谢松 , 贺华东 . "引黄济淀" 后河北白洋淀鱼类资源组成现状分析 [J]. 科技信息 , 2010,(9): 17.

[54] 杨春霄 . 白洋淀入淀水量变化及影响因素分析 [J]. 地下水 ,2010, 32(2): 110-112

[55] . 刘春兰 . 白洋淀湿地退化与生态恢复研究 [D]. 石家庄 : 河北师范大学 , 2004.

[56] 顾建清 , 穆仲义 . 水资源开发利用对白洋淀生态环境的影响 [J]. 河北省科学院学报 , 1994, 11(1): 29-34.

[57] Mitsch WJ, Day JW. Restoration of wetlands in the Mis-sissipp-Ohio-Missouri (MOM) River Basin: Experience and needed 839-847 (in Chinese)

[58] Liu H-Y (刘红玉), Li Z-F (李兆富), Bai Y-F (白云芳). Landscape simulating of habitat quality change for oriental white stork in Naoli River watershed. Acta Eco-logica Sinica (生态学报), 2006, 26(12): 4007-4013(in Chinese)

[59] Liu H-Y（刘红玉），Li Z-F（李兆富），Li X-M（李晓民）. Ecological effects on oriental white stork (Ciconiaboyciana) with habitat loss in sub-Sanjiang Plain, Chi-na. Acta Ecologica Sinica（生态学报），2007, 27(7):2678-2683 (in Chinese)

[60] 蔡立哲，马丽，高阳，等.2002.海洋底栖动物多样性指数污染程度评价标准的分析 [J].厦门大学学报：自然科学版,41(5):641-646.

[61] 刘俊，朱允华，胡南，等.2009.花恒河软体动物多样性调查和水质评价 [J].中国环境监测,25(3):73-76.

[62] 彭建华，刘家寿，朱爱民.2000.火溪河底栖动物现状及水质评价 [J].水生生物学报,24(4):340-346

[63] 任淑智.1991.京津及邻近地区底栖动物群落特征与水质等级 [J].生态学报,11(3):262-267.

[64] 张笑归，刘树庆，窦铁岭，等.2006.白洋淀水环境污染防治对策 [J].中国生态农业学报,14(2):27-31.

[65] 李月丛，张翠莲，段宏振，王洪根.2000.白洋淀地区古环境变迁与史前文化[J].同济大学学报（社会科学版),11(4):22-27.

[66] 郭书元，詹伟，王强.2014.河北省白洋淀地区中全新世丽蚌动物群及其生态环境意义 [J].古地理学报,16(3): 335-346.

[67] 何乃华，朱宣清.1992.白洋淀地区近3万年来的古环境与历史上人类活动的影响 [J].海洋地质与第四纪地质,12(2):79-88.

[68] 林振涛，刘月英.1963.白洋淀的蚌类 [J].动物学报,15(2):243-252.

[69] 张淑萍，张修佳.1989.《禹贡》九河分流地域范围新证—兼论古白洋淀的消亡过程 [J].地理学报,44(1): 86-93.

[70] 陈芳.白洋淀水质时空变化分析及应对措施 [J].河北水利,2011,(2) : 24,43.

[71] 田美影，王学东，马雪姣，等.白洋淀气候变化及对生态系统的影响 [J].南水北调与水利科技,2013,11 (2) : 762 80.

[72] 王明翠，刘雪芹，张建辉.湖泊富营养化评价方法及分级标准 [J].中国环境监测,2002,18 (5) .

[73] 国家环境保监测总局《.水和废水监测分析方法》[M].北京：中国环境科学出版社,2002.

[74] 章志琴，方弟安，徐卫红，等.荷花和睡莲对景观水净化的效果研究 [J].江苏农业科学,2009,5(3): 320-322.

[75] 李锋民.水生植物化感物质抑制有害藻类的研究 [D].北京：清华大学,2005:92-93.

[76] 熊金林，梅兴国，胡传林 不同污染程度湖泊底栖动物群落结构及多样性比较 [J].湖泊科学,2003.15(2):160-168.

[77] 中共安新县委安新县人民政府关于印发《白洋淀片区美丽乡村建设工作推进方案》

的通知 , 安字〔2015〕27 号 .

[78] 2016 年安新县美丽乡村建设实施方案 (2016 年政府文件).

[79] 安新县人民政府关于白洋淀生态保护及修复工作情况的汇报 (2016 年政府文件).

[80] 白洋淀连片美丽乡村建设情况介绍 (2015 年政府文件).

[81] 白洋淀湿地基本情况汇报 (政府文件).

[82] 中共安新县委安新县人民政府关于印发《白洋淀生态保护及环境提升三年行动方案 (2014 年—2016 年)》的通知安字〔2014〕13 号 .

[83] 朱启臻 , 从生态文明视角看乡村价值《光明日报》,(2016 年 07 月 23 日 10 版).

[84] 农村水环境 (政府文件).

[85] 安新县人民政府办公室印发《〈白洋淀生态保护试点 2013 年实施方案〉的落实方案》的通知安政办〔2013〕103 号 .

[86] 安新县环白洋淀地区乡村建设总体规划 (政府规划).

[87] 白洋淀美丽乡村片区旅游特色村专项规划

白洋淀规划图件

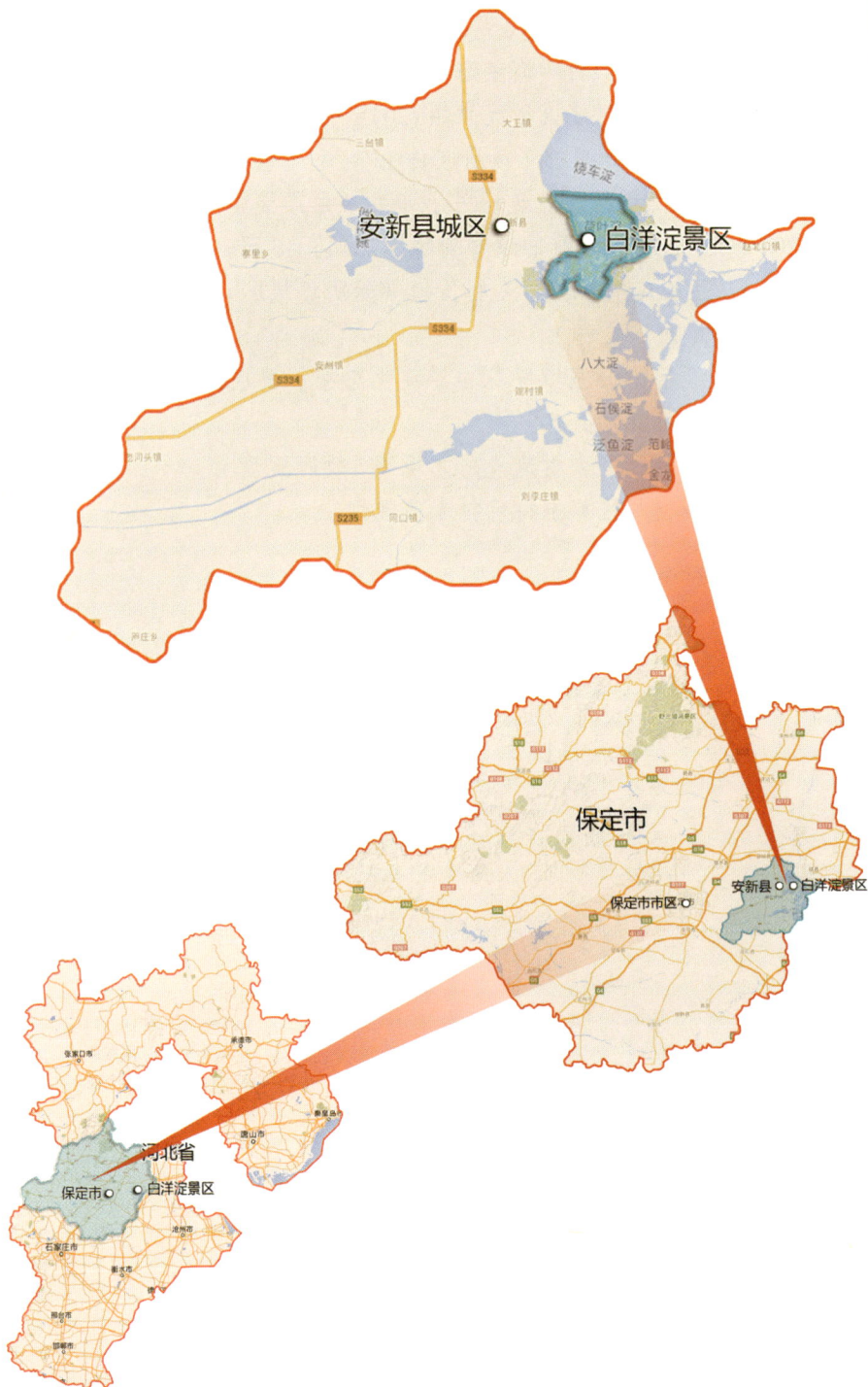

区位交通图

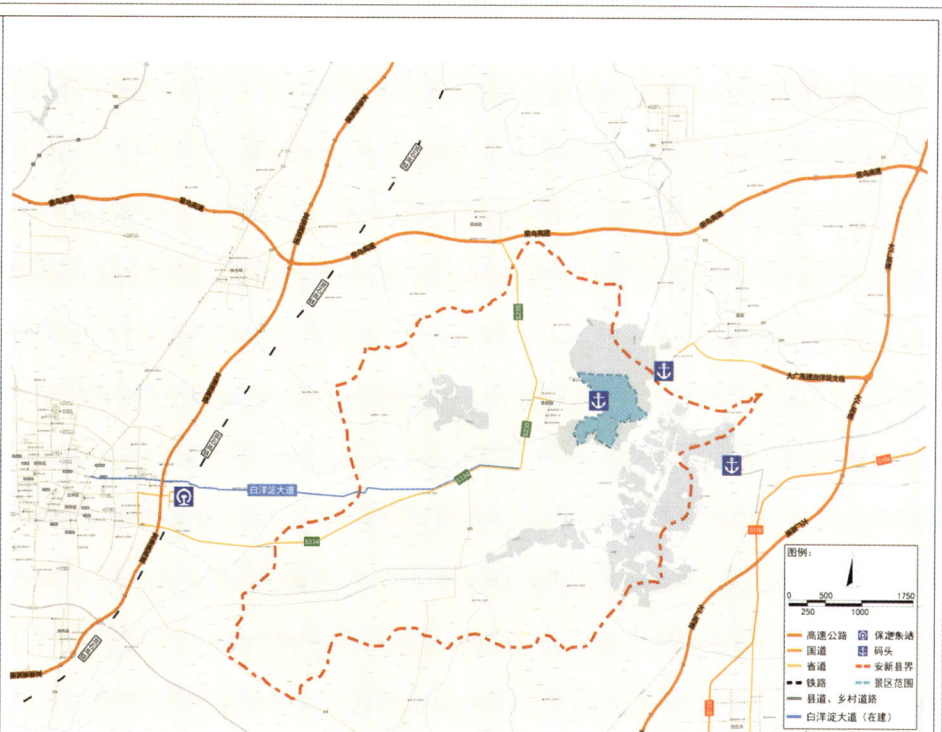

白
洋
淀
规
划
图
件

白洋淀景区交通图

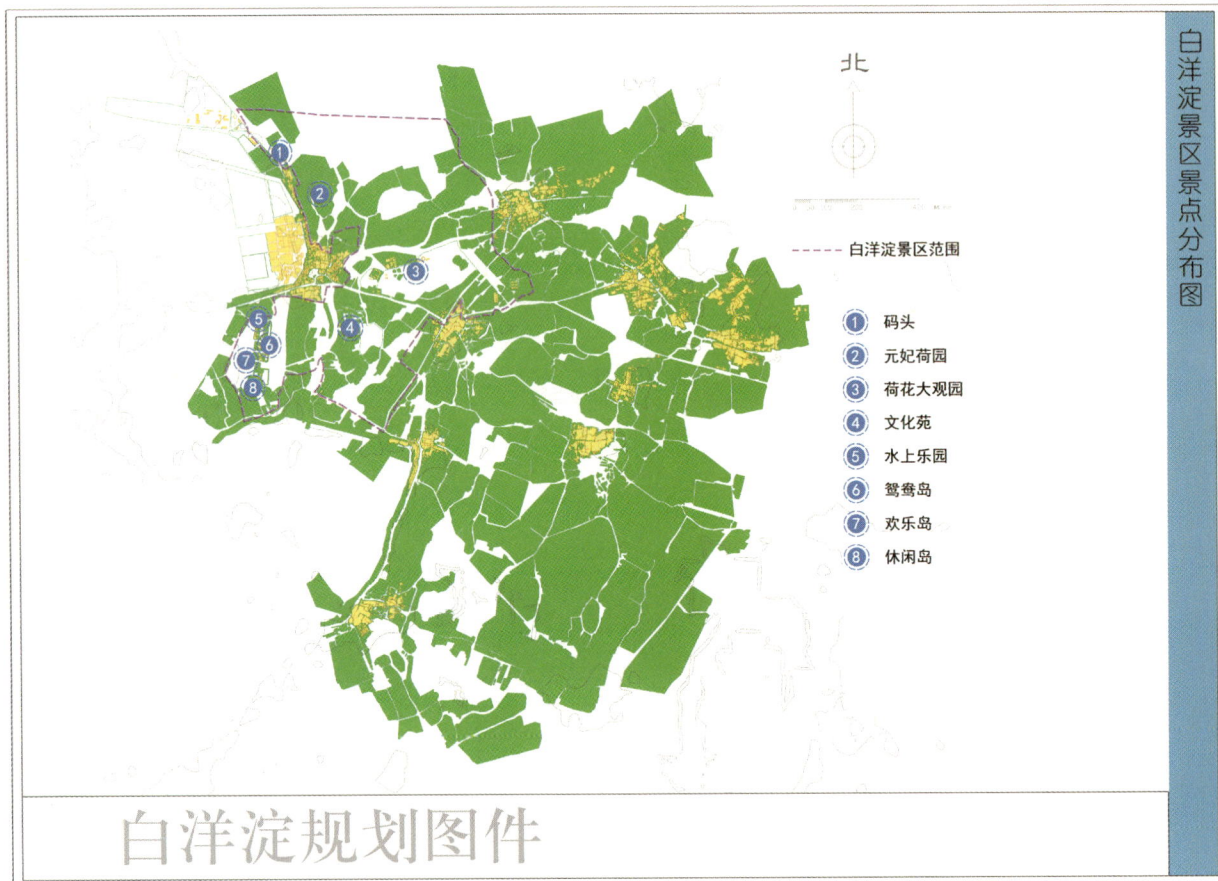

北

白洋淀景区景点分布图

------- 白洋淀景区范围

1　码头
2　元妃荷园
3　荷花大观园
4　文化苑
5　水上乐园
6　鸳鸯岛
7　欢乐岛
8　休闲岛

白洋淀规划图件

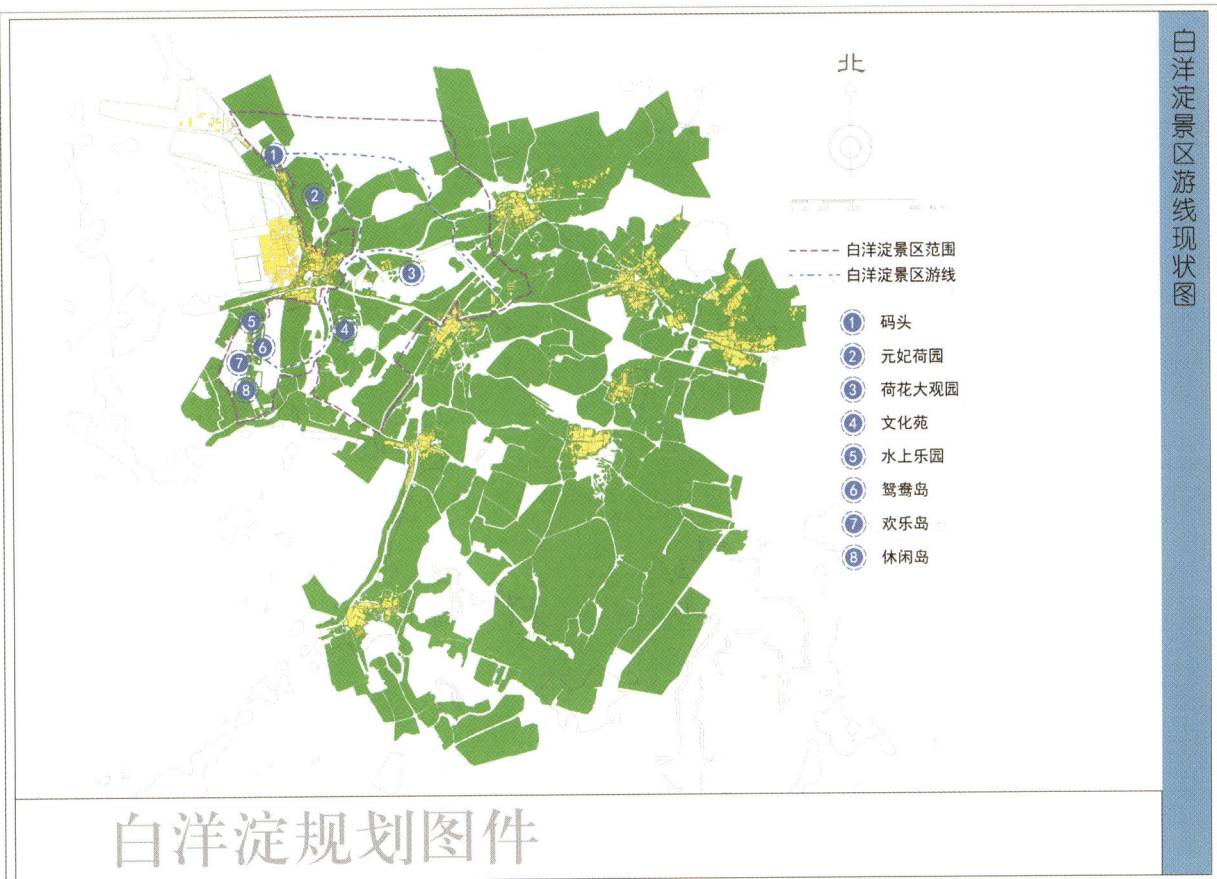

白洋淀规划图件

北

白洋淀景区游线现状图

- - - - 白洋淀景区范围
- - - - 白洋淀景区游线

① 码头
② 元妃荷园
③ 荷花大观园
④ 文化苑
⑤ 水上乐园
⑥ 鸳鸯岛
⑦ 欢乐岛
⑧ 休闲岛

北

白洋淀景区游线图

白洋淀景区范围
大淀观光游游线
白洋淀景区游线

白洋淀规划图件

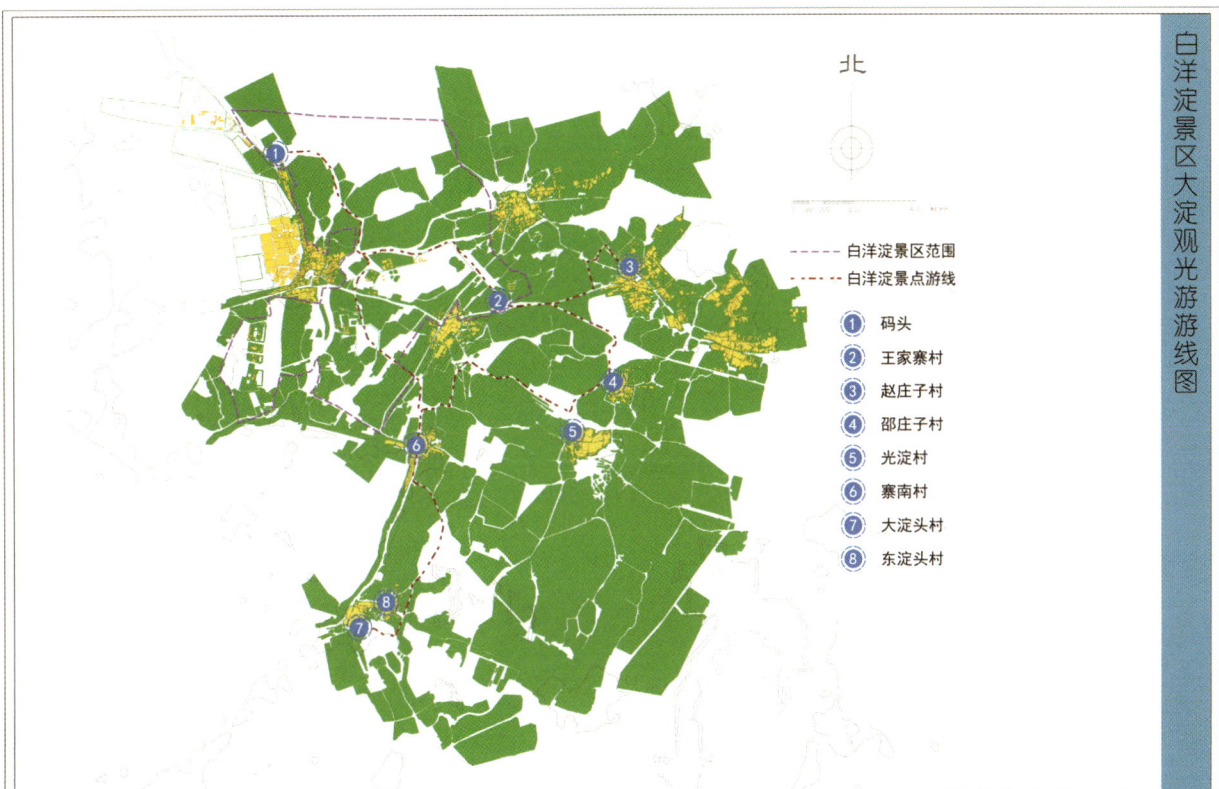

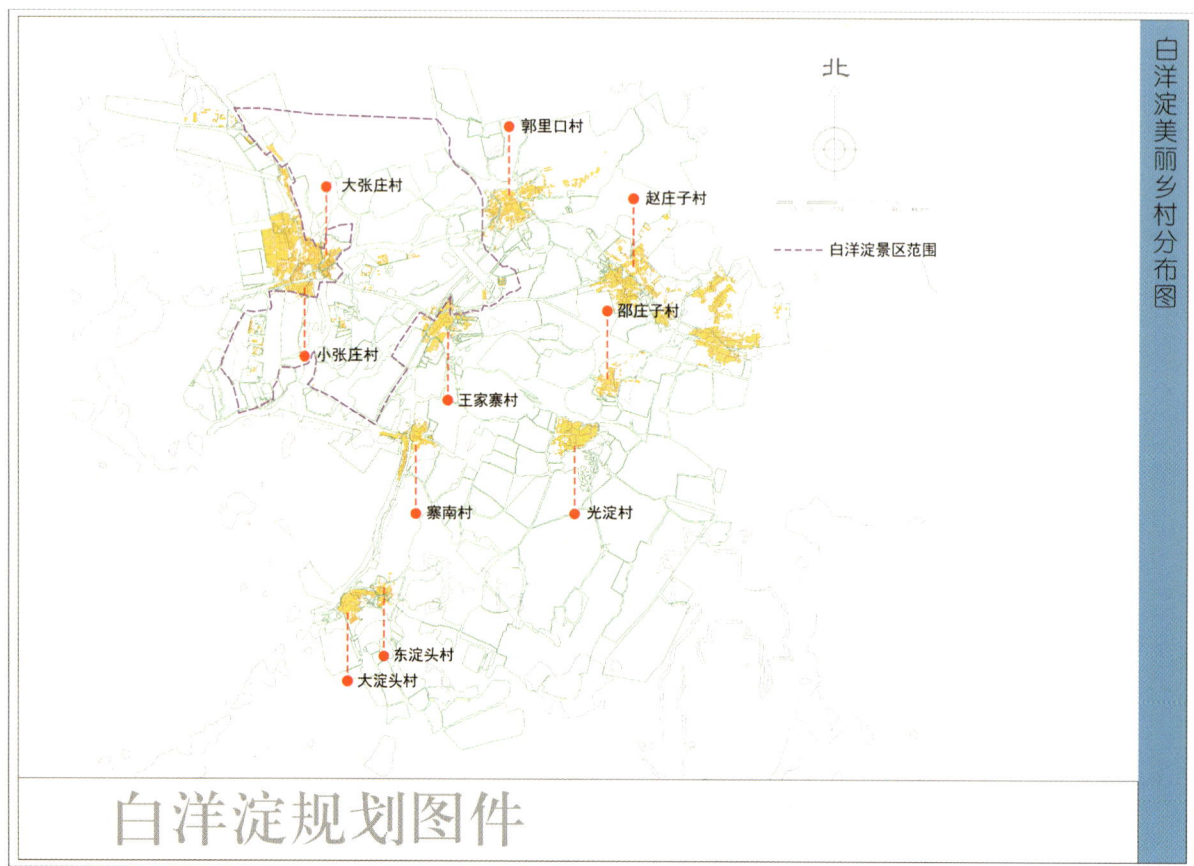

北

----- 白洋淀景区范围

郭里口村
大张庄村
赵庄子村
邵庄子村
小张庄村
王家寨村
寨南村
光淀村
东淀头村
大淀头村

白洋淀美丽乡村分布图

白洋淀规划图件

后 记

　　白洋淀是华北地区最大的湿地,向来有"华北明珠"的美誉,自 20 世纪 80 年代重新蓄水以来,湿地生态环境逐渐恢复,旅游业也开始快速起步发展,至今已经走过 30 多个年头,在中国的旅游景区发展格局中也占有重要的一席之地。特别是进入"十三五"时期以来,面临生态文明、美丽乡村建设以及全域旅游发展的新思路,安新白洋淀举措不断,逐渐走出了一条景区旅游发展促进生态环境整治、引导村民参与、促进地区经济社会发展等充分发挥景区综合带动效应的发展之路。

　　安新白洋淀的旅游发展历史,曾经的经验教训值得总结,针对新环境,新的工作思路需要总结和明确,以为下一步的发展奠定新的起航基础。白洋淀景区发展模式课题自从 2015 年下半年启动以来,在撰写的过程中得到安新县委、县政府的大力支持,杨宝昌书记多次与课题组成员促膝长谈,阐述有关白洋淀未来的发展思路和构想。同时感谢安新县旅游局、白洋淀景区管委会的相关领导前后安排十多次在景区景点、水区村的实地考察以及与景点负责人、船工代表、村主任、村民等的座谈。

　　同时,感谢中国社科院研究生院张玉静博士、邓昭明博士、刘佳昊硕士以及上海海洋大学张饮江教授等在课题调研和书稿撰写过程中的付出,最后对中国旅游出版社的辛勤编辑工作也表示由衷的感谢!

2016 年 9 月 5 日

责任编辑：陈　冰
责任印制：冯冬青
版式设计：何　杰

图书在版编目（CIP）数据

　中国景区发展的综合带动模式研究 ： 论白洋淀发展
模式 / 戴学锋等著 . -- 北京 ： 中国旅游出版社，
2016.9
ISBN 978-7-5032-5671-4

　Ⅰ . ①中… Ⅱ . ①戴… Ⅲ . ①白洋淀 - 旅游区 - 经济
发展模式 - 研究 Ⅳ . ① F592.722

　中国版本图书馆 CIP 数据核字（2016）第 218142 号

书　　名：中国景区发展的综合带动模式研究 —— 论白洋淀发展模式
著　　者：戴学锋　张金山等
出版发行：中国旅游出版社
　　　　　（北京建国门内大街甲 9 号　邮编 100005）
　　　　　http://www.cttp.net.cn　　E-mail:cttp@cnta.gov.cn
　　　　　发行部电话：010-85166503
经　　销：全国各地新华书店
印　　刷：北京盛华达印刷有限公司
版　　次：2016 年 9 月第 1 版　2016 年 9 月第 1 次印刷
开　　本：787 毫米 × 1092 毫米　1/16
印　　张：16.25
字　　数：300 千
定　　价：68.00 元
I S B N　978-7-5032-5671-4